职业教育智慧健康养老服务与管理专业模块化教材

养老服务技术考评手册

主　编　王　燕　滕丽丽　王　猛　杨彤辉
副主编　刘　隽　庄　园　赵琼琼　张媛媛
张培哲　王久雨

中国财富出版社有限公司

图书在版编目（CIP）数据

养老服务技术考评手册／王燕等主编．--北京：中国财富出版社有限公司，2024.8.
（职业教育智慧健康养老服务与管理专业模块化教材）．--ISBN 978-7-5047-8205-2

Ⅰ．D669．6

中国国家版本馆 CIP 数据核字第 20246MY450 号

策划编辑	李彩琴	**责任编辑**	敬　东　张　婷　杨白雪	**版权编辑**	李　洋
责任印制	尚立业	**责任校对**	孙丽丽	**责任发行**	董　倩

出版发行	中国财富出版社有限公司		
社　　址	北京市丰台区南四环西路 188 号 5 区 20 楼	**邮政编码**	100070
电　　话	010－52227588 转 2098（发行部）		010－52227588 转 321（总编室）
	010－52227566（24 小时读者服务）		010－52227588 转 305（质检部）
网　　址	http：//www. cfpress. com. cn	**排　　版**	宝蕾元
经　　销	新华书店	**印　　刷**	宝蕾元仁浩（天津）印刷有限公司
书　　号	ISBN 978-7-5047-8205-2/D・0216		
开　　本	787mm×1092mm　1/16	**版　　次**	2024 年 9 月第 1 版
印　　张	19	**印　　次**	2024 年 9 月第 1 次印刷
字　　数	602 千字	**定　　价**	56. 00 元

编委会

前言

党的十八大以来，以习近平同志为核心的党中央高度重视老龄工作，多次对老龄工作作出一系列重要指示，为今后一个时期我国加快老龄事业高质量发展提供了指导思想。党的二十大报告提出实施积极应对人口老龄化国家战略，发展养老事业和养老产业，必须坚持人才是第一资源，坚持人才引领驱动。2020 年，中共中央、国务院印发的《深化新时代教育评价改革总体方案》明确提出，教育评价事关教育发展方向，有什么样的评价指挥棒，就有什么样的办学导向；2021 年，《中共中央 国务院关于加强新时代老龄工作的意见》要求，加快建设适应新时代老龄工作需要的专业技术、社会服务、经营管理、科学研究人才和志愿者队伍。为落实国家职业教育改革实施方案中的“三教”改革，教育部办公厅印发了《“十四五”职业教育规划教材建设实施方案》，指出开发服务国家战略和民生需求紧缺领域专业教材。

养老服务人才队伍是推进养老服务高质量发展的重要支撑。智慧健康养老服务与管理专业涉及医学、护理学、管理学、心理学、社会学、经济学、法学等学科。如何从浩瀚的多学科知识体系中提炼出符合智慧健康养老服务与管理专业学生所需要的岗位能力框架，搭建由浅入深、由易到难、岗位能力梯级递进的知识层阶，我们总结十余年教学及参加各类大赛积累的经验，形成了《老年人能力评估》《老年人生活照护理论》《老年人生活照护技术》《老年人基础照护理论》《老年人基础照护技术》《老年人康复服务理论》《老年人康复服务技术》《老年社会工作》《养老机构管理基础》《养老服务技术考评手册》等一系列按照职业功能工作内容组成的模块化教材。

本教材主要具备以下特点：

1. 对标国家最新标准，将行业标准移植于课堂

教材编写基于《养老护理员国家职业技能标准（2019 年版）》，并以“2023 年全国行业职业技能竞赛——全国民政行业职业技能大赛养老护理员职业竞赛项目”参考赛题库进行内容设计，为实现岗位能力对接提供有力支撑。

2. 深化产教融合，将工作过程移植于课程

教材由来自职业院校、行业专家、养老机构行政管理及培训中心等人员协同开发编写，对接岗位能力，重构《养老服务技术考评手册》中的案例、用物、评估与沟通、实践操作、健康教育、效果评价、综合评价，为掌握为老年人服务的基本方法、基本技能及基础知识提供了参考标准线，划出了等级线。

3. 夯实工匠精神，倡导立身立德立言立行

进入新时代，人民群众对更有质量、更有尊严的晚年生活更为期待。教材编写以强化标准化为切入点和发力点，以国内最先进的技术操作标准为基础，强调在操作过程中灵活运用能力，共同推动养老服务人员的素质及技能提升。

本教材可作为职业院校智慧健康养老服务与管理专业教材，也可供公办及民办养老机构、老年公寓、养老社区、医养结合和居家养老护理人员使用。同时还可供从事

老年人养老服务技术培训的教学人员学习和参考。

本教材由潍坊护理职业学院王燕及王猛、上海市第一社会福利院滕丽丽、临沂市经济学校杨彤辉任主编，浙江东方职业技术学院刘隽、临沂市养老事业发展服务中心庄园、上海市第一社会福利院赵琼琼、临沂市经济学校张媛媛、潍坊护理职业学院张培哲、临沂市理工学校王久雨任副主编，济南市社会福利院谷波、潍坊护理职业学院祝丽群、临沂市经济学校史东福、潍坊护理职业学院高玉萌、潍坊馨悦养老服务有限公司张国敬及张帅帅参与编写。其中，第一章生活照护技术第一节至第四节由赵琼琼编写，第五节至第七节由谷波编写，第二章基础照护技术第一节至第三节由史东福、王猛编写，第四节至第六节由张媛媛编写，第七节由祝丽群编写，第三章康复服务技术第一节至第二节由祝丽群编写，第三节至第五节由王久雨、张培哲编写，第四章心理支持技术由杨彤辉编写，第五章照护评估技术由滕丽丽、王燕编写，第六章质量管理技术由庄园编写，第七章培训指导技术由刘隽编写。

尽管我们在教材编写过程中做出了许多努力，但是由于对接最新版的国家技术操作标准，加之编写团队水平有限，使本书在一些具体问题的处理上难免有不尽如人意之处，敬请广大读者批评指正，以便我们不断完善！另外，请登录网址 http：//www.cfpress.com.cn/download 下载本教材配套电子资料。

本教材编写组

2024 年 5 月

目　录

养老服务技术考评手册通用版

项目	类型	实操技能操作要求	分值
工作准备（10分）	M1	简述情境、老年人照护问题和任务等	2
	M2	以下项目在整个操作过程中予以评估，不需要口头汇报： 1. 物品准备齐全：操作过程不缺用物、能满足完成整个操作流程要求，性能完好（每遗漏一项关键物品扣0.5分，直至扣完）。（2分） 2. 操作过程中关注环境准备情况，包括温湿度适宜，光线明亮，空气清新（以检查动作指向行为或沟通交流方式进行）。（2分） 3. 操作过程中注意老年人准备情况——老年人状态良好，可以配合操作（以沟通交流方式进行）。（2分） 4. 做好个人准备：操作过程中裁判观察着装、装饰等，符合规范。（2分） （注：分值将结合具体操作项目进行拆分和细化）	8
沟通解释评估（15分）	M3	问好、自我介绍、友好微笑、称呼恰当、举止得体、礼貌用语，选择合适话题，自然开启话题等	2
	M4	采用有效方法核对照护对象基本信息	2
	M5	对老年人进行综合评估（评估项目将结合具体竞赛试题进行具体化和明确化）： 1. 全身情况（如精神状态、饮食、二便、睡眠等）。（2分） 2. 局部情况（如肌力、肢体活动度、皮肤情况等）。（2分） 3. 特殊情况（针对案例情景可能存在的情况）。（2分）	6
	M6	1. 为老年人介绍照护任务、任务目的、操作时间、关键步骤。 2. 介绍需要老年人注意和（或）配合的内容。 3. 询问老年人对沟通解释过程是否存在疑问，并且愿意配合	3
	M7	询问老年人有无其他需求，环境和体位等是否舒适，询问老年人是否可以开始操作	2
关键操作技能（50分）	M8	关键操作技能以“动作”为主，尽可能真实为老年人服务；整体要求：步骤和方法正确，不违反基本原则，能够根据实际情况完成任务。（根据单项实操技能试题和组合实操技能试题调整评分点，每个技能可根据复杂程度拆分为5个左右主要步骤，具体做法列举在主要步骤之下，可根据实际情境调整）	50

续 表

项目	类型	实操技能操作要求	分值
健康教育（8分）	M9	针对本次具体实施的照护任务，在照护过程中进行注意事项的教育（将结合具体竞赛试题进行具体化和明确化）： 1. 教育方式恰当，如讲解与示范相结合。 2. 语言简单易懂，尽量使用生活化语言。 3. 表达准确、逻辑清晰、重点突出	3
	M10	（如适用）在照护过程中结合老年人情况开展健康教育或心理支持，如疾病预防和康复、健康生活方式或不良情绪的处理等。 表述要求如下： 1. 主题和数量合适（根据竞赛试题和比赛时长确定）。 2. 表达符合老年人的心理特征和理解能力。 3. 结合主题提出的措施或建议：每个主题不少于3条。 4. 措施或建议准确有效，符合科学和规范的要求。 5. 结合老年人的具体情况（如职业、性格、爱好、家庭等）。 （注：如竞赛时间较短不适用时，将分值调整到“关键操作技能”部分）	5
评价照护效果（5分）	M11	询问老年人有无其他需求、是否满意（反馈），整理各项物品	1
	M12	记录（包括评估阳性结果、主要措施、异常情况、下一步的措施等）	2
	M13	遵守感染控制和管理要求，包括废弃物处理、个人防护及手卫生等	2
对选手综合评判（12分）	J1	操作过程中的安全性：操作流畅、安全、规范，避免使老年人感到害怕、疼痛等，过程中未出现导致老年人处于危险环境的操作动作或行为	3
	J2	沟通力：沟通顺畅、自然、有效，表达信息方式符合老年人社会文化背景，能正确理解老年人反馈的信息，避免盲目否定或其他语言暴力	2
	J3	创新性：能综合应用传统技艺、先进新技术等为老年人提供所需的照护措施，解决老年人问题，促进老年人的健康和幸福感	1
	J4	职业防护：做好自身职业防护，能运用节力原则，妥善利用力的杠杆作用，调整重心，减少摩擦力，利用惯性等方法	1
	J5	人文关怀：能及时关注到老年人各方面变化，能针对老年人的心理和情绪做出恰当的反应，给予支持；言行举止要体现尊老、敬老、爱老、护老的理念	2
	J6	鼓励：利用语言和非语言方式鼓励老年人参与照护，加强自我管理，发挥残存功能，提升自理能力	2
	J7	灵活性：对临场突发状况能快速应变，根据老年人及现场条件灵活机动实施照护，具有很强的解决问题的能力	1
合计			100

第一章　生活照护技术

第一节　清洁照护

项目导入①

操作项目一　为老年人洗脸、洗手、洗头、梳头、剃胡须、洗脚、修剪指（趾）甲

为老年人洗脸、洗手、洗头、梳头、剃胡须、洗脚、修剪指（趾）甲操作流程及评分标准

学号：　　　　　　　　　　姓名：　　　　　　　　　　得分：

项目	类型	实操技能操作要求	分值
工作准备（10分）	同“通用版”		
沟通解释评估（15分）	同“通用版”		
关键操作技能（50分）	M8	1. 围毛巾： （1）在老年人颈肩下铺上毛巾，围住老年人颈部。（0.5分） （2）操作中注意避免拖、拉、拽，注意运用老年人自身力量。（0.5分） 2. 放置洗头器： （1）托起老年人头部，撤去枕头。（0.5分） （2）在头部下的床面平铺护理垫、毛巾。（0.5分） （3）帮助老年人头部枕于毛巾上。（0.5分） （4）放置洗头器在固定位置，检查各部位连接是否紧密。（0.5分） （5）注意动作轻柔、顺序正确，保证老年人舒适。（0.5分） 3. 塞棉球： （1）分别在老年人双耳道内塞入无脱脂棉球，防止耳道进水。（2分） （2）动作轻柔，注意解释及沟通。（0.5分） （3）注意运用老年人自身力量。（0.5分） 4. 淋湿头发： （1）测试水温适宜（38~40℃），将温水倒入洗头器。（1分） （2）持花洒缓慢淋湿老年人头发，揉搓头发至全部淋湿。（1分） （3）注意水温是否适合老年人。（0.5分） 5. 涂擦洗发液： （1）取洗发液涂擦于双手，揉出泡沫。（1分）	50

① 请扫描该二维码获取操作项目的案例描述、任务要求和用物清单。

续 表

项目	类型	实操技能操作要求	分值
关键操作技能（50分）	M8	（2）用指腹由发际向头顶、颈部涂抹泡沫。（1分） （3）揉搓老年人头发，按摩头皮。（1分） （4）操作中应询问老年人感受，注意沟通及交流。（0.5分） （5）操作轻柔、稳妥，注意泡沫不要进入老年人眼睛。（0.5分） 6. 冲洗泡沫： （1）观察老年人表情，询问水温及手法是否合适。（1分） （2）持花洒缓慢揉搓头发，将泡沫冲洗干净。（1分） （3）操作轻柔、稳妥，注意泡沫不要进入老年人眼睛。（1分） 7. 擦净面部水渍： （1）用围在老年人两侧颈部的毛巾擦干老年人面部水渍，不违背原则的情况下，可使用其他毛巾。（0.5分） （2）操作顺序流畅、快捷，符合节力原则。（0.5分） （3）操作中动作轻柔，观察泡沫是否清洗干净，注意沟通。（1分） 8. 撤去洗头器： （1）反折毛巾包裹老年人头部，不违背原则的情况下，可使用其他方式。（1分） （2）关闭洗头器。（0.5分） （3）垫好枕头，另铺干毛巾一条。（0.5分） （4）操作应轻柔、流畅，符合节力原则。（1分） 9. 擦干头发、撤去棉球： （1）摆放头部在干毛巾上，用包裹头部的毛巾擦干头发。（1分） （2）撤掉毛巾，从两耳中取出无脱脂棉球。（1分） （3）注意应用老年人个人能力。（0.5分） 10. 吹干头发、梳发： （1）将头发梳理整齐、长发分段梳理。必要时用电吹风吹干后再梳理。（1分） （2）撤掉覆盖于枕头上的毛巾。（0.5分） 11. 洗脸：（5分） （1）测试水温适宜（32~35℃）。 （2）浸湿毛巾，为老年人湿润面部，涂洁面乳，洗净面部。 （3）依次擦洗眼睛、额头、鼻部、面颊、耳后、颈部。 （4）用清水冲净洁面乳并擦干。 （5）按需涂抹润肤霜，防止干燥。 12. 剃须：（5分） （1）温热毛巾热敷老年人两侧面颊部。 （2）从左至右，从上到下，先顺毛孔、再逆毛孔的顺序进行剃须。 （3）洗净面部，擦干。 （4）协助老年人照镜子，夸赞老年人，满足老年人精神需求。 13. 洗手：（5分） （1）水温适宜（40~42℃）。 （2）为老年人湿润手部、在老年人手上涂香皂。 （3）为老年人洗手（手心、手背、指缝、指尖、手腕）。 （4）冲净、用毛巾擦干。 （5）按需涂抹润肤霜。	50

续 表

项目	类型	实操技能操作要求	分值
关键操作技能（50分）	M8	14. 洗脚：（5分） （1）测试水温适宜（40～50℃）（糖尿病患者不超过40℃）。 （2）暴露足部，泡脚、涂浴液。（浸泡时间不宜过长，5min以内为宜）。 （3）依次搓洗双脚（脚心、脚背、趾缝、脚踝）。 （4）冲净浴液、擦干。 （5）按需涂抹润肤霜，防止干燥。 15. 修剪指（趾）甲：（5分） （1）修剪指甲：手下铺垫纸巾，照护员一手握住老年人指甲，一手持指甲刀。 （2）长度适宜，搓平边缘。 （3）修剪趾甲：脚下铺垫纸巾，照护员一手握住老年人脚趾，一手持工具平着剪趾甲。 （4）长度适宜，搓平边缘。 （5）纸巾包裹指（趾）甲碎屑，丢入垃圾桶	50
健康教育（8分）	M9	针对本次照护任务，照护过程中的注意事项如下： 1. 梳头时动作轻柔，不可强拉硬拽，如遇头发打结时可用30%乙醇打湿并从发梢向发根梳理。 2. 洗脸时避免洁面乳刺激眼睛，以免引起老年人不良情绪。 3. 指（趾）甲修剪不可太短，避免伤害软组织，引起感染。指（趾）甲过硬时可先用温水浸泡5～10min再修剪。 4. 洗头时防止水流入眼、耳内或打湿被服，如有打湿，及时更换。塞入耳道的棉球必须是无脱脂棉球，禁用医用棉球。洗发后立即取出，避免遗漏。 5. 水温适宜，依据老年人喜好适当调整。按需涂抹润肤霜	3
	M10	1. 在照护过程中结合老年人情况开展促进健康行为的健康教育，包括但不限于以下方面：（3分） （1）识别并帮助老年人调整生活方式。 （2）根据老年人的身体状况加强营养，对病情允许的老年人，鼓励其摄入高蛋白、高纤维素，富含锌、铁的饮食。 （3）鼓励老年人尽量做力所能及的活动，如下床、关节自主运动等，坚持康复运动，循序渐进、持之以恒地进行。 （4）加强心理护理，鼓励老年人树立信心。 2. 表述要求如下：（2分） （1）主题和数量合适。 （2）表达方式突出重点，逻辑清晰。 （3）结合主题提出的措施或建议：每个主题不少于3条。 （4）语言简单易懂，适配老年人的理解能力。 （5）结合老年人的具体情况（如职业、性格、爱好、家庭等）	5
评价照护效果（5分）	同“通用版”		

续 表

项目	类型	实操技能操作要求	分值
对选手综合评判（12分）	同“通用版”		
合计			100

操作项目二 协助老年人清洁口腔

协助老年人清洁口腔操作流程及评分标准

学号： 姓名： 得分：

项目	类型	实操技能操作要求	分值
工作准备（10分）	同“通用版”		
沟通解释评估（15分）	同“通用版”		
关键操作技能（50分）	M8	1. 取合适体位： （1）根据老年人身体和床具情况，选择合适体位。（3分） （2）建议特殊口腔护理：平卧位；使用口腔棉棒或牙刷：半坐卧位。（2分） （3）操作中方法正确。（2分） （4）注意老年人反应及沟通。（2分） 2. 漱口前准备： （1）于老年人颌下胸前围干毛巾。（2分） （2）合理摆放弯盘/漱口杯等。（1分） （3）以下三种口腔清洁工具均可以。（4分） 打开口腔护理包准备擦洗棉球或浸湿口腔护理棉棒或牙刷沾湿涂抹适量牙膏。 （4）询问老年人是否有义齿。（2分） 3. 根据老年人口腔状况协助其漱口： （1）湿润口唇。（2分） （2）倒取适量的漱口液。（2分） （3）协助老年人进行漱口。（2分） （4）为老年人擦干嘴角。（2分） 4. 为老年人进行口腔清洁： （1）擦洗手法正确轻柔。（4分） （2）干湿度适宜，不滴洒。（4分） （3）清洁部位不遗漏。（6分）	50

续 表

项目	类型	实操技能操作要求	分值
关键操作技能（50分）	M8	（4）清洁牙齿的外侧面、咬合面、内侧面、颊黏膜、牙龈、舌面、舌下、硬腭。（2分） 5. 再次漱口： （1）协助老年人漱口。（1分） （2）擦净水迹。（1分） 6. 再次检查口腔： （1）压舌板、手电筒检查。（1分） （2）确保口腔清洁，无棉球等滞留物。（1分） （3）涂上润唇膏，保持口唇湿润。（1分） 7. 整理： （1）整理床、衣物、环境。（1分） （2）用物处理得当。（1分） （3）安置舒适体位。（1分）	50
健康教育（8分）	M9	针对本次照护任务，照护过程中的注意事项如下： 1. 昏迷老年人忌漱口。 2. 动作轻柔，以免损伤口腔黏膜。 3. 对长期使用抗生素者，应观察口腔黏膜有无真菌感染。 4. 刷牙时间不少于3min	3
	M10	1. 在照护过程中结合老年人情况开展健康生活方式的健康教育，包括但不限于以下方面：（3分） （1）遵医嘱规律用药。 （2）改变不良生活方式，如戒烟、酒。 （3）循序渐进行康复锻炼。 （4）保持健康心理状态。 2. 表述要求如下：（2分） （1）主题和数量合适。 （2）表达方式突出重点，逻辑清晰。 （3）结合主题提出的措施或建议：每个主题不少于3条。 （4）语言简单易懂，适配老年人的理解能力。 （5）结合老年人的具体情况（如职业、性格、爱好、家庭等）	5
评价照护效果（5分）		同“通用版”	
对选手综合评判（12分）		同“通用版”	
合计			100

操作项目三　协助老年人摘戴义齿并清洗

协助老年人摘戴义齿并清洗操作流程及评分标准

学号：　　　　　　　　　姓名：　　　　　　　　　得分：

项目	类型	实操技能操作要求	分值
工作准备（10分）	同“通用版”		
沟通解释评估（15分）	同“通用版”		
关键操作技能（50分）	M8	1. 取合适体位： （1）根据老年人身体和床具情况，选择合适体位。（4分） （2）护理员站于老年人正面稍偏一侧位置。（2分） （3）操作中方法正确。（2分） 2. 摘取义齿： （1）嘱老年人张口，观察义齿位置。（2分） （2）协助老年人取义齿。护理员一手取纱布垫于义齿上，轻轻拉动义齿基托将其取下，可采取以下方式：取上牙时轻轻向外下方拉，取下牙时轻轻向外上方拉。（3分） （3）取下的义齿清洗放置于盛有清洁冷水的杯子中，义齿要浸没于水中。（5分） 3. 佩戴义齿： （1）戴前冲洗义齿。（4分） （2）嘱老年人张口，准备佩戴义齿。（3分） （3）护理员用一手垫纱布并拿取义齿，轻轻往上推义齿基托将义齿戴上。（3分） （4）嘱老年人轻轻咬合上下齿，使义齿与牙龈完全吻合。（5分） （5）观察老年人反应及沟通交流。（3分） 4. 清洗义齿： （1）轻轻刷洗义齿。（4分） （2）流动水下，将义齿的各个面均刷至无污渍附着为止。（2分） （3）检查并冲洗干净义齿。（2分） 5. 整理： （1）整理床、衣物、环境。（2分） （2）用物处理得当。（2分） （3）安置舒适体位。（2分）	50
健康教育（8分）	M9	针对本次照护任务，照护过程中的注意事项如下： 1. 对戴义齿老年人进行口腔清洁。 2. 注意避免吃过硬或黏性较大的食物，以防损坏义齿。	3

续 表

项目	类型	实操技能操作要求	分值
健康教育（8分）	M9	3. 每餐后取下义齿，用牙刷沾牙膏刷洗后在流动水下冲洗干净，帮助老年人重新戴上。 4. 每晚睡前取下义齿，用牙刷沾牙膏刷洗，冲洗干净后，浸泡于清洁的冷水中，次日早晨再戴上。 5. 义齿严禁浸泡于酒精及热水中，避免变形	3
	M10	1. 在照护过程中结合老年人情况开展预防压疮的健康教育，包括但不限于以下方面：（3分） （1）按时按量用药，监测血压。 （2）坚持康复锻炼。 （3）高血压饮食：选择优质蛋白。 （4）社会心理：关注相关公众号，了解更多相关内容。 （5）加强心理护理，鼓励老年人树立信心。 2. 表述要求如下：（2分） （1）主题和数量合适。 （2）表达方式突出重点，逻辑清晰。 （3）结合主题提出的措施或建议：每个主题不少于3条。 （4）语言简单易懂，适配老年人的理解能力。 （5）结合老年人的具体情况（如职业、性格、爱好等）	5
评价照护效果（5分）	同“通用版”		
对选手综合评判（12分）	同“通用版”		
合计			100

操作项目四　协助老年人洗澡（淋浴、盆浴或擦浴）

协助老年人洗澡（淋浴、盆浴或擦浴）操作流程及评分标准

学号：　　　　　　姓名：　　　　　　得分：

项目	类型	实操技能操作要求	分值
工作准备（10分）	同“通用版”		
沟通解释评估（15分）	同“通用版”		

续 表

<table>
<tr><th>项目</th><th>类型</th><th>实操技能操作要求</th><th>分值</th></tr>
<tr><td rowspan="2">关键操作技能（50分）</td><td rowspan="2">M8</td><td>此处关键操作技能分淋浴/盆浴和擦浴，请选择一种方式协助老年人洗澡。
淋浴/盆浴：
1. 取合适体位：
根据老年人身体情况，选择合适体位。（5分）
2. 协助淋浴/盆浴：
（1）协助老年人脱去衣裤。（5分）
（2）调节水温（38~40℃）。（根据老年人习惯适当调整）。（5分）
（3）协助清洗顺序：
头发→面部→颈部→上肢→胸腹部→背臀部→会阴→双下肢→双足。（20分）
清水→沐浴液或香皂→清水。（5分）
3. 鼓励老年人自行清洁，并给予适当的帮助。（10分）</td><td rowspan="2">50</td></tr>
<tr><td>擦浴：
1. 脱衣物：
（1）协助老年人脱去外裤，盖好被子。（1分）
（2）操作中注意避免拖、拉、拽，注意应用老年人自身力量，保护骨折侧肢体。（1分）
2. 擦拭面部：
（1）盆置于床尾椅，调节水温（40~45℃）。（1分）
（2）将浴巾搭在枕巾及胸前盖被上，将小方毛巾浸湿后拧干，横向对折再纵向对折，对折后用小方毛巾四个角分别擦洗双眼的内眼角和外眼角。（2分）
（3）洗净小方毛巾包裹在手上，洒上浴液依次擦拭额部、鼻部、两颊、耳后、颈部，洗净方毛巾，同法擦净脸上浴液，再用浴巾沾干脸上水，协助老年人更换清洁衣裤，盖好被子。（2分）
（4）倾倒污水桶，刷洗水盆、污水桶，清洗浴巾、毛巾、污衣裤。（2分）
（5）协助老年人取舒适卧位并整理床单位。（2分）
3. 擦拭手臂：
（1）暴露近侧手臂，浴巾半铺半盖于手臂上。（2分）
（2）小方毛巾包手，涂上浴液，打开浴巾由前臂向上臂擦拭，擦手，擦拭后浴巾遮盖。（2分）
（3）洗净小方毛巾，同样手法擦净上臂浴液，再用浴巾包裹沾干手臂上的水分。（2分）
（4）同法擦拭另一侧手臂。（1分）
4. 擦拭胸部：
（1）将老年人被子向下折叠，暴露胸部，用浴巾遮盖胸部。（2分）
（2）洗净小方毛巾包裹在手上，倒上浴液，擦拭胸部及两侧，擦拭后用浴巾遮盖，擦拭方法正确。（2分）
（3）洗净小方毛巾，同法擦净胸部浴液，再用浴巾沾干胸部水分。（2分）
5. 擦拭腹部：
（1）将老年人盖被向下折至大腿上部，用浴巾遮盖胸腹部。（2分）
（2）洗净小方毛巾包裹在手上，倒上浴液，打开浴巾下角暴露腹部，由上向下擦拭腹部及两侧，擦拭后用浴巾遮盖。（2分）
（3）洗净小方毛巾，同法擦净腹部浴液，再用浴巾沾干腹部水分。（2分）</td></tr>
</table>

续 表

项目	类型	实操技能操作要求	分值
关键操作技能（50分）	M8	6. 擦拭背臀： （1）协助老年人翻身侧卧，背部朝向护理员。翻身时充分保护右脚脚踝，避免引起老年人不适。（2分） （2）将被子上折暴露背臀部。浴巾铺于背臀下，向上反折遮盖背臀部。（2分） （3）洗净小方毛巾包裹在手上，倒上浴液，打开浴巾暴露背臀部，由腰骶部分别沿脊柱两侧螺旋形向上擦洗全背。（2分） （4）环形擦洗臀部，擦拭后用浴巾遮盖，洗净小方毛巾，同法擦净背臀部浴液，再用浴巾沾干背臀部水分。（2分） 7. 擦拭下肢： （1）协助老年人平卧，盖好被子。暴露近侧骨折下肢，用保鲜膜覆盖患处，并用医用胶布粘贴在保鲜膜与皮肤衔接处，浴巾半铺半盖。在此过程中注意保护患肢。（2分） （2）洗净小方毛巾包裹在手上，倒上浴液，打开浴巾暴露下肢，一手扶住下肢的踝部呈屈膝状，另一手由小腿向大腿方向擦洗，擦拭后用浴巾遮盖。（2分） （3）洗净小方毛巾，同法擦净下肢浴液，再用浴巾沾干下肢上的水分。（1分） （4）暴露另一侧肢体，同法擦洗。（1分） 8. 足部清洗： （1）更换水盆（脚盆），盛装40~45℃温水约1/2满。将老年人被子的被尾向一侧打开暴露双足，取软枕垫在老年人膝下支撑。（1分） （2）足下铺隔水垫和浴巾，水盆放在浴巾上，清洗足部，方法正确。（1分） 9. 擦拭会阴： （1）更换水盆（专用盆），护理员一手托起老年人臀部，一手铺垫隔水垫和浴巾，将专用毛巾浸湿拧干。（1分） （2）按正确顺序擦洗会阴。（1分） （3）撤去隔水垫和浴巾，协助老年人更换清洁衣裤。（1分） 10. 整理用物：帮助老年人盖好被子，整理用物。（1分）	50
健康教育（8分）	M9	针对本次照护任务，照护过程中的注意事项如下： 1. 选择合适的沐浴方式（沐浴或盆浴），当身体不适或衰弱时不宜沐浴。 2. 沐浴前有安全提示：避免空腹或饱餐时沐浴，忌突然蹲下或站立，沐浴时间应适宜。 3. 室温控制在22~26℃，注意浴室内通风，防止对流风。 4. 沐浴前先调节水温，水温一般控制在40~45℃，可根据老年人耐受性及季节因素合理调温。调节顺序为先开冷水，再开热水，沐浴过程中注意水温变化，如需再次调节水温，应让水流离开老年人身体	3
	M10	1. 在照护过程中结合老年人情况开展预防压疮的健康教育，包括但不限于以下方面：（3分） （1）避免局部长期受压，对头发遮挡的部位要注意认真检查。 （2）长期卧床的老年人可使用充气床垫。 （3）根据老年人的身体状况加强营养，对病情允许的老年人，鼓励其摄入高蛋白、高纤维素，富含锌、铁的食物。	5

续 表

项目	类型	实操技能操作要求	分值
健康教育（8 分）	M10	(4) 鼓励老年人尽量做力所能及的活动，如关节自主运动等，以促进静脉回流，起到预防压疮的作用。 (5) 加强心理护理，鼓励老年人树立信心。 2. 表述要求如下：(2 分) (1) 主题和数量合适。 (2) 表达方式突出重点，逻辑清晰。 (3) 结合主题提出的措施或建议：每个主题不少于 3 条。 (4) 语言简单易懂，适配老年人的理解能力。 (5) 结合老年人的具体情况（如职业、性格、爱好、家庭等）	5
评价照护效果（5 分）	同“通用版”		
对选手综合评判（12 分）	同“通用版”		
合计			100

操作项目五　为老年人清洁会阴部

为老年人清洁会阴部操作流程及评分标准

学号：　　　　　　　　姓名：　　　　　　　　得分：

项目	类型	实操技能操作要求	分值
工作准备（10 分）	同“通用版”		
沟通解释评估（15 分）	同“通用版”		
关键操作技能（50 分）	M8	1. 取合适体位： (1) 根据老年人身体和床具情况，选择合适体位。(3 分) (2) 适当遮挡，保护老年人隐私。(3 分) (3) 暴露近侧下肢和会阴部。(2 分) (4) 老年人臀下垫护理垫，垫好便盆，老年人呈仰卧屈膝位。(3 分) (5) 近侧下肢盖浴巾保暖。(2 分) 2. 清洗会阴： (1) 护理员一手持冲洗壶冲洗会阴部皮肤，另一手用毛巾擦洗会阴部。(2 分)	50

续 表

项目	类型	实操技能操作要求	分值
关键操作技能（50分）	M8	（2）从阴阜向下，由上向下依次擦洗（女性：尿道口、阴道口、大腿内侧腹股沟、肛门；男性：尿道口、龟头、阴茎、阴囊、肛门）。（10分） （3）撤去便盆，拧干毛巾，擦干会阴部（由上向下）。（5分） （4）检查会阴部皮肤情况。（5分） （5）更换干净的护理垫。（5分） 3. 整理： （1）为老年人盖好被子，撤去浴巾。（2分） （2）整理床单位。（2分） （3）注意老年人反应及沟通。（2分） 4. 用物处理得当： （1）倾倒便盆，刷洗晾干。（2分） （2）毛巾洗净、晾干、备用。（2分）	50
健康教育（8分）	M9	针对本次照护任务，照护过程中的注意事项如下： 1. 冲洗时应缓慢倒水，注意清洁皮肤皱褶处。 2. 有留置导尿管者禁止冲洗，可进行局部擦拭。 3. 由上而下清洁，由前向后擦洗，以免造成泌尿系统感染	3
	M10	1. 在照护过程中结合老年人情况开展预防压疮的健康教育，包括但不限于以下方面：（3分） （1）避免局部长期受压，对头发遮挡的部位要注意认真检查。 （2）长期卧床的老年人可使用充气床垫。 （3）根据老年人的身体状况加强营养，对病情允许的老年人，鼓励其摄入高蛋白、高纤维素，富含锌、铁的食物。 （4）鼓励老年人尽量做力所能及的活动，以促进静脉回流，起到预防压疮的作用。 （5）加强心理护理，鼓励老年人树立信心。 2. 表述要求如下：（2分） （1）主题和数量合适。 （2）表达方式突出重点，逻辑清晰。 （3）结合主题提出的措施或建议：每个主题不少于3条。 （4）语言简单易懂，适配老年人的理解能力。 （5）结合老年人的具体情况（如职业、性格、爱好、家庭等）	5
评价照护效果（5分）	同“通用版”		
对选手综合评判（12分）	同“通用版”		
合计			100

操作项目六　为老年人进行口腔清洁

为老年人进行口腔清洁操作流程及评分标准

学号：　　　　　　　　姓名：　　　　　　　　得分：

项目	类型	实操技能操作要求	分值
工作准备（10 分）	同“通用版”		
沟通解释评估（15 分）	同“通用版”		
关键操作技能（50 分）	M8	1. 取合适体位： （1）协助老年人取头部右侧位，铺干净毛巾，遮盖老年人前胸及右侧颌下。（2 分） （2）取弯盘摆放于老年人右侧下颌角处。（1 分） 2. 检查口腔： （1）检查口腔黏膜无出血，无溃破。（2 分） （2）检查方法正确、全面。（1 分） （3）注意沟通及老年人反应。（2 分） 3. 清洁口腔： （1）清点治疗碗内棉棒 16 根（或棉球），取温水并测试温度。（3 分） （2）污物盘摆放在合适位置。（1 分） （3）取棉棒，在温水碗壁上挤干水分。（2 分） （4）用第一个棉棒湿润口唇，放入黄色垃圾袋内。（2 分） （5）注意污染棉棒不得跨过清洁区。（2 分） （6）依次擦拭老年人对侧牙齿外侧面、上内侧、上咬合面、下内侧、下咬合面。（8 分） （7）用同法依次擦洗近侧牙齿外侧面、上内侧、上咬合面、下内侧、下咬合面。（8 分） （8）用压舌板分别撑开对侧和近侧面颊部，分别用两个棉棒弧形擦洗双侧面颊部。（4 分） （9）“之”形擦洗硬腭，横擦舌面，“U”形擦洗舌下。（2 分） （10）擦拭手法正确、轻柔。（1 分） （11）擦拭应全面认真、仔细。（1 分） （12）擦洗时，棉棒不可过湿，防止多余水分流入老年人咽部，引起老年人呛咳。（1 分） （13）每次张口擦拭时间不可过长，以 20~25s 为限。（1 分） （14）擦拭上颚和舌面，位置不可太深，避免老年人发生恶心呕吐。（1 分） （15）注意老年人反应以及沟通交流。（1 分） 4. 检查： （1）嘱老年人再次张口，观察口腔擦拭干净，牙龈无出血。（1 分） （2）清点棉棒 16 根，擦洗前后数量相等。（1 分） （3）撤去弯盘，用毛巾或餐巾纸擦干口周及面部水渍。（1 分） （4）撤掉毛巾，涂润唇膏。（1 分）	50

续 表

项目	类型	实操技能操作要求	分值
健康教育（8分）	M9	针对本次照护任务，照护过程中的注意事项如下： 1. 擦拭方向：由臼齿向门齿方向擦拭。每个棉棒擦拭一个部位。棉棒必须挤水，以免流入气管引起呛咳或误吸。 2. 口腔中上下牙齿的左右两侧，每个外侧面、内侧面及咬合面均应擦拭干净，一个棉棒只可使用一次，不可反复蘸取漱口水使用。 3. 未擦拭干净的部位，应另取一根棉棒重新擦拭。 4. 擦拭上腭及舌面时，位置不可以太靠近咽部，以免引起恶心或不适。 5. 对情绪不稳定、不配合的老年人，慎用棉棒清洁，避免老年人咬住棉棒，导致棉球脱落或棉棒杆断裂，发生意外事故。 6. 老年人每次张口时间不宜太久，以 20~25s 为限。 7. 口腔擦拭完毕应再次进行检查，防止棉球遗漏在口腔内。 8. 针对昏迷的老年人必要时使用张口器，使用时应从臼齿处放入。牙关紧闭者不可暴力助其张口	3
	M10	1. 在照护过程中结合老年人情况保持口腔健康的教育包括但不限于以下方面：（3分） （1）定时进行口腔清洁，坚持早晚刷牙、饭后漱口。 （2）经常按摩牙龈。用洗干净的手指直接在牙龈上按摩，按摩时按压和旋转运动相结合，重复 10~20 次，也可用舌头进行按摩。 （3）经常叩齿。可以促进下颌关节、面部肌肉、牙龈和牙周的血液循环，锻炼牙周围的软硬组织，坚固牙齿。 （4）定期进行口腔检查。 （5）合理膳食，补充牙齿所需钙、磷等，少吃含糖食品，多吃新鲜蔬菜，增加牛奶和豆制品的摄入量。 2. 表述要求如下：（2分） （1）主题和数量合适。 （2）表达方式突出重点，逻辑清晰。 （3）结合主题提出的措施或建议：每个主题不少于 3 条。 （4）语言简单易懂，适配老年人的理解能力。 （5）结合老年人的具体情况（如职业、性格、爱好、家庭等）	5
评价照护效果（5分）		同“通用版”	
对选手综合评判（12分）		同“通用版”	
		合计	100

操作项目七　为老年人进行身体清洁，并处理特殊情况

为老年人进行身体清洁，并处理特殊情况操作流程及评分标准

学号：　　　　　　　　姓名：　　　　　　　　得分：

项目	类型	实操技能操作要求	分值
工作准备（10 分）		同“通用版”	
沟通解释评估（15 分）		同“通用版”	
关键操作技能（50 分）	M8	1. 取合适体位： （1）根据老年人身体和床具情况，选择合适体位，协助老年人坐起。（3 分） （2）协助老年人身体稍前倾，双手扶住床挡。（3 分） （3）操作中方法正确。（2 分） （4）注意老年人反应及沟通。（2 分） 2. 呕吐照护： （1）垫毛巾，覆盖前胸和右侧肩部。（2 分） （2）拟纸膜袋放于老年人口下方。（4 分） （3）拟纸膜袋下垫一次性治疗巾。（4 分） 3. 观察： （1）注意老年人面色、脉搏及有无其他不适。（5 分） （2）观察呕吐方式，呕吐物的颜色、性状、气味及量，必要时留取化验。（5 分） 4. 漱口： （1）呕吐停止后协助老年人漱口。（2 分） （2）毛巾擦净口角水痕。（2 分） （3）用温水为老年人擦拭脸部。（2 分） （4）操作方法正确，注意保暖。（2 分） （5）注意观察老年人反应及沟通交流。（2 分） 5. 整理： （1）撤去一次性护理垫、毛巾。（3 分） （2）及时清理呕吐物。（3 分） （3）必要时更换被服。（2 分） （4）整理床位，协助老年人取舒适体位。（2 分）	50
健康教育（8 分）	M9	针对本次照护任务，照护过程中的注意事项如下： 1. 老年人剧烈呕吐时应禁食，可适量饮用温开水。根据病情，呕吐停止后可先进食少量清淡、易消化的食物。 2. 呕吐时防止窒息。 3. 对老年人进行心理护理，给予安慰、鼓励，提供热情帮助，避免老年人情绪紧张	3

续 表

项目	类型	实操技能操作要求	分值
健康教育（8分）	M10	1. 在照护过程中结合老年人情况开展预防压疮的健康教育，包括但不限于以下方面：（3分） （1）避免局部长期受压，对头发遮挡的部位要注意认真检查。 （2）长期卧床的老年人可使用充气床垫。 （3）根据老年人的身体状况加强营养补充，对病情允许的老年人，鼓励其摄入高蛋白、高纤维素，富含锌、铁的食物。 （4）鼓励老年人尽量做力所能及的活动，如下床、关节自主运动等，以促进静脉回流，起到预防压疮的作用。 （5）加强心理护理，鼓励老年人树立信心。 2. 表述要求如下：（2分） （1）主题和数量合适。 （2）表达方式突出重点，逻辑清晰。 （3）结合主题提出的措施或建议：每个主题不少于3条。 （4）语言简单易懂，适配老年人的理解能力。 （5）结合老年人的具体情况（如职业、性格、爱好、家庭等）	5
评价照护效果（5分）	同“通用版”		
对选手综合评判（12分）	同“通用版”		
合计			100

操作流程

操作视频

测试题

第二节　穿脱衣物

操作项目八　为老年人穿脱衣服、鞋袜

为老年人穿脱衣服、鞋袜操作流程及评分标准

学号：　　　　姓名：　　　　得分：

项目	类型	实操技能操作要求	分值
工作准备（10分）		同“通用版”	
沟通解释评估（15分）		同“通用版”	
关键操作技能（50分）	M8	1. 取舒适体位： （1）摇高床头至老年人感觉舒适和便于操作的位置。（1分） （2）操作中注意观察老年人反应。（1分） 2. 打开盖被： （1）从床头向床尾方向打开盖被，暴露上身，盖住下身保暖，在不违背原则的情况下，可采取其他方式保暖（包括但不限于调节室温、毛巾保暖等）。（2分） （2）操作中注意与老年人交流解释。（1分） 3. 脱开衫： （1）脱开衫时应先脱健侧开衫，操作手法正确。（2分） （2）脱患侧开衫时应按老年人肩部、上臂、肘关节、前臂、手屈曲位置，依次脱下患侧衣袖，且操作手法正确。（6分） （3）操作中应注意保护老年人患侧肢体。（2分） （4）操作中注意动作轻柔，避免拖、拉、拽。（3分） （5）操作中注意应用老年人自身力量。（3分） （6）操作中注意与老年人沟通交流。（2分） （7）操作中注意观察老年人反应。（2分） 4. 放置开衫： （1）换下的开衫，摆放在护理车下层或放入污衣袋内。（1分） （2）操作中注意保暖，在不违背原则的情况下，形式不限。（1分） 5. 穿开衫： （1）穿开衫时应符合先穿患侧再穿健侧的原则，穿衣前分清左右侧，且操作手法正确。（1分） （2）穿患侧时，护理员将手伸入患侧衣袖，握住老年人患侧手套入衣袖。（1分） （3）双手配合顺应患侧上肢屈曲位置，按手部、前臂、肘部、上臂顺序依次穿上患侧衣袖。（2分）	50

续 表

项目	类型	实操技能操作要求	分值
关键操作技能（50分）	M8	(4) 拉平衣领。(1分) (5) 穿健侧时，协助老年人向健侧轻轻翻身，将衣服翻卷塞入健侧身下，且手法正确。(2分) (6) 协助老年人仰卧位，从健侧身下拉出衣服。(1分) (7) 为老年人穿好健侧衣袖，或者指导老年人穿好健侧衣袖，操作方法正确（安全、科学、规范、有效、节力、尊重）。(1分) (8) 为老年人拉平开衫，系好衣扣/指导老年人用健侧手带动患侧手系好衣扣。(2分) 6. 穿袜子： (1) 护理员将袜子反套于手上。(1分) (2) 轻握老年人脚掌，将袜子穿好。(1分) (3) 另一只脚用上方或用其他更为合理的方法为老年人穿好袜子。(1分) 7. 穿鞋子： (1) 检查鞋子内部是否平整，无异物。(1分) (2) 一手握住鞋跟部分，另一手托起老年人足跟，将脚趾部分套入鞋内，直至脚掌、脚跟与鞋底内面贴合。(1分) (3) 系好鞋带。(1分) 8. 整理： (1) 整理衣服，平整无皱褶。(1分) (2) 操作中应注意保护老年人患侧肢体。(1分) (3) 操作中注意动作轻柔，避免拖、拉、拽。(1分) (4) 操作中注意应用老年人自身力量。(1分) (5) 操作中注意与老年人沟通交流。(1分) (6) 操作中注意观察老年人反应。(1分)	50
健康教育（8分）	M9	针对本次照护任务，照护过程中的注意事项如下： 1. 穿脱衣裤时，不可生拉硬拽，以免老年人受伤。 2. 操作应轻柔、快捷，避免老年人受凉。 3. 脱鞋袜后应检查老年人脚部皮肤情况	3
	M10	1. 在照护过程中结合老年人情况开展高血压疾病健康教育，包括但不限于以下方面：(3分) (1) 常用药物的作用和不良反应观察，如利尿药等。 (2) 饮食护理，如限制盐、均衡饮食。 (3) 运动康复指导，如散步、打太极拳等。 (4) 加强心理护理，鼓励老年人树立信心。 2. 表述要求如下：(2分) (1) 主题和数量合适。 (2) 表达方式突出重点，逻辑清晰。 (3) 结合主题提出的措施或建议：每个主题不少于3条。 (4) 语言简单易懂，适配老年人的理解能力。 (5) 结合老年人的具体情况（如职业、性格、爱好、家庭等）	5

续 表

项目	类型	实操技能操作要求	分值
评价照护效果（5分）	同“通用版”		
对选手综合评判（12分）	同“通用版”		
合计			100

操作项目九　协助老年人穿脱简易矫形器等辅助器具

协助老年人穿脱简易矫形器等辅助器具操作流程及评分标准

学号：　　　　　　姓名：　　　　　　得分：

项目	类型	实操技能操作要求	分值
工作准备（10分）	同“通用版”		
沟通解释评估（15分）	同“通用版”		
关键操作技能（50分）	M8	1. 协助坐位： （1）放下床挡，打开盖被。（1分） （2）帮助老年人在床边坐稳，屈髋、屈膝，双足放于地面，方法正确（安全、科学、规范、有效、节力、尊重），注意保暖。（4分） （3）协助老年人放松患侧跟腱。（2分） （4）操作过程中注意应用老年人自身力量。（1分） （5）操作过程中有安全意识。（1分） （6）操作过程中注意观察老年人反应。（1分） （7）操作过程中注意动作轻柔稳妥，注意与老年人沟通交流。（1分） （8）操作过程中注意保护老年人患侧肢体。（1分） 2. 穿矫形器： （1）指导或协助老年人穿好长筒袜。（1分） （2）将左裤腿塞进左脚袜子里，协助双脚着地。（2分） （3）检查踝足矫形器清洁完好，可以使用。（2分） （4）一手握住踝足矫形器，另一手握住前脚掌，使其保持足背屈。保持踝关节背屈位，先将足跟穿入踝足矫形器的跟部，使足跟紧贴踝足矫形器，踩稳。（2分） （5）粘贴踝足矫形器小腿部魔术搭扣，将小腿外侧绑带穿过内侧卡环，反折粘贴加强固定。（2分）	50

续 表

项目	类型	实操技能操作要求	分值
关键操作技能（50 分）	M8	（6）询问老年人松紧度，必要时调整。（2 分） （7）将小腿内侧弹力绷带自足背外侧向下绕足一周，再包绕踝足矫形器足底，从足内侧向小腿外侧牵拉。（2 分） （8）调整松紧度，穿过卡环反折粘贴固定。（1 分） （9）询问老年人松紧度并调整，检查踝足矫形器穿戴是否到位、有无足握持、是否影响足部血液循环。（1 分） （10）协助老年人穿好另一只脚的鞋子。（1 分） （11）操作过程中有安全意识。（2 分） （12）操作中注意动作轻柔稳妥，注意与老年人沟通交流。（1 分） 3. 协助适应踝足矫形器： （1）协助老年人站起，让老年人患足平踏地面与小腿垂直。（2 分） （2）感受弹力绷带力度是否适中，必要时调整。（2 分） （3）询问老年人足部舒适度，必要时使用纱布或棉花填塞踝足矫形器内侧，保护足跟和踝足两侧骨隆突处免受损伤。（2 分） （4）协助老年人站立，指导其使用手杖、抬起患侧脚行走。（2 分） （5）行走时间以老年人能够耐受为准。（2 分） （6）观察老年人反应，如果感觉劳累，帮助老年人坐下。询问其有无疼痛或其他不适。（2 分） （7）操作过程中注意保护老年人。（1 分） （8）操作过程中注意动作轻柔稳妥，注意与老年人沟通交流。（1 分） 4. 脱下矫形器： （1）检查老年人皮肤无异常。（1 分） （2）检查踝足矫形器无异常。（1 分） （3）根据老年人意愿协助采取舒适体位休息。（1 分） （4）操作及检查方法正确。（1 分） （5）操作过程中注意动作轻柔稳妥，注意与老年人沟通交流。（1 分）	50
健康教育（8 分）	M9	针对本次照护任务，照护过程中的注意事项如下： 1. 告知老年人踝足矫形器使用前后均应检查矫形器是否完好。 2. 使用踝足矫形器时应注意松紧度，避免过松造成滑脱或过紧影响下肢血液循环。 3. 训练需循序渐进，训练过程中如有不适，须立即停止并报告医生	3
	M10	1. 在照护过程中结合老年人情况开展戒烟的健康教育，包括但不限于以下方面：（3 分） （1）行为技巧：尽力推迟吸烟直到烟瘾过去；避免与吸烟的朋友聚会，尤其戒烟的最初两周应避免接触；烟瘾发作时可以通过与朋友打电话、饮水、散步等分散注意力。 （2）认知策略：戒烟者应提醒自己吸烟可能导致的严重后果，增强自己戒烟的信心。 （3）替代疗法：尼古丁口香糖和戒烟皮肤粘贴剂等。	5

续 表

项目	类型	实操技能操作要求	分值
健康教育（8分）	M10	（4）加强心理护理，鼓励老年人树立信心。 2. 表述要求如下：（2分） （1）主题和数量合适。 （2）表达方式突出重点，逻辑清晰。 （3）结合主题提出的措施或建议：每个主题不少于3条。 （4）语言简单易懂，适配老年人的理解能力。 （5）结合老年人的具体情况（如职业、性格、爱好、家庭等）	5
评价照护效果（5分）	同“通用版”		
对选手综合评判（12分）	同“通用版”		
合计			100

操作流程

操作视频

测试题

第三节 饮食照护

项目导入

操作项目十 为老年人摆放进食体位

为老年人摆放进食体位操作流程及评分标准

项目	类型	实操技能操作要求	分值
工作准备（10分）	同“通用版”		
沟通解释评估（15分）	同“通用版”		
关键操作技能（50分）	M8	1. 用轮椅转移老年人： （1）检查轮椅：各部件功能良好，刹车、安全带、胎压、轮环、方向轮、脚踏板。（6分） （2）推轮椅到床旁，放在老年人健侧，轮椅与床呈30~45°，锁好刹车，抬起脚踏板。（4分） （3）拉下床挡，指导老年人移向床边并坐起（移至床边，双腿移至床沿下，翻身至侧卧、侧坐起、坐位）。（2分） （4）协助老年人穿鞋。（2分） （5）让老年人双手分别搭在护理员的两个肩上或搂住护理员的头颈，身体前倾。（2分） （6）护理员双手托住老年人的臀部，同时用双膝关节固定老年人的双膝，利用腰部后倾的力量使老年人臀部离开床面，使老年人的膝关节伸直并稳定，然后侧身将老年人转移至轮椅上。（6分） （7）指导老年人调整坐姿，协助老年人身体向椅背后移动，使身体坐满轮椅座位。（4分） （8）转移后注意身体受压部位的衣、裤等必须平整。（2分） （9）协助老年人放平踏板，并将双足置上。（2分） （10）协助系好安全带，视情况使用小毛毯。（2分） 2. 合理安置老年人进餐体位： （1）在轮椅内坐实。（4分） （2）调整桌椅间合适的距离。（4分） （3）嘱咐老年人身体坐直，略向前倾。（4分） 3. 协助老年人完成进餐前各项准备： （1）协助老年人擦手。（2分） （2）协助老年人颌下垫餐巾。（2分） （3）介绍进餐内容。（2分）	50

续 表

项目	类型	实操技能操作要求	分值
健康教育 （8分）	M9	针对本次照护任务，照护过程中的注意事项如下： 1. 老年人进食速度不宜过快，一口不宜过多，饭、菜、汤交替。 2. 食物应充分咀嚼，完全咽下后再进食下一口。 3. 对于有咀嚼或吞咽困难的老年人，应将食物打碎呈糊状。 4. 进餐后不能立刻平卧，防止食物反流	3
	M10	1. 在照护过程中结合老年人情况开展中耳炎的健康教育，包括但不限于以下方面：（3分） （1）每天三次用药，每次6~10滴，按时按量用药。药瓶上写上姓名和开封时间。注意有效期限。 （2）预防感冒：感冒会导致鼻腔内的分泌物增多，人的鼻腔和中耳都是相通的，如果鼻腔当中的分泌物增多，那么炎性物质就有可能会进入中耳，从而加重中耳炎。 （3）避免耳朵进水：尤其是不干净的水，可能加重炎症感染。 （4）要定期使用合适的方法清理耳朵，可以用可视挖耳勺。 2. 表述要求如下：（2分） （1）主题和数量合适。 （2）表达方式突出重点，逻辑清晰。 （3）结合主题提出的措施或建议：每个主题不少于3条。 （4）语言简单易懂，适配老年人的理解能力。 （5）结合老年人的具体情况（如职业、性格、爱好、家庭等）	5
评价照护效果（5分）	同“通用版”		
对选手综合评判（12分）	同“通用版”		
合计			100

操作项目十一　协助老年人进食、进水

协助老年人进食、进水操作流程及评分标准

学号：　　　　　　　　　姓名：　　　　　　　　　得分：

项目	类型	实操技能操作要求	分值
工作准备 （10分）	同“通用版”		

续 表

项目	类型	实操技能操作要求	分值
沟通解释评估（15分）	同“通用版”		
关键操作技能（50分）	M8	1. 取合适体位： （1）根据老年人身体和床具情况，选择合适体位。（3分） （2）协助老年人坐于餐桌旁。（2分） （3）嘱老年人坐直身体稍前倾，头稍下垂。（3分） （4）操作过程中方法正确。（2分） （5）注意老年人反应，并及时沟通。（2分） 2. 餐前准备： （1）护理员用七步洗手法洗净双手，合理摆放食物。（2分） （2）护理员为老年人颌下及胸前垫好毛巾，准备协助其进餐。（3分） （3）为老年人洗手。（3分） （4）介绍食物种类。（2分） （5）测试食物和水的温度。（2分） 3. 协助老年人进水： （1）嘱老年人进水时身体坐直，小口饮用。（2分） （2）将水杯递到老年人手中，确认其拿稳水杯，看护老年人饮水。（2分） 4. 协助老年人进食： （1）鼓励能够自己进餐的老年人自行进餐。（2分） （2）护理员将餐碗放入老年人的手边，再将汤匙递到老年人手中，告知其食物的种类。（2分） （3）协助老年人进餐，叮嘱老年人进餐时细嚼慢咽，以免发生呛咳。（2分） （4）用餐结束，协助老年人漱口。（3分） （5）擦净老年人双手，将餐具收拾完毕，擦净餐桌，放回原处。（2分） （6）叮嘱老年人保持体位30min，后取舒适体位。（5分） （7）注意观察老年人反应及沟通交流。（3分） 5. 整理： 协助老年人擦净嘴角，撤下毛巾。（3分）	50
健康教育（8分）	M9	针对本次照护任务，照护过程中的注意事项如下： 1. 嘱老年人小口进食，细嚼慢咽，不要边讲话边进食，以免发生呛咳。 2. 将带有骨头的食物剔除，鱼类剔除鱼刺。 3. 老年人出现呛咳时，应稍事休息后再进食	3
	M10	1. 在照护过程中结合老年人情况开展糖尿病的健康教育，包括但不限于以下方面：（3分） （1）血糖监测。 （2）低血糖。 a. 症状：头晕眼花、站不稳、心慌、出冷汗。 b. 处理方式：立刻坐在安全的地方，吃小饼干或巧克力。	5

续　表

项目	类型	实操技能操作要求	分值
健康教育（8分）	M10	c. 建议：携带小锦囊（急救卡片：个人疾病情况、家属联系方式及“请拨打120”等提示语）、巧克力或葡萄糖口服液。 （3）活动：坚持锻炼能够消耗人体内多余的糖分。可以每天早晚散步，注意安全。 （4）饮食：控制好总量，介绍餐盘法用餐；分四份，1/2放主食、1/4放蛋白质（优质蛋白），1/4放蔬菜。 （5）严格遵医嘱用药或注射胰岛素。 2. 表述要求如下：（2分） （1）主题和数量合适。 （2）表达方式突出重点，逻辑清晰。 （3）结合主题提出的措施或建议：每个主题不少于3条。 （4）语言简单易懂，适配老年人的理解能力。 （5）结合老年人的具体情况（如职业、性格、爱好、家庭等）	5
评价照护效果（5分）	同“通用版”		
对选手综合评判（12分）	同“通用版”		
合计			100

操作项目十二　观察、评估老年人进食、进水的种类和量，报告并标记异常变化

观察、评估老年人进食、进水的种类和量，报告并标记异常变化操作流程及评分标准

学号：　　　　　　　姓名：　　　　　　　得分：

项目	类型	实操技能操作要求	分值
工作准备（10分）	同“通用版”		
沟通解释评估（15分）	同“通用版”		
关键操作技能（50分）	M8	1. 沟通： （1）了解老年人既往进食、进水习惯、种类及量。（5分） （2）本次进食、饮水情况。（5分） （3）对于听力有障碍的老年人，可采用肢体语言或通过写字进行交流。（5分）	50

续 表

项目	类型	实操技能操作要求	分值
关键操作技能（50分）	M8	2. 观察并记录本次进食、进水情况： （1）老年人进食、进水体位，需要辅助程度。（5分） （2）老年人进食、进水的种类、进食速度，以及近期有无明显饮食量、饮食习惯改变等。（5分） （3）进食、进水过程中有无吞咽困难、噎食、误吸、呛咳、呕吐等异常现象。（10分） 3. 报告并标记异常变化： 将异常情况及时报告医生或家属。（5分） 4. 交班： （1）记录交班所应观察内容，有无异常情况。（5分） （2）每月小结，从中发现问题并及时告知上级或医护人员。（5分）	50
健康教育（8分）	M9	针对本次照护任务，照护过程中的注意事项如下： 1. 预先了解老年人饮食习惯、喜好等，便于对比。 2. 老年人如发现自身有异常情况，及时告知护理员	3
	M10	1. 在照护过程中结合老年人情况开展预防脑卒中复发的健康教育，包括但不限于以下方面：（3分） （1）饮食清淡易消化，多食新鲜蔬菜、水果，促进肠蠕动，防止暴饮暴食，防止便秘。 （2）保持健康心态和良好情绪。 （3）定期做专项检查。 （4）监测血压，规律用药。 （5）快速识别脑卒中的“FAST”原则。 2. 表述要求如下：（2分） （1）主题和数量合适。 （2）表达方式突出重点，逻辑清晰。 （3）结合主题提出的措施或建议：每个主题不少于3条。 （4）语言简单易懂，适配老年人的理解能力。 （5）结合老年人的具体情况（如职业、性格、爱好、家庭等）	5
评价照护效果（5分）		同“通用版”	
对选手综合评判（12分）		同“通用版”	
合计			100

操作项目十三　对发生噎食、误吸情况的老年人采取应急措施，报告、寻求帮助

对发生噎食、误吸情况的老年人采取应急措施，报告、寻求帮助操作流程及评分标准

学号：　　　　姓名：　　　　得分：

项目	类型	实操技能操作要求	分值
工作准备（10分）	同“通用版”		
沟通解释评估（15分）	同“通用版”		
关键操作技能（50分）	M8	1. 判断： （1）根据老年人表现做出噎食/误吸判断。（3分） （2）判断老年人的意识。（5分） （3）立刻大声呼叫同伴寻求支援。（4分） 2. 取出口腔中异物： 用手迅速抠出口咽中积聚的食团。（2分） 3. 实施救助： （1）意识清晰老年人，鼓励其连续用力咳出食物。（1分） （2）无法咳出时，立即采用海姆立克急救法。（1分） ①协助老年人取立位，站在老年人身后。（1分） ②嘱老年人低头张嘴。（1分） ③冲击手法、部位正确。双臂环抱老年人，一手握拳，将拳眼置于脐上二横指或脐与剑突之间，（5分）另一手从前面包住拳头，（4分）双手向后、向上快速用力挤压冲击，迫使其上腹部下陷，反复实施，直至阻塞物排出为止。（4分） 4. 确认老年人安全。（4分） 5. 待老年人情绪稳定后，结合老年人身体状况给予心理支持。（1分） 6. 协助老年人取坐位或卧位并询问其感觉。（1分） 7. 询问老年人噎食/误吸发生原因、诱因，并给予预防噎食/误吸的健康教育。（5分） 8. 再次核对老年人身体、感觉情况，询问是否需要进一步的医疗检查。（2分） 9. 为老年人取舒适体位，盖好盖被，支起床挡，检查床挡安全。（2分） 10. 整理、洗手。（2分） 11. 告知家属并做好交接班。（2分）	50
健康教育（8分）	M9	针对本次照护任务，照护过程中的注意事项如下： 1. 老年人发生噎食/误吸时应就地抢救，分秒必争。 2. 抢救时用力适度，以免造成肋骨骨折或内脏损伤。 3. 嘱老年人吃饭应细嚼慢咽、勿讲话	3

续 表

项目	类型	实操技能操作要求	分值
健康教育（8分）	M10	1. 在照护过程中结合老年人情况开展关节炎的健康教育，包括但不限于以下方面：（3分） （1）注意休息，避免过度用腿，上、下楼梯时应坐电梯。 （2）穿厚底鞋、有弹性的软底鞋，减少膝关节所受的冲击力，避免膝关节磨损。 （3）注意保暖，穿着护膝。 （4）控制体重，减少膝关节负重，多吃含蛋白质、钙质食物，摄入定量奶制品，防止骨质疏松。 （5）加强心理护理，鼓励老年人树立信心。 2. 表述要求如下：（2分） （1）主题和数量合适。 （2）表达方式突出重点，逻辑清晰。 （3）结合主题提出的措施或建议：每个主题不少于3条。 （4）语言简单易懂，适配老年人的理解能力。 （5）结合老年人的具体情况（如职业、性格、爱好、家庭等）	5
评价照护效果（5分）	同“通用版”		
对选手综合评判（12分）	同“通用版”		
合计			100

操作项目十四　根据老年人疾病和特殊进食需求，选择进食类型和加工方式

根据老年人疾病和特殊进食需求，选择进食类型和加工方式操作流程及评分标准

学号：　　　　　　　　姓名：　　　　　　　　得分：

项目	类型	实操技能操作要求	分值
工作准备（10分）	同“通用版”		
沟通解释评估（15分）	同“通用版”		

续 表

<table>
<tr><th>项目</th><th>类型</th><th>实操技能操作要求</th><th>分值</th></tr>
<tr><td>关键操作技能（50 分）</td><td>M8</td><td>1. 评估阶段：
（1）收集基本信息：
①了解老年人的年龄、性别、身高、体重等基本信息。（4 分）
②询问老年人目前的健康状况，包括是否有慢性病（如糖尿病、高血压、心脏病、肾病等）、牙齿健康状况、消化系统功能情况等。（4 分）
（2）进行营养评估：
①评估老年人的营养状况，包括 BMI 指数等指标。（2 分）
②确定老年人是否存在营养不良或营养过剩的风险。（2 分）
（3）制订个性化饮食计划：
根据评估结果，结合老年人的饮食习惯和喜好，制订个性化的饮食计划。（4 分）
2. 选择进食类型：
根据老年人身体情况，选择基本饮食。（6 分）
3. 食物加工方式：
根据老年人身体情况及食物种类选择合适的烹饪方法。（6 分）
4. 监督与调整：
（1）定期评估：
定期对老年人的营养状况进行评估，根据评估结果调整饮食计划。（4 分）
（2）记录与反馈：
①记录老年人的饮食摄入情况，包括食物种类、摄入量、时间等。（6 分）
②及时收集老年人的反馈意见，调整食物的种类和加工方式。（4 分）
（3）特殊情况处理：
①若老年人出现消化不良、吞咽困难等情况，应及时调整饮食类型和加工方式。（4 分）
②若老年人有特殊饮食需求（如宗教信仰、过敏史等），需给予特别关注和处理。（4 分）</td><td>50</td></tr>
<tr><td rowspan="2">健康教育（8 分）</td><td>M9</td><td>针对本次照护任务，照护过程中的注意事项如下：
1. 注意评估老年人食欲有无改变，如有改变，注意分析原因。
2. 根据老年人所需饮食种类对老年人进行解释和指导，说明意义，明确可选择和不宜选用的食物及进餐次数等，取得老年人的配合。
3. 饮食指导时应尽量符合老年人的饮食习惯，根据具体情况指导和帮助老年人摄取合理的饮食，尽量用一些老年人容易接受的食物代替所限制的食物，使老年人适应饮食习惯的改变。</td><td>3</td></tr>
<tr><td>M10</td><td>1. 在照护过程中结合老年人情况开展关于感冒的健康教育，包括但不限于以下方面：（3 分）
（1）防感染、着凉，多喝水帮助排痰。
（2）遵医嘱用药。
（3）饮食：低盐低脂，多摄入富含维生素的食物，保证营养丰富。
（4）运动：坚持康复锻炼，在床上多活动，有助于排痰。
（5）社会心理：平时可利用智能手机多与亲属交流，鼓励老年人参与机构活动。
2. 表述要求如下：（2 分）
（1）主题和数量合适。</td><td>5</td></tr>
</table>

续 表

项目	类型	实操技能操作要求	分值
健康教育（8分）	M10	（2）表达方式突出重点，逻辑清晰。 （3）结合主题提出的措施或建议：每个主题不少于3条。 （4）语言简单易懂，适配老年人的理解能力。 （5）结合老年人的具体情况（如职业、性格、爱好、家庭等）	5
评价照护效果（5分）		同“通用版”	
对选手综合评判（12分）		同“通用版”	
合计			100

操作项目十五　协助戴鼻饲管的老年人进食、进水

协助戴鼻饲管的老年人进食、进水操作流程及评分标准

学号：　　　　　　　　姓名：　　　　　　　　得分：

项目	类型	实操技能操作要求	分值
工作准备（10分）		同“通用版”	
沟通解释评估（15分）		同“通用版”	
关键操作技能（50分）	M8	1. 取合适体位： （1）根据老年人身体和床具情况，选择合适体位，摇高床头至少30°。（3分） （2）协助老年人头部转向右侧，身体右侧卧30°。（3分） （3）操作中方法正确。（2分） （4）注意老年人反应，并及时沟通。（2分） 2. 护理员再次洗手，物品置于合适位置。（2分） 3. 协助老年人进食： （1）为老年人垫毛巾，覆盖前胸和右侧面肩部，颌下放置弯盘。（2分） （2）再次检查胃管固定是否良好，方法正确，可采取以下方式：打开胃管末端纱布，胃管末端放入颌下弯盘内，用空灌注器连接胃管末端，抽吸见胃液，推回，断开连接，盖好盖帽，灌注器放入床头桌弯盘内。（7分） （3）测试水温适宜，方法合适。（2分） （4）取推注器抽吸20ml温水，注入胃管查看胃管通畅。（2分） （5）断开连接，盖好胃管末端盖帽，灌注器放入餐桌弯盘内。（2分） （6）测试温度适宜，38~40℃，方法合适。（2分） （7）取推注器抽吸鼻饲饮食50ml，将鼻饲饮食缓慢注入胃管，速度：10~13ml/min。（3分）	50

续 表

项目	类型	实操技能操作要求	分值
关键操作技能（50分）	M8	（8）推注完毕，断开链接，盖好胃管盖帽，放入颌下弯盘内。（2分） （9）反复抽吸、推注，每餐鼻饲量不超过200ml。（2分） （10）操作方法正确，注意保暖。（2分） （11）注意观察老年人反应，并及时沟通交流。（2分） 4. 整理： （1）从水杯中抽取适量温水，冲洗推注器内食物残渣后注入污物碗内。（2分） （2）抽吸50ml温水注入胃管，冲净胃管内食物残渣。（2分） （3）冲洗胃管末端，断开推注器与胃管连接，一手提起胃管使水分充分流入胃内，另一手将推注器放入床头桌弯盘内。（2分） （4）将胃管末端冲洗干净，盖好盖帽。（1分） （5）用无菌纱布包好胃管末端，固定在老年人头部上方。（1分） （6）撤下弯盘和毛巾，保持进餐体位30min后再将床放平，恢复舒适体位。（2分）	50
健康教育（8分）	M9	针对本次照护任务，照护过程中的注意事项如下： 1. 对长期鼻饲的老年人，每日晨、晚间做好口腔清洁。 2. 对需要吸痰的老年人，应在鼻饲前30min给予吸痰；鼻饲前、后30min内禁止吸痰，避免引起返流及误吸。 3. 鼻饲老年人需要遵医嘱服用口服药物时，应咨询医护人员片剂是否可以研碎，经允许后研碎并溶解，再从胃管推注，注意防止胃管堵塞。 4. 随时观察老年人胃管固定处的皮肤情况，发现异常时应及时通知医护人员处理。 5. 鼻饲过程中，如果老年人出现恶心、呕吐等情况应立即停止鼻饲，并立即通知医护人员。 6. 在鼻饲前，护理员应确定胃管要在老年人胃内，如果抽吸胃内容物时发现呈深棕色或有其他异常，应立即通知医护人员。 7. 每次鼻饲量不应超过200ml，推注时间以15~20min为宜，两餐间隔不少于2h	3
	M10	1. 在照护过程中结合老年人情况开展预防压疮的健康教育，包括但不限于以下方面：（3分） （1）避免局部长期受压，对头发遮挡的部位要注意认真检查。 （2）长期卧床的老年人可使用充气床垫。 （3）根据老年人的身体状况加强营养，对病情允许的老年人，鼓励其摄入高蛋白、高纤维素，富含锌、铁的食物。 （4）鼓励老年人尽量做力所能及的活动，如下床、关节自主运动等，以促进静脉回流，起到预防压疮的作用。 （5）加强心理护理，鼓励老年人树立信心。 2. 表述要求如下：（2分） （1）主题和数量合适。 （2）表达方式突出重点，逻辑清晰。 （3）结合主题提出的措施或建议：每个主题不少于3条。 （4）语言简单易懂，适配老年人的理解能力。 （5）结合老年人的具体情况（如职业、性格、爱好、家庭等）	5

续 表

项目	类型	实操技能操作要求	分值
评价照护效果（5分）	同“通用版”		
对选手综合评判（12分）	同“通用版”		
合计			100

操作流程

操作视频

测试题

第四节　排泄照护

项目导入

操作项目十六　协助老年人如厕

协助老年人如厕操作流程及评分标准

学号：　　　　　　　　　姓名：　　　　　　　　得分：

项目	类型	实操技能操作要求	分值
工作准备（10分）	同“通用版”		
沟通解释评估（15分）	同“通用版”		
关键操作技能（50分）	M8	1. 检查： （1）检查助步器，保证完好。（2分） （2）检查内容：框架、调节高度和方向的按钮以及各连接处等。（4分） 2. 正确使用助步器： （1）正确摆放助步器位置，护理员坐于正前方，紧握两侧扶手。（4分） （2）协助起身，放松肩部，身体直立，双眼平视前方，保持平稳站立。（4分） （3）协助老年人使用助步器步行到卫生间。（8分） 3. 协助老年人如厕： （1）协助老年人解开裤带，让老年人上身稍前倾坐于坐便器上。（4分） （2）卫生纸放于老年人手旁。（4分） （3）护理员在厕所外、不锁门。（2分） （4）嘱老年人耐心排便，避免过于用力。（4分） （5）便后协助老年人身体前倾，擦净肛门。（4分） （6）协助老年人穿好裤子。（2分） （7）按压坐便椅开关冲水及协助老年人洗手。（2分） （8）护理员应保护老年人的安全和个人隐私。（2分） （9）协助老年人回房间。（2分） 4. 整理： 护理员将卫生间开窗通风或打开抽风设备，清除异味，及时将门窗关闭。（2分）	50
健康教育（8分）	M9	针对本次照护任务，照护过程中的注意事项如下： 1. 告诉老年人手要扶稳、起身要慢，以防跌倒。 2. 老年人单独如厕时，卫生间的门不能锁，以防发生意外。 3. 嘱老年人排便时不能用力。 4. 尽可能鼓励老年人完成力所能及的部分	3

续 表

项目	类型	实操技能操作要求	分值
健康教育（8分）	M10	1. 在照护过程中结合老年人情况开展预防跌倒的健康教育，包括但不限于以下方面：（3分） （1）指导老年人坚持进行适宜、有规律的区域锻炼，以增强身体的协调性和平衡能力。 （2）指导老年人正确服药，不要随意加减药量，以免引起副作用。 （3）指导老年人在日常生活中要小心，避免去人多湿滑的地方，避免走过陡的楼梯。 （4）日常生活中动作不宜过快，衣着要合身。 2. 表述要求如下：（2分） （1）主题和数量合适。 （2）表达方式突出重点，逻辑清晰。 （3）结合主题提出的措施或建议：每个主题不少于3条。 （4）语言简单易懂，适配老年人的理解能力。 （5）结合老年人的具体情况（如职业、性格、爱好、家庭等）	5
评价照护效果（5分）	同“通用版”		
对选手综合评判（12分）	同“通用版”		
合计			100

操作项目十七　协助卧床老年人使用便器排便

协助卧床老年人使用便器排便操作流程及评分标准

学号：　　　　　　姓名：　　　　　　得分：

项目	类型	实操技能操作要求	分值
工作准备（10分）	同“通用版”		
沟通解释评估（15分）	同“通用版”		
关键操作技能（50分）	M8	1. 取合适体位： （1）协助老年人取平卧位。（3分） （2）放下床挡，打开盖被，S形折叠至对侧，护理员在老年人床旁，双腿打开与肩同宽，站稳放置便器。（5分）	50

续 表

项目	类型	实操技能操作要求	分值
关键操作技能（50 分）	M8	2. 安置便器： （1）协助老年人将裤子脱至膝盖处。（3 分） （2）护理员左手手臂放在老年人双大腿下，抬起老年人臀部，右手取护理垫从下向上平铺于老年人臀下。（5 分） （3）取便器从老年人臀下放入。（5 分） （4）在老年人双膝关节腘窝处分别垫软枕支撑。（3 分） （5）在会阴部上方盖护理垫，防止老年人排便时污染被褥。（3 分） （6）盖好盖被，支起床挡，安抚老年人安心排便。（3 分） （7）护理员在围帘外等待，随时协助老年人，保护老年人安全取出便盆。（3 分） 3. 取出便盆： （1）排便完毕，放下床挡，打开盖被。（3 分） （2）护理员戴手套，撤掉护理垫，左手轻抬老年人大腿，取出便器，盖上便器盖，放于治疗车下层。（5 分） 4. 安置老年人： 帮助老年人擦净肛门，摘下手套，撤掉软枕，为老年人整理衣裤，取舒适体位，盖好盖被，拉起床挡，安抚老年人休息。（2 分） 5. 开窗通风： 拉开窗帘、围帘、开窗通风换气。（2 分） 6. 整理用物： 到卫生间，戴专用手套倾倒，清洗便器，消毒，放回原处备用。（5 分）	50
健康教育（8 分）	M9	针对本次照护任务，照护过程中的注意事项如下： 1. 使用前，确保便器清洁、完好。 2. 观察排泄物的颜色、性状、量，如有异常及时报告医护人员。 3. 嘱老年人不要用力排便	3
	M10	1. 在照护过程中结合老年人情况开展健康生活的健康教育，包括但不限于以下方面：（3 分） （1）按时按量用药，监测血压。 （2）坚持康复锻炼。 （3）高血压饮食：选择优质蛋白。 （4）社会心理：通过观察、沟通了解老年人生活上需要什么帮助，鼓励老年人多参与活动，关注公众号了解更多。 2. 表述要求如下：（2 分） （1）主题和数量合适。 （2）表达方式突出重点，逻辑清晰。 （3）结合主题提出的措施或建议：每个主题不少于 3 条。 （4）语言简单易懂，适配老年人的理解能力。 （5）结合老年人的具体情况（如职业、性格、爱好、家庭等）	5

续 表

项目	类型	实操技能操作要求	分值
评价照护效果（5分）		同“通用版”	
对选手综合评判（12分）		同“通用版”	
合计			100

操作项目十八　为老年人更换尿布、纸尿裤，倾倒尿液

为老年人更换尿布、纸尿裤，倾倒尿液操作流程及评分标准

学号：　　　　　　　　姓名：　　　　　　　　得分：

项目	类型	实操技能操作要求	分值
工作准备（10分）		同“通用版”	
沟通解释评估（15分）		同“通用版”	
关键操作技能（50分）	M8	1. 更换尿垫或纸尿裤： （1）更换尿垫： ①取合适体位： 掀开老年人下半身盖被，双手分别扶住老年人的肩部、髋部翻转其身体呈侧卧位，上双侧床挡，注意屏风遮挡并保暖。（4分） ②撤去尿垫、清洁会阴部： a. 将身下污染的一次性尿垫向侧卧方折叠。（2分） b. 取40~45℃湿润毛巾擦拭会阴部。（4分） ③铺清洁尿垫： a. 将清洁的尿垫一半平铺，一半卷折，翻转老年人身体呈平卧位。（4分） b. 整理拉平清洁的一次性尿垫。（4分） （2）更换纸尿裤： ①撤去污染纸尿裤： 解开纸尿裤粘扣，将前片从两腿间后撤。（3分） ②清洁会阴部： a. 双手分别扶住老年人的肩部、髋部翻转其身体呈侧卧位。（3分） b. 将污染纸尿裤内面对折于臀下。（2分） c. 取40~45℃湿润毛巾擦拭会阴部。（2分） d. 协助老年人穿好裤子并盖上被子。（2分）	50

续 表

项目	类型	实操技能操作要求	分值
关键操作技能（50分）	M8	③穿清洁纸尿裤： 将清洁纸尿裤前后对折的两片，紧贴皮肤面朝内平铺于老年人臀下，向下展开上片。（2分） ④协助老年人取舒适体位： a. 协助老年人翻转身体至平卧位，从一侧撤下污染纸尿裤放入污物桶。（2分） b. 将清洁纸尿裤轻轻穿在老年人臀下，拉平身下清洁纸尿裤。（2分） c. 从两侧间向上兜起纸尿裤前片。（2分） d. 整理纸尿裤大腿内侧边缘至服帖。（2分） e. 将前片两翼向两侧拉紧。（2分） f. 后片粘口粘贴于纸尿裤前片粘贴区，盖好被子。（2分） ⑤整理： a. 整理拉平纸尿裤。（1分） b. 整理床单位。（1分） c. 开窗通风。（1分） 2. 倾倒尿液： （1）协助老年人使用尿壶后，持尿壶至卫生间。（1分） （2）打开坐便器盖子，对准坐便器倾倒尿液。同时观察尿液颜色。（1分） （3）合上盖子，按下坐便器冲水开关冲水。（1分）	50
健康教育（8分）	M9	针对本次照护任务，照护过程中的注意事项如下： 1. 注意皮肤皱褶处，观察会阴部及皮肤臀下情况，保持局部清洁干燥。 2. 擦洗顺序从前往后。 3. 及时更换	3
	M10	1. 在照护过程中结合老年人情况开展预防失禁的健康教育，包括但不限于以下方面：（3分） （1）对于有压力性尿失禁的患者，可以增加排尿的频率，每次排尿的时候，可以试一下中断排尿，排尿一半的时候就开始忍着不排，稍等片刻之后再继续排尿。如此反复锻炼，有助于恢复尿道肌肉的收缩力，减少尿失禁的可能。建议每次排尿的时候，应尽量排空膀胱的尿液。 （2）对于有压力性尿失禁的患者，建议采取少量多饮的方式，也就是说不要一次性大量喝水，建议慢慢地补充水分，避免膀胱短时间内增大压力，这样会加重尿失禁的可能。同时建议老年人少饮用有利尿功效的饮品，以减少尿失禁的发生。 （3）体育锻炼：散步、太极拳。定期进行体育锻炼可对盆底肌产生积极影响，并减少尿失禁的发生。对于蹦跳等运动需要适当控制，蹦跳或者快走等会增加腹压，从而加重尿失禁的症状。 （4）注意外阴卫生，勤换内裤，保持皮肤清洁。 （5）加强心理护理，帮助老年人树立信心。 2. 表述要求如下：（2分） （1）主题和数量合适。	5

续 表

项目	类型	实操技能操作要求	分值
健康教育（8分）	M10	（2）表达方式突出重点，逻辑清晰。 （3）结合主题提出的措施或建议：每个主题不少于3条。 （4）语言简单易懂，适配老年人的理解能力。 （5）结合老年人的具体情况（如职业、性格、爱好、家庭等）	5
评价照护效果（5分）	同“通用版”		
对选手综合评判（12分）	同“通用版”		
合计			100

操作项目十九　观察老年人排泄物的性状、颜色、次数及量，报告并记录异常情况

观察老年人排泄物的性状、颜色、次数及量，报告并记录异常情况操作流程及评分标准

学号：　　　　　　　　姓名：　　　　　　　　得分：

项目	类型	实操技能操作要求	分值
工作准备（10分）	同“通用版”		
沟通解释评估（15分）	同“通用版”		
关键操作技能（50分）	M8	1. 沟通： （1）询问情况：腹痛开始时间、目前腹痛程度、大便次数、腹痛前进食情况等。（12分） （2）注意老年人反应及沟通。（2分） 2. 观察排泄物： （1）观察纸尿裤上大便情况。（2分） （2）颜色、形状与软硬度、气味、内容物。（12分） （3）观察纸尿裤上尿液情况。（2分） （4）颜色、质、量、气味。（12分） （5）异常情况及时报告医护人员。（3分） 3. 记录： （1）老年人主诉及观察的大便情况。（3分） （2）标明日期。（2分）	50

续　表

项目	类型	实操技能操作要求	分值
健康教育（8分）	M9	针对本次照护任务，照护过程中的注意事项如下： 1. 观察应认真、仔细、分辨出异常情况。 2. 发现异常时应及时通知医护人员处理。 3. 记录内容应客观、真实、详细	3
	M10	1. 在照护过程中结合老年人情况开展预防压疮的健康教育，包括但不限于以下方面：（3分） （1）避免局部长期受压，对头发遮挡的部位要注意认真检查。 （2）长期卧床的老年人可使用充气床垫。 （3）根据老年人的身体状况加强营养，对病情允许的老年人，鼓励其摄入高蛋白、高纤维素，富含锌、铁的食物。 （4）鼓励老年人尽量做力所能及的活动，如下床、关节自主运动等，以促进静脉回流，起到预防压疮的作用。 （5）加强心理护理，帮助老年人树立信心。 2. 表述要求如下：（2分） （1）主题和数量合适。 （2）表达方式突出重点，逻辑清晰。 （3）结合主题提出的措施或建议：每个主题不少于3条。 （4）语言简单易懂，适配老年人的理解能力。 （5）结合老年人的具体情况（如职业、性格、爱好、家庭等）	5
评价照护效果（5分）	同“通用版”		
对选手综合评判（12分）	同“通用版”		
合计			100

操作项目二十　使用开塞露、人工取便及其他辅助方法协助老年人排便

使用开塞露、人工取便及其他辅助方法协助老年人排便操作流程及评分标准

学号：　　　　　　　姓名：　　　　　　　得分：

项目	类型	实操技能操作要求	分值
工作准备（10分）	同“通用版”		

续 表

项目	类型	实操技能操作要求	分值
沟通解释评估（15分）	同“通用版”		
关键操作技能（50分）	M8	1. 取合适体位： （1）协助老年人取俯卧位，不能俯卧者可取左侧卧位并适当垫高臀部。（2分） （2）将一次性垫巾铺于老年人臀下。（2分） （3）操作中方法正确。（2分） （4）注意老年人反应，并及时沟通。（2分） 2. 准备开塞露： （1）护理员戴手套。（2分） （2）打开开塞露瓶帽，开口应光滑，避免擦伤老年人肛门或直肠。（2分） （3）挤出少许甘油润滑开塞露开口处。（2分） 3. 插入肛门： （1）护理员一手分开老年人臀部，暴露肛门。（2分） （2）另一手将开塞露颈部缓慢插入肛门，至开塞露球部。（6分） （3）快速挤压开塞露球部，同时嘱老年人深吸气。（2分） （4）将药液全部挤入直肠内，在挤压状态下退出开塞露药囊。（2分） （5）开塞露挤入后嘱老年人保持原体位5~10min后排便。（2分） （6）操作方法正确，注意保暖。（2分） （7）动作尽量轻柔，避免误伤肠道。（2分） （8）注意观察老年人反应及沟通交流。（2分） 4. 人工取便： （1）协助老年人侧卧位，双腿屈膝，暴露臀部。（2分） （2）护理员戴手套，食指涂上润滑剂。（3分） （3）将食指缓慢插入肛门内。（2分） （4）触碰到硬物时，注意便块大小、硬度。（1分） （5）破碎便块，一块一块将其掏出。（3分） （6）脱手套，擦净肛门处。（1分） 5. 整理： （1）整理床单位。（1分） （2）协助老年人取舒适卧位。（1分） （3）观察排便情况、洗手。（2分）	50
健康教育（8分）	M9	针对本次照护任务，照护过程中的注意事项如下： 1. 动作尽量轻柔，避免误伤肠道。 2. 对严重便秘致大便嵌塞者，使用开塞露无效时，可采取人工通便法。 3. 开塞露不可长期使用，以免因耐受而失去作用	3

续 表

项目	类型	实操技能操作要求	分值
健康教育（8分）	M10	1. 在照护过程中结合老年人情况开展预防便秘的健康教育，包括但不限于以下方面：（3分） （1）定时休息、不熬夜，养成良好的作息时间。 （2）坚持康复运动，如进行主动运动，有助于促进肠蠕动。 （3）养成定时排便的习惯。 （4）排便时应集中注意力。不要看报纸、玩手机等，以免造成排便反射抑制。 （5）适量饮水。提倡清晨起床空腹饮温开水。 （6）忌饮酒，喝浓茶和咖啡，忌吃辣椒等刺激性食物。 2. 表述要求如下：（2分） （1）主题和数量合适。 （2）表达方式突出重点，逻辑清晰。 （3）结合主题提出的措施或建议：每个主题不少于3条。 （4）语言简单易懂，适配老年人的理解能力。 （5）结合老年人的具体情况（如职业、性格、爱好、家庭等）	5
评价照护效果（5分）	同“通用版”		
对选手综合评判（12分）	同“通用版”		
合计			100

操作项目二十一　为人工造瘘的老年人更换造瘘袋

为人工造瘘的老年人更换造瘘袋操作流程及评分标准

学号：　　　　姓名：　　　　得分：

项目	类型	实操技能操作要求	分值
工作准备（10分）	同“通用版”		
沟通解释评估（15分）	同“通用版”		
关键操作技能（50分）	M8	1. 老年人取半坐位或坐位，暴露造瘘口处，检查造瘘袋是否在有效期内，有无破损。（3分） 2. 铺护垫或纸巾于人工造瘘口处的身下。（4分）	50

续 表

项目	类型	实操技能操作要求	分值
关键操作技能（50分）	M8	3. 除袋： （1）打开造瘘袋与造瘘口连接处的底盘扣环，取下造瘘袋放于便盆上。（6分） （2）动作轻柔，由上而下撤下。（3分） 4. 清洗造瘘口及造瘘口周围皮肤： （1）查看造瘘口及周围的皮肤，如无异常可用柔软的卫生纸擦拭干净。（4分） （2）观察造瘘口周围皮肤有无湿疹、破溃。（6分） （3）用温热毛巾清洗造瘘口及局部皮肤，由外向内，并擦干。（6分） 5. 装袋： （1）将清洁的造瘘袋与腹部造瘘口底盘扣环连接。（6分） （2）扣紧扣环后用手向下牵拉造瘘袋，确认造瘘袋固定牢固，将造瘘袋下口封闭。（6分） 6. 操作方法正确、安全无损伤。（3分） 7. 整理： 处理用物、脱手套、洗手、脱口罩。（3分）	50
健康教育（8分）	M9	针对本次照护任务，照护过程中的注意事项如下： 1. 无特殊饮食禁忌，回肠造瘘口和造瘘口狭窄的老年人避免进食木耳、菌菇、芹菜等难消化及纤维过长易成团食物，应适当控制易产气、异味、辛辣、生冷等的食物。 2. 宜着稍宽松衣服，系腰带时，应避开造瘘口的位置。 3. 待手术切口愈合、体力恢复后，可沐浴和游泳。结肠造瘘口者可将造瘘袋揭除后沐浴，回肠造瘘口的老年人宜佩戴造瘘袋沐浴，游泳前造瘘袋周围可粘贴防水胶布或弹力胶贴。 4. 旅游出行前应备足造瘘口护理用品并随身携带。 5. 体力恢复后可尝试恢复性生活，性生活前排空造瘘袋或更换新的造瘘袋，并检查造瘘袋的密闭性。 6. 当手术切口愈合、体力恢复后，可回归社交，但应避免从事搬运、建筑等重体力劳动。 7. 参加社交活动前宜排空造瘘袋或更换新的造瘘袋，并随身携带造瘘口护理用品。 8. 造瘘口护理用品以储存于干爽的室温环境为宜，避免阳光直射，避免重物压迫，切勿堆积存放。 9. 更换下来的造瘘袋切勿丢进马桶，以免堵塞	3
	M10	1. 在照护过程中结合老年人情况开展健康生活的健康教育，包括但不限于以下方面：（3分） （1）饮食：禁食辛辣刺激食物，该类食物容易腹泻，影响造瘘口的恢复。 （2）选择宽松、柔软的衣服，以免摩擦压迫造瘘口，不要穿紧身衣，会影响造瘘口的血液循环。 （3）避免久坐或者过度劳累，根据自身情况及习惯进行适当训练，如散步。	5

续　表

项目	类型	实操技能操作要求	分值
健康教育（8分）	M10	（4）洗澡可以使用浴袋，外出活动可以使用迷你袋，带全旅行用物，后期恢复好了可以复诊，恢复正常生活。 （5）吃饭时不要说话，不吃容易产生气体和异味的食物，如啤酒、咖喱、豆类；均衡饮食、多饮水，多吃高纤维食物防止便秘。 2. 表述要求如下：（2分） （1）主题和数量合适。 （2）表达方式突出重点，逻辑清晰。 （3）结合主题提出的措施或建议：每个主题不少于3条。 （4）语言简单易懂，适配老年人的理解能力。 （5）结合老年人的具体情况（如职业、性格、爱好、家庭等）	5
评价照护效果（5分）	同“通用版”		
对选手综合评判（12分）	同“通用版”		
合计			100

操作项目二十二　观察留置导尿的老年人的尿量及颜色，标记异常并及时报告

观察留置导尿的老年人的尿量及颜色，标记异常并及时报告操作流程及评分标准

学号：　　　　　　　　姓名：　　　　　　　　得分：

项目	类型	实操技能操作要求	分值
工作准备（10分）	同“通用版”		
沟通解释评估（15分）	同“通用版”		
关键操作技能（50分）	M8	1. 更换一次性集尿袋： （1）打开集尿袋放尿端口。（5分） （2）排空集尿袋内尿液。（5分） 2. 观察尿液： 颜色、尿量、气味。（5分）	50

续 表

项目	类型	实操技能操作要求	分值
关键操作技能（50分）	M8	3. 尿液异常： （1）尿量： ①多尿。指24h内排出的尿量超过2500ml。（3分） ②少尿。指24h内排出的尿量小于400ml或1h内排出的尿量小于17ml。（3分） ③无尿。指24h内排出的尿量小于100ml。（3分） （2）颜色： ①肉眼血尿。呈洗肉水色，多见于急性泌尿系统感染、膀胱肿瘤、输尿管结石。（3分） ②血红蛋白尿。呈浓茶色、酱油色。（3分） ③胆红素尿。呈深黄色。（3分） （3）气味异常： 糖尿病酮症酸中毒时，尿液散发烂苹果味。（5分） 4. 报告： （1）观察应认真、仔细，分辨异常情况。（5分） （2）如有异常及时报告医护人员，以免延误病情。（2分） 5. 整理： 处理用物、洗手。（5分）	50
健康教育（8分）	M9	针对本次照护任务，照护过程中的注意事项如下： 1. 注意无菌原则。 2. 翻身时，应避免引流管脱落、受压、扭曲、反折。 3. 固定集尿袋时，集尿袋与引流管高度不得超过膀胱高度，避免尿液逆流造成感染	3
	M10	1. 在照护过程中结合老年人情况开展预防下肢深静脉栓塞的健康教育，包括但不限于以下方面：（3分） （1）避免脱水，养成多饮水的习惯，出汗多时应及时补充水分。 （2）饮食：改变生活方式。控制总热量，尝试低脂、高纤维饮食，多吃蔬菜水果，早起喝一杯温水可以促进血液循环。 （3）避免久坐，尽量下地活动，在床上多做功能锻炼，穿弹力袜。卧床休息时抬高下肢15~30°，有利于下肢静脉回流，减轻水肿，禁止在膝盖下及小腿下单独垫枕。 （4）观察是否有患肢肿胀、疼痛、皮温升高、浅静脉怒张等表现，如果出现了呼吸困难，胸闷等，可能是栓子脱落，要及时就医。 （5）衣服宽松，鞋袜不要过紧，注意保暖。 2. 表述要求如下：（2分） （1）主题和数量合适。 （2）表达方式突出重点，逻辑清晰。 （3）结合主题提出的措施或建议：每个主题不少于3条。 （4）语言简单易懂，适配老年人的理解能力。 （5）结合老年人的具体情况（如职业、性格、爱好、家庭等）	5

续 表

项目	类型	实操技能操作要求	分值
评价照护效果（5分）		同“通用版”	
对选手综合评判（12分）		同“通用版”	
合计			100

操作流程

操作视频

测试题

第五节　睡眠照护

项目导入

操作项目二十三　为老年人布置睡眠环境

为老年人布置睡眠环境操作流程及评分标准

学号：　　　　　　　　姓名：　　　　　　　得分：

项目	类型	实操技能操作要求	分值
工作准备（10分）		同“通用版”	
沟通解释评估（15分）		同“通用版”	
关键操作技能（50分）	M8	1. 布置环境： （1）关闭门窗，拉好窗帘。（2分） （2）确认温湿度适宜老年人入睡。（2分） （3）放下床挡： ①检查床褥厚薄适宜并铺平（根据季节选择被褥）。（2分） ②展开盖被：呈S形折叠对侧。（2分） ③拍松枕头（根据老年人习惯准备枕头）。（2分） ④检查床褥软硬度。（2分） ⑤用床刷清扫床单，做到干净无渣屑。（2分） （4）确认无其他影响睡眠的因素，包括但不限于噪声（声音、光线、通风、温度、蚊虫等妨碍睡眠的因素）。 ①声音及色彩。 老年人睡眠易受声、光的影响，居住环境要保持安静。墙壁颜色应淡雅，过于浓重的暖色或冷色，可造成老年人情绪兴奋或抑郁，影响睡眠。（1分） ②通风。 通风可调节室温、减轻室内异味并可降低室内细菌数量，保证室内空气新鲜。（1分） ③老年人居室内设备。 室内设备应简单实用，靠墙摆放，家具的转角应尽量选择弧形，以免夜间碰伤起夜的老年人。（1分） ④卫生间应靠近卧室，方便如厕。 对不能自理的老年人，在睡前将所需物品放置于适宜位置，如水杯、痰桶、便器等。（1分） 2. 体位转移： （1）打开刹车，推轮椅至床边，使二者呈30~45°，刹车。（2分）	50

续 表

项目	类型	实操技能操作要求	分值
关键操作技能（50分）	M8	（2）取下支撑老年人身体的软垫，协助老年人提起双脚，护理员用脚支起脚踏板，让老年人双脚着地，打开安全带。（2分） （3）协助老年人坐到轮椅前，方便站立的位置。（1分） （4）护理员两腿前后分开与肩同宽，脚尖朝向轮椅的方向，右脚插入老年人两腿之间站稳，呈蹲马步状。嘱老年人右手扶住护理员的肩部，护理员双手托扶老年人双侧腋下10cm处，用腿部力量协助老年人垂直站立，护理员左脚向前迈向床边，脚尖朝向床面位置，嘱老年人右脚迈向床边，护理员用右膝部抵住老年人左侧膝部，整体向右旋转，协助老年人坐在床边。（2分） （5）嘱老年人右手掌向身体的右侧移动，按住床面，身体稍向右倾斜，左侧上肢固定于胸前，头部及双下肢分别向胸腹部收缩，护理员站在床的中间位置，两腿分开同肩宽，双膝微屈依靠床边站稳。左手扶住老年人右侧肩背部，右手托住老年人双腿腘窝下，向右旋转，让老年人平躺于床上。（3分） （6）护理员协助老年人右手掌按压床面，右下肢屈曲，右脚掌撑住床面，尽力用健侧肢体带动患侧肢体向床的左侧移动，平卧于对侧的床边位置，护理员站在原地协助并保护。（2分） （7）双手协助老年人头部右侧位，嘱老年人右手握住左手置于胸前，用右侧下肢带动左下肢双膝屈曲。左手扶住老年人左肩部，右手扶住老年人左侧髋部，为老年人整体翻身向右侧，侧卧于床中间位置。（2分） （8）取一软枕垫于老年人后面肩背部，固定体位。协助老年人右下肢向后伸，左下肢按关节活动能力向前屈曲呈跨步样。右上肢呈自主体位，左上肢按老年人功能位置摆放。在左臂下垫软枕，保持舒适。在两小腿下垫软枕，为膝部、踝部减压，预防压疮。（5分） （9）操作中注意调动老年人的积极性，配合操作，发挥老年人自身力量。（2分） （10）操作中有安全意识。（2分） （11）操作中注意观察老年人反应。（2分） （12）操作中注意动作轻柔稳妥，注意与老年人沟通交流。（1分） （13）操作中注意保护患侧肢体。（1分） 3. 整理床铺： （1）整理床铺平整、舒适。（1分） （2）盖好盖被，折好被筒，支起床挡，检查床挡是否安全。（1分） 4. 离开房间： （1）嘱咐老年人休息，将轮椅摆放固定位置备用。（1分） （2）开启地灯，关闭大灯。（1分） （3）护理员开门退出，关闭房门。（1分）	50
健康教育（8分）	M9	针对本次照护任务，照护过程中的注意事项如下（少说一项扣1分）： 1. 老年人睡前，卧室适当通风换气，避免空气浑浊或异味影响睡眠。 2. 根据季节准备适宜的被褥，枕头软硬、高低适中。 3. 为了避免脚踏板上的尘土污染双手，要用脚放平或支起脚踏板。 4. 操作中注意保护患侧肢体，不要拉拽，避免软组织拉伤或骨折。 5. 操作的全过程动作轻稳、熟练、准确、快捷、安全，运用人体力学原理实现节力，与老年人的沟通交流贯穿全过程，体现尊重和人文关怀	3

续 表

项目	类型	实操技能操作要求	分值
健康教育（8分）	M10	在照护过程中结合老年人情况开展健康教育，如疾病预防和康复、健康生活方式等，要求如下： 1. 加强康复训练。如做手指操等。 2. 饮食以低盐饮食为主，少吃腌制食物。 3. 按时服用降压药物，注意监测血压。 4. 保持良好的心情，睡前少看刺激性的电视节目。 5. 睡前泡脚，有利于睡眠	5
评价照护效果（5分）	同“通用版”		
对选手综合评判（12分）	同“通用版”		
合计			100

操作项目二十四　观察老年人睡眠状况，报告并记录异常变化

观察老年人睡眠状况，报告并记录异常变化操作流程及评分标准

学号：　　　　　姓名：　　　　　得分：

项目	类型	实操技能操作要求	分值
工作准备（10分）	同“通用版”		
沟通解释评估（15分）	同“通用版”		
关键操作技能（50分）	M8	1. 协助入睡： 为老年人布置睡眠环境，21：00时协助老年人上床休息。（2分） 2. 巡视观察睡眠： （1）每2h巡视一次，观察老年人睡眠状况，发现异常，及时处理，并做好记录。巡视时，做到走路轻、关门轻。（2分）	50

续 表

项目	类型	实操技能操作要求	分值
关键操作技能（50分）	M8	①入睡困难：询问原因，解决问题，如安抚情绪，帮助喝水、排便、以促进其睡眠。（2分） ②醒后游走：观察、询问是否有喝水、如厕或其他需求。帮助解决，注意安全。（2分） ③坠床危险：支起床挡，检查床挡是否安全，必要时加用安全带。（2分） ④夜间阵发性呼吸困难：一经发现，立即协助老年人取端坐体位、吸氧并报告医生。（2分） ⑤夜间呼吸暂停：延长观察时间，将老年人转换为右侧卧位，必要时立即报告医生。（2分） （2）23：00时查房，老年人仍未进入睡眠状态。（5分） 对有睡眠异常的老年人，要记录发生时间和表现、报告医生时间、处理措施、处理后的表现等。 例如：306房间2床，赵奶奶，有高血压病病史，于2023年8月26日2：00突然胸闷、憋气、出汗、焦虑，考虑夜间阵发性呼吸困难，立即协助赵奶奶两腿下垂床沿，上身前倾，呈端坐体位，并吸氧，同时报告值班医生测血压结果180/100mmHg，遵医嘱给予口服药物，并做输液治疗。30min后，症状明显好转，血压变为160/90mmHg。1h后，症状明显缓解，测血压，结果为150/90mmHg。根据老年人意愿，摇高床头20°，采取右侧卧位，逐渐入睡。今6：00，测血压，结果为140/80mmHg，症状缓解。 （3）凌晨1：00查房，老年人正在如厕，协助赵奶奶上床休息。（3分） （4）凌晨3：00查房，赵奶奶主诉脚冷，为其增盖薄被。（3分） （5）凌晨5：00查房，赵奶奶昏昏欲睡。（3分） （6）操作中有安全意识。（3分） （7）操作中注意观察老年人反应。（3分） （8）操作中注意保护老年人患侧肢体。（3分） 3. 沟通： 晨起7：00查房并询问赵奶奶睡眠情况。赵奶奶主诉夜间睡眠差，觉醒4次，现感觉疲乏。（3分） 4. 整理床铺：（2分） 整理床铺，使其平整、舒适。 5. 书写交接班记录：（5分） 交接班报告如实记录赵奶奶夜间睡眠情况。记录内容如下： 306房间2床，赵奶奶，糖尿病、高血压，昨晚21：00协助就寝，23：00查房时未进入睡眠状态，夜间如厕1次，整晚觉醒4次，间歇睡眠，每次睡眠时间为30~60min。晨起感觉疲乏。已经告知医护人员，建议睡前照料时给予泡脚，促进睡眠，继续加强观察和看护。 6. 报告： 在晨会上报告老年人夜间睡眠情况和注意事项。（3分）	50

续 表

项目	类型	实操技能操作要求	分值
健康教育（8分）	M9	针对本次照护任务，照护过程中的注意事项如下（少说一项扣1分）： 1. 遵守夜间巡视制度，避免老年人因睡眠异常发生意外。 2. 对有入睡困难、坠床危险、夜间阵发性呼吸困难、夜间呼吸暂停等表现的老年人，要增加巡视次数，随时关注睡眠异常情况，避免意外事故发生。 3. 发现老年人有夜间阵发性呼吸困难的表现，要立即报告医师采取治疗措施。 4. 对有坠床危险的老年人采取安全保护措施前，要告知家属，取得理解。 5. 操作全过程严肃、认真、安全、体现人文关怀和对工作负责的精神。 6. 夜间查房注意走路轻，开关门轻，避免惊醒老年人。 7. 记录内容详细，字迹清楚	3
	M10	在照护过程中结合老年人情况开展健康教育，如疾病预防和康复、健康生活方式等，要求如下： 1. 加强康复训练。如做手指操等。 2. 饮食以低盐饮食为主，少吃腌制食物。 3. 按时服用降压药物，注意监测血压。 4. 保持良好的心情，睡前少看刺激性的电视节目。 5. 睡前泡脚，有利于睡眠	5
评价照护效果（5分）		同“通用版”	
对选手综合评判（12分）		同“通用版”	
合计			100

操作项目二十五　识别影响老年人睡眠的环境因素，并提出改善建议

识别影响老年人睡眠的环境因素，并提出改善建议操作流程及评分标准

学号：　　　　姓名：　　　　得分：

项目	类型	实操技能操作要求	分值
工作准备（10分）		同“通用版”	
沟通解释评估（15分）		同“通用版”	

续 表

项目	类型	实操技能操作要求	分值
关键操作技能（50 分）	M8	1. 沟通： （1）走进老年人房间，选取合适位置，与老年人交谈。（2 分） （2）通过交谈让老年人主动诉说最近精神状态较差的原因。（5 分） 例如，房间太热；夜间都要开窗睡；外面机器声音很吵；夜里感觉口干，经常要起来喝水；床和家里的不同，感觉比家里的硬；等等。 2. 评估居室环境： 护理员认真观察现在王奶奶的居室环境，将其与王奶奶习惯的环境进行比较分析，得出影响王奶奶睡眠的环境因素有以下几点： ①窗外不远处有施工现场，夜间隐约可听到机器轰鸣声。关闭门窗，声音明显减弱。（3 分） ②检查室内温湿度，显示温度为 30℃，相对湿度为 5%。经检查发现暖气主管道从本居室通过。（3 分） ③按压床铺感觉适中，但王奶奶身材略瘦。（3 分） ④入住时间短，对环境有陌生感。（3 分） 3. 提出改进建议： （1）护理员根据收集到的影响王奶奶睡眠的因素为王奶奶提出改善建议： ①夜间关闭门窗，减少室外噪声的影响，同时也可避免王奶奶起夜受凉。（3 分） ②关小暖气开关，调整室内温度。晚间屋内靠近暖气处放置水盆以增加湿度，必要时放置加湿器。（3 分） ③为王奶奶增加一层床褥，提高床铺舒适度。（3 分） ④与家属商量，将家里的一些照片，老年人喜欢的装饰品，摆放在房间里，增加温馨和老年人熟悉的感觉。（3 分） （2）生活中还应注意以下几点： ①夏季注意防蚊虫的侵袭干扰。（3 分） ②注意室内的光线，应选用遮光性较好的深色窗帘，入睡前关闭大灯，适当开启柔和的壁灯或地灯，便于老年人起夜。（3 分） ③入睡前应进行居室的通风换气，清除室内异味及污浊空气，使老年人感觉呼吸顺畅。（3 分） 4. 观察效果： 第二天，王奶奶主诉夜间睡眠良好，王奶奶精神好、面带微笑，并愿意主动参与小组活动。（5 分） 5. 书写交接班记录： 记录改善措施和效果，以及王奶奶的感受。（5 分）	50
健康教育（8 分）	M9	针对本次照护任务，照护过程中的注意事项如下（少说一项扣 1 分）： 1. 护理员与老年人沟通时态度应诚恳、认真，多使用开放式的询问方式。 2. 认真倾听主诉，观察老年人居室环境是否存在影响睡眠的因素。 3. 护理员提出的改善建议应尊重老年人的生活习惯，并结合老年人的特点，切实可行	3

续 表

项目	类型	实操技能操作要求	分值
健康教育（8分）	M10	在照护过程中结合老年人情况开展健康教育，如疾病预防和康复、健康生活方式等，要求如下： 1. 保持精神愉悦。 2. 饮食以低盐饮食为主，少吃腌制食物。 3. 按时服用降压降糖药物，注意监测血压、血糖。 4. 睡前泡脚，有利于睡眠	5
评价照护效果（5分）	同“通用版”		
对选手综合评判（12分）	同“通用版”		
合计			100

操作项目二十六　照护有睡眠障碍的老年人入睡

照护有睡眠障碍的老年人入睡操作流程及评分标准

学号：　　　　姓名：　　　　得分：

项目	类型	实操技能操作要求	分值
工作准备（10分）	同“通用版”		
沟通解释评估（15分）	同“通用版”		
关键操作技能（50分）	M8	1. 询问睡眠障碍的原因： （1）护理员一边与老年人交流，一边记录老年人睡眠情况以及产生睡眠障碍的原因。（3分） （2）根据案例及情景，护理员询问过程中应包含但不限于影响睡眠的环境因素、疾病因素、心理因素、其他因素等。（4分） （3）询问完毕，对老年人表示感谢和理解，能够进行安抚。（3分） （4）询问过程中语言要恰当合理，尊重老年人，关注老年人感受。（2分） （5）记录应完善、合理。（2分） 2. 观察睡眠影响因素： （1）观察老年人居室环境，识别影响老年人睡眠的因素。（5分） （2）观察应方法正确，观察全面。（5分）	50

续 表

项目	类型	实操技能操作要求	分值
关键操作技能（50分）	M8	3. 改进措施： （1）向老年人解释影响老年人睡眠的因素有哪些。（4分） （2）向老年人解释减轻睡眠的措施。（4分） （3）沟通时语言应恰当、合理，能有效沟通。（2分） 4. 协助改进： （1）根据措施，协助老年人改善睡眠环境。（4分） （2）根据案例及改善措施，协助老年人减轻疾病带来的痛苦。（3分） （3）根据措施，实施其他有效措施，包括但不限于进行恰当心理安抚、放松训练等。（5分） （4）措施合理，不牵强。（2分） 5. 征求老年人对改进措施的意见。（2分）	50
健康教育（8分）	M9	针对本次照护任务，照护过程中的注意事项如下： 1. 与老年人谈话，最好采取坐位与老年人平视，避免俯视。 2. 采取的措施应符合老年人的特点，切实可行。 3. 及时评估措施的有效性，并根据实际情况进行调整	3
	M10	1. 在照护过程中结合老年人情况开展健康教育，包括但不限于以下方面：（3分） （1）保持精神愉悦。 （2）饮食以低盐饮食为主，少吃腌制食物。 （3）按时服用降压降糖药物，注意监测血压、血糖。 （4）睡前泡脚，有利于睡眠。 2. 表述要求如下：（2分） （1）主题和数量合适。 （2）表达方式突出重点，逻辑清晰。 （3）结合主题提出的措施或建议：每个主题不少于3条。 （4）语言简单易懂，适配老年人的理解能力。 （5）结合老年人的具体情况（如职业、性格、爱好、家庭等）	5
评价照护效果（5分）	同“通用版”		
对选手综合评判（12分）	同“通用版”		
合计			100

操作项目二十七　指导老年人改变不良的睡眠习惯

指导老年人改变不良的睡眠习惯操作流程及评分标准

学号：　　　　　　　　姓名：　　　　　　得分：

项目	类型	实操技能操作要求	分值
工作准备（10分）		同“通用版”	
沟通解释评估（15分）		同“通用版”	
关键操作技能（50分）	M8	1. 沟通： （1）护理员携带记录单、笔，轻敲房门走进老年人房间。（2分） （2）护理员坐在老年人对面，认真与老年人交流，详细了解陈爷爷的睡眠习惯，个人喜好及活动情况等。（5分） 2. 分析问题： 根据陈爷爷的表现及沟通情况，确定存在以下不良睡眠习惯： （1）下午及睡前饮浓茶。（2分） （2）睡前长时间看书。（2分） （3）白天起床较晚。（2分） 3. 制订改善计划： （1）向老年人讲解正常睡眠有利于健康的知识。（3分） （2）向老年人讲解不良睡眠对高血压病和冠心病的影响，希望能改变不良睡眠习惯。（3分） （3）引导老年人恢复正常生活规律，把喝茶、看书的时间安排在上午，下午带老年人参加娱乐活动，动员其从22：00点开始做好睡眠准备，使老年人逐渐适应早睡的生活方式。（3分） 4. 落实改善计划： （1）为老年人制订睡眠照护计划时要征得其同意。（3分） （2）鼓励老年人尽量在22：00以前入睡。（3分） （3）夜间加强巡视，观察老年人睡眠状态，及时提供帮助。（3分） （4）7：00提醒老年人起床、洗漱、吃早餐。（3分） （5）9：00为老年人泡茶，在老年人看书期间避免打扰，保持居室安静。（3分） （6）可以组织老年人参加品茶会、读书会等，满足其精神文化需求，也可以组织老年人参加手指操、八段锦等运动。（3分） （7）鼓励老年人逐渐适应正常睡眠规律时要循序渐进。（3分） 5. 实施改善不良睡眠习惯计划： 按照上述与老年人达成的共识，实施一个月，老年人不良睡眠习惯得到明显改善。（5分） 6. 记录： 护理员每日详细记录老年人的睡眠情况，经对比，不良睡眠习惯较以前有明显改善。（2分）	50

续　表

项目	类型	实操技能操作要求	分值
健康教育（8分）	M9	针对本次照护任务，照护过程中的注意事项如下： 1. 护理员与老年人沟通时要主动、耐心，认真倾听老年人的诉说。 2. 护理员要调动老年人的积极性，使老年人能主动配合，共同参与。 3. 护理员应随时了解老年人不良睡眠习惯改变的情况，循序渐进	3
	M10	在照护过程中结合老年人情况开展健康教育，如疾病预防和康复、健康生活方式等，要求如下： 1. 保持精神愉悦。 2. 饮食以低盐饮食为主，少吃腌制食物。 3. 按时服用降压降糖药物，注意监测血压、血糖。 4. 睡前泡脚，有利于睡眠	5
评价照护效果（5分）	同“通用版”		
对选手综合评判（12分）	同“通用版”		
合计			100

操作流程

操作视频

测试题

第六节　环境清洁

项目导入

操作项目二十八　为老年人提供舒适清洁的环境

为老年人提供舒适清洁的环境操作流程及评分标准

学号：　　　　　　　　姓名：　　　　　　　　得分：

项目	类型	实操技能操作要求	分值
工作准备（10分）	同“通用版”		
沟通解释评估（15分）	同“通用版”		
关键操作技能（50分）	M8	1. 沟通： （1）备齐用物，推清洁车至老年人居室门口。（2分） （2）向老年人解释准备进行室内清扫工作，协助自理、半自理老年人离开房间，为卧床老年人盖好被子。（3分） 2. 开窗通风： 打开门窗，进行通风换气。（3分） 例如，老年人的居室应每日通风换气，减少异味，增加舒适感。春秋季节，至少每日晨起、午睡后进行通风，每次30min。冬季天气寒冷，可短时多次通风，每次约10min，每天4~5次。通风时，做好房间内老年人的保暖。卧床老年人床上排便后，应及时通风换气。 3. 室内清洁： （1）取清洁湿抹布擦拭桌面。（2分） （2）擦拭床头。（2分） （3）擦拭开关。（2分） （4）擦拭门把手。（2分） （5）擦拭灯具。（2分） 擦拭物体表面及各个部位时，要不断反折抹布（将抹布叠成方块，这样可以有多个面可以使用，可以减少洗抹布的次数），污染抹布放入盛装污染的抹布盆中。做到一桌一巾，不可混用。 （6）扫帚沾水清扫地面，并用簸箕撮起垃圾。（2分） （7）取清洁湿地巾套在拖把上擦拭地面，撤下污染地巾放入盛装污染地巾的桶中。（3分） （8）擦拭过程中，抹布、地巾不宜过于潮湿。（3分） （9）擦拭清洁要彻底，注意床下、桌下、屋角等地方。（2分） （10）将老年人居室内物品摆放在原来的位置，方便老年人记忆和使用。（3分）	50

续 表

项目	类型	实操技能操作要求	分值
关键操作技能（50分）	M8	(11) 关窗，推车离开，轻关房门。(老年人居室环境应每日清扫，每周还应进行一次大扫除)。(2分) 4. 清洁用物处理： (1) 护理员戴橡胶手套分别清洗抹布、地巾。(3分) (2) 配比浓度适宜的消毒溶液，在不同容器中浸没抹布和地巾，盖严盖子，达到规定消毒时间（如浸泡于500mg/L的含氯消毒液中30min）。(3分) (3) 取出进行投洗，晾干后折叠整齐备用。(3分) 5. 离开房间：(5分) 整理用物，用过的物品，分类处理。 6. 协助老年人返回房间。(3分)	50
健康教育（8分）	M9	针对本次照护任务，照护过程中的注意事项如下（少说一项扣1分）： 1. 擦拭时，抹布、地巾不宜过于潮湿。 2. 清扫、擦拭地面时应注意将床下及屋角清洁干净。 3. 经常触及的门把手、灯具开关应重点擦拭。 4. 清洁用具使用后应统一清洁消毒处理。 5. 居室除夏季外，通风30min后及时关闭窗户	3
	M10	在照护过程中结合老年人情况开展健康教育，如疾病预防和康复、健康生活方式等，要求如下： 1. 居室清洁，可以让老年人更有精气神。 2. 居室清洁，可以让老年人减轻疲惫感。 3. 居室清洁，可以减少老年人过敏或生病的几率。 4. 居室清洁，可以让老年人精力更集中。 5. 居室清洁，可以降低老年人跌倒的风险	5
评价照护效果（5分）	同“通用版”		
对选手综合评判（12分）	同“通用版”		
合计			100

操作项目二十九　为（卧床）老年人整理空床单位、更换被服

为老年人整理空床单位操作流程及评分标准

学号：　　　　　　姓名：　　　　　　得分：

项目	类型	实操技能操作要求	分值
工作准备（10分）	同“通用版”		

续 表

项目	类型	实操技能操作要求	分值
沟通解释评估（15分）		同“通用版”	
关键操作技能（50分）	M8	1. 折叠棉被： （1）备齐用物，推车至老年人居室。（3分） （2）将棉被折叠成方块状放置在床旁椅子上。（3分） （3）将枕头放在棉被上。（3分） 2. 湿扫床铺： （1）取床刷，套好一只清洁潮湿刷套。（2分） （2）从床头纵向扫至床尾，每扫一刷要重叠上一刷的1/3，避免遗漏。（3分） （3）撤下刷套，放在盛放污染刷套的脸盆中。（3分） （4）扫床套不可重复使用。（2分） 3. 整理床单： （1）将近侧床尾部床单打开，抻平反折于床褥下。将近侧床单边缘平整塞于床褥下。（5分） （2）用同样方法铺好另一侧床单，使床单平整紧绷于床褥上。（5分） （3）拍打枕头至蓬松放置在床头（枕套开口在一侧时，放置枕头，开口应背门）。（5分） （4）棉被放置床尾。（3分） （5）床单应紧绷于床褥上。（3分） 4. 离开房间： 整理用物，将产生的垃圾进行分类处理，开窗通风，离开房间。（5分） 5. 记录： 记录整理时间，床单位情况和老年人返回时间（5分）	50
健康教育（8分）	M9	针对本次照护任务，照护过程中的注意事项如下（少说一项扣1分）： 1. 护理员扫床应戴口罩。 2. 扫床套不可重复使用。 3. 床单应清扫干净并紧绷于床褥上	3
	M10	在照护过程中结合老年人情况开展健康教育，如疾病预防和康复、健康生活方式等，要求如下： 1. 床单位的干净整洁，可以减少老年人压疮的发生。 2. 床单位的干净整洁，可以增强老年人的舒适性。 3. 床单位的干净整洁，可以减少老年人过敏或生病的几率	5
评价照护效果（5分）		同“通用版”	

续 表

项目	类型	实操技能操作要求	分值
对选手综合评判（12 分）		同“通用版”	
合计			100

为卧床老年人更换被服操作流程及评分标准

学号： 姓名： 得分：

项目	类型	实操技能操作要求	分值
工作准备（10 分）		同“通用版”	
沟通解释评估（15 分）		同“通用版”	
关键操作技能（50 分）	M8	1. 沟通： (1) 推车进入老年人居室。关闭门窗。(1 分) (2) 向老年人解释准备为老年人更换被服，让老年人做身心准备。(1 分) 2. 更换床单： (1) 物品按使用顺序码放在床尾椅子上（上层床单，中层被罩，下层枕套）。移开床旁桌，距床头 20cm。(1 分) (2) 护理员站在床的右侧，放下近侧床挡，检查对侧床挡拉起且牢固。(1 分) (3) 护理员一手托起老年人头部，另一手将枕头平移向床的对侧，协助老年人向对侧翻身，盖好被子。(2 分) (4) 从床头至床尾，松开近侧床单，将床单向上卷起至老年人身下。(1 分) (5) 取床刷套上清洁潮湿刷套，从床头扫至床尾，靠近床中线清扫近侧床垫上的渣屑，每扫一刷要重叠上一刷的 1/3，避免遗漏。(2 分) (6) 取清洁床单，床单的纵向中线对齐床中线，展开近侧床单平整铺于床褥上，余下的一半卷于老年人身下，先铺床头，再铺床尾，将近侧床单边缘反折于床垫下。(2 分) (7) 将枕头移至近侧，协助老年人翻转身体侧卧于清洁大单上（面向护理员），盖好被子。拉起近侧床挡。(2 分) (8) 护理员转至床对侧，放下床挡，从床头至床尾松开污染床单，将床单向上卷起，再将污染床单分别从床头、床尾向中间卷起放在污衣袋内。清扫褥垫上的渣屑（方法同前），撤下刷套，放在盛放污染刷套盆中。(2 分) (9) 拉平老年人身下的清洁床单，平整铺于床褥上，先铺床头，再铺床尾，近侧床单边缘反折于床垫下。折好床单边角。协助老年人平卧于床中线上。盖好被子。(2 分) (10) 操作中，注意老年人安全，防止发生坠床。(1 分) (11) 操作中，注意动作轻稳，避免拖拉拽老年人。(1 分) (12) 一床一刷套，不可重复使用。(1 分)	50

续 表

项目	类型	实操技能操作要求	分值
关键操作技能（50分）	M8	3. 更换被罩： （1）站在床右侧，将盖于老年人身上的被子两侧及被尾展开。（2分） （2）打开被罩被尾开口端，一手揪住被罩边缘，另一手伸入被罩中分别将两侧被胎向中间对折。（2分） （3）一手抓住被罩被头部分，另一手抓住棉胎被头部分，撤出棉胎，呈“S”形置于床尾。被罩仍覆盖在老年人身体上。（2分） （4）取清洁被罩平铺于污被罩上，被罩中线对准床中线。清洁床罩的被头部分置于老年人颈部。（1分） （5）打开清洁被罩被尾开口端，一手抓住棉胎被头部分将棉胎装入清洁被罩内，棉胎被头处充满被罩被头部分，无虚沿。（2分） （6）在被罩内将棉胎侧边分别向两侧展开铺平，棉胎四角充实于被套四角，系好床尾侧被罩系带。（2分） （7）从床头向床尾方向翻卷撤出污被罩，放在污衣袋内。（2分） （8）将棉被两侧向内反折，与床沿平齐，被尾向内反折，与床尾平齐。（2分） （9）操作中，避免遮住老年人口鼻。（2分） （10）操作中注意给老年人保暖，避免老年人着凉。（2分） 4. 更换枕套： （1）护理员告知老年人即将更换枕套，一手托起老年人头部，另一手撤出枕头。（1分） （2）在床尾处将枕芯从枕套中撤出，将污枕套放在污衣袋内。（2分） （3）取清洁枕套反转内面朝外，双手伸进枕套内撑开并揪住两内角。（1分） （4）抓住枕芯两角，反转枕套套好。（2分） （5）将枕头从老年人胸前放至左侧头部旁边，护理员右手托起老年人头部，左手从头下方将枕头拉至老年人头下适宜位置。枕套为侧开口时，开口应背门。（2分） 5. 整理用物： （1）护理员移回床旁桌、床旁椅。（1分） （2）开窗通风，使用速干手消毒剂消毒双手或洗手。（1分） （3）推扫床车离开房间，轻关房门。（1分）	50
健康教育（8分）	M9	针对本次照护任务，照护过程中的注意事项如下（少说一项扣1分）： 1. 协助老年人翻身侧卧时，拉起床挡，防止发生坠床。 2. 更换被罩时，避免遮住老年人口鼻。 3. 套好清洁被罩，立即撤下污染被罩。 4. 操作动作轻稳，不要过多暴露老年人身体，以免受凉	3
	M10	在照护过程中结合老年人情况开展健康教育，如疾病预防和康复、健康生活方式等，要求如下： 1. 及时更换被服，可以减少老年人压疮的发生。 2. 及时更换被服，可以增强老年人的舒适性。 3. 及时更换被服，可以减少老年人过敏或生病的几率	5

续 表

项目	类型	实操技能操作要求	分值
评价照护效果（5分）	同“通用版”		
对选手综合评判（12分）	同“通用版”		
合计			100

操作项目三十　对老年人生活环境及常用物品进行清洁消毒

对老年人生活环境及常用物品进行清洁消毒操作流程及评分标准

学号：　　　　　　　　姓名：　　　　　　　　得分：

项目	类型	实操技能操作要求	分值
工作准备（10分）	同“通用版”		
沟通解释评估（15分）	同“通用版”		
关键操作技能（50分）	M8	1. 沟通： （1）携用物进入房间，将用物放在远离老年人的桌子上。(1分) （2）向老年人说明准备进行环境及物品清洁，以取得老年人的配合。(2分) 2. 安置老年人： （1）协助老年人离开即将进行清洁的房间，到达安全，温暖的地方。(1分) （2）若老年人不方便离开，为老年人戴上口罩，并嘱其闭上眼睛或用眼罩罩住老年人双眼。(2分) 3. 配置消毒液： 取适量消毒液原液（根据说明书所示有1500mg有效氯的量），倒入装有清水的水桶内，用搅拌棒搅拌均匀配置成浓度0.05%的含氯消毒液。(2分) 4. 浸泡餐具： （1）将水杯、餐具放入沥水筐，将沥水筐放入水盆，用长柄水勺从水桶内向水盆内倒入配好的消毒液，浸泡30min。(2分) （2）注意轴节部位须清洗干净。(2分) 5. 擦拭家具： （1）用长柄水勺向另一个水盆倒入消毒液，将抹布在水盆内浸湿，绞干。(2分) （2）擦拭窗台。(2分) （3）擦拭桌面。(2分)	50

续 表

项目	类型	实操技能操作要求	分值
关键操作技能（50分）	M8	（4）擦拭柜面。（2分） （5）擦拭床头。（2分） （6）擦拭床尾。（2分） （7）擦拭房门及卫生间门把手。（2分） （8）擦拭干净后，再次将抹布放入水盆清洗、绞干、放在护理车上。（2分） 6. 消毒地面： （1）将水桶内消毒液倒入拖把桶内，将拖把在拖把桶内浸湿、绞干。（2分） （2）用消毒拖把从居室内侧向居室外侧拖地，直到门口。妥善放置拖把，开窗通风30min。（2分） 7. 清洗餐具： 浸泡物品30min后，将沥水筐从消毒液水盆中取出，将水杯、餐具在沥水筐内用清水刷洗干净，放回原处备用。（2分） 8. 整理用物： （1）将2个水盆内用过的消毒液倒入拖把桶，将拖把桶放入护理车下层，2个水盆放在拖把桶上。（2分） （2）其他所用物品也分别摆放于护理车上。脱手套放在护理车上备用。（2分） 9. 协助老年人休息： （1）洗净双手，帮助老年人摘下口罩按医疗垃圾将其处理，协助老年人休息。（2分） （2）观察房间干净整齐，离开老年人房间。（2分） 10. 整理记录： （1）戴胶皮手套，将水盆、拖把桶内消毒液倾倒于下水道，清洗干净放回原处备用。将所产生垃圾进行分类处理。（2分） （2）将抹布清洗干净放回原处备用。（2分） （3）脱下手套将其放回原处备用，护理员洗手，摘下的口罩按医疗垃圾处理。（2分） （4）记录消毒时间、消毒液浓度、消毒物品及老年人反应。（2分）	50
健康教育（8分）	M9	针对本次照护任务，照护过程中的注意事项如下（少说一项扣1分）： 1. 不耐腐蚀的金属表面可采用75%的乙醇溶液擦拭，多孔材料表面可采用浓度0.1%的含氯消毒液喷雾。 2. 耐腐蚀地面可用浓度0.1%的过氧乙酸拖地或浓度0.2%～0.4%的过氧乙酸喷洒。 3. 消毒地面前，应安置老年人于床上或沙发上，并嘱其勿走动，防止滑倒或摔倒。 4. 针对空气消毒一般采用过氧化氢溶液进行喷雾消毒。 5. 由于浓消毒液有刺激性和腐蚀性，所以配制时须戴好口罩、橡胶手套。 6. 消毒液对金属有腐蚀作用，对织物有漂白作用，故不宜用于金属制品、有色衣服和油漆家具的消毒。 7. 为保证消毒液的消毒效果，消毒液尽量现用现配，保存于密闭容器内，置于阴凉、干燥、通风处	3
	M10	在照护过程中结合老年人情况开展健康教育，如疾病预防和康复、健康生活方式等，要求如下：	5

续 表

项目	类型	实操技能操作要求	分值
健康教育（8 分）	M10	1. 房间环境及物品清洁消毒，可以保持环境清洁。 2. 房间环境及物品清洁消毒，可以减少污染源。 3. 可以增强老年人的舒适感	5
评价照护效果（5 分）	同“通用版”		
对选手综合评判（12 分）	同“通用版”		
合计			100

操作项目三十一　对感染的老年人进行床旁消毒隔离

对感染的老年人进行床旁消毒隔离操作流程及评分标准

学号：　　　　　　　　姓名：　　　　　　　　得分：

项目	类型	实操技能操作要求	分值
工作准备（10 分）	同“通用版”		
沟通解释评估（15 分）	同“通用版”		
关键操作技能（50 分）	M8	1. 沟通： 与老年人交谈，告知老年人床边隔离的目的，消除老年人的恐惧心理，取得老年人配合。（5 分） 2. 调整环境： （1）若有条件可让老年人独居一室，若无条件可将老年人的床单位安置在整个房间的一角。（5 分） （2）床单位安置在整个房间的一角，床间距离大于 1.5 米，若小于 1.5 米时应用屏风隔开。（5 分） （3）应避免已感染的老年人及其家属与其他老年人接触。（5 分） （4）应将感染同一种耐药菌的老年人安排在同一居室内。（5 分） 3. 做好标识： （1）在房门和老年人床头卡粘贴隔离标识，提醒无关人员勿入。（5 分） （2）将准备好的用物（如体温计、血压计、听诊器、清洁物品及便器等）放在指定地点，专人专用。并在用物上做好标识。（5 分） 4. 实施隔离： （1）为老年人进行照护时应戴手套，必要时穿隔离衣。（2 分）	50

续 表

项目	类型	实操技能操作要求	分值
关键操作技能（50分）	M8	（2）先为其他老年人提供照护，被隔离者安排在最后照护。（5分） （3）照护完毕后，应脱去手套后消毒双手。（3分） （4）老年人离院后，其居住过的房间应通风换气，并进行全面消毒。（5分）	50
健康教育（8分）	M9	针对本次照护任务，照护过程中的注意事项如下（少说一项扣1分）： 1. 每天对使用的物品按要求进行消毒。 2. 教育探视家属在探望老年人前后应洗手。 3. 要尊重被隔离的老年人	3
	M10	在照护过程中结合老年人情况开展健康教育，如疾病预防和康复、健康生活方式等，要求如下： 1. 平时注意保暖，房间勤通风。 2. 房间环境及物品经常清洁消毒。 3. 加强传染性疾病知识的宣教，学会预防	5
评价照护效果（5分）		同“通用版”	
对选手综合评判（12分）		同“通用版”	
合计			100

操作项目三十二　对垃圾进行分类和处理

对垃圾进行分类和处理操作流程及评分标准

学号：　　　　　　　　　姓名：　　　　　　　　得分：

项目	类型	实操技能操作要求	分值
工作准备（10分）		同“通用版”	
沟通解释评估（15分）		同“通用版”	
关键操作技能（50分）	M8	1. 把有污染的物品按医疗垃圾进行收集分类： 识别医疗垃圾，投入相应医疗垃圾容器中；如医疗垃圾桶已满，按要求正确处理。（5分）	50

续 表

项目	类型	实操技能操作要求	分值
关键操作技能（50 分）	M8	2. 使用符合要求的包装袋： 检查医疗垃圾袋面是否有破损，检查手法正确；把黄色垃圾袋放到医疗垃圾桶内。（5 分） 3. 将医疗垃圾放到黄色垃圾袋里： 不得取出已放入包装袋内的医疗垃圾等；严禁通过踩压增加废弃物盛装量；严禁在收集点存放个人物品；禁止将医疗垃圾置于收集点以外的区域露天堆放。（5 分） 4. 医疗垃圾盛装量达到包装物的 3/4，应使用有效的封口方式，保证包装物或者容器的封口紧实严密；填写标签：部门、日期和类别。（5 分） 5. 用环形带系紧黄色垃圾袋。（5 分） 6. 执行手卫生操作流程。（5 分） 7. 贴标识： 一手拿着黄色垃圾袋（系好结）；将黄色垃圾袋提起与医疗垃圾桶分离；检查垃圾袋面是否有破损、底部是否漏水；口述若有破损或漏水需另套新的黄色垃圾袋；另一手贴标识。（5 分） 8. 转运记录： 用干净的手打开医疗垃圾周转桶盖，把贴好标识的黄色垃圾袋放到医疗垃圾周转桶；不能把黄色垃圾袋放到地面；填写“内部交接登记”记录单。（5 分） 9. 口述： 待垃圾桶干燥；给垃圾桶重新套上无破损的黄色垃圾袋；医疗垃圾袋的规格大小与垃圾桶相符。（5 分） 10. 执行手卫生： 用七步洗手法洗手；口述，转运桶盛满后及时通知专人将医疗垃圾转运到指定地点。（5 分）	50
健康教育（8 分）	M9	针对本次照护任务，照护过程中的注意事项如下（少说一项扣 1 分）： 1. 处理垃圾时，尽量选择老年人不在房间内的时间，如老年人无法转移，可为老年人戴好口罩后再进行垃圾收集。 2. 在处理垃圾时需要注意自我防护，切勿用未戴手套的皮肤接触医疗垃圾，处理锐器时需要注意防止刺伤、划伤	3
	M10	在照护过程中结合老年人情况开展健康教育，如疾病预防和康复、健康生活方式等，要求如下： 1. 垃圾分类减少污染。 2. 垃圾分类处理可以将回收的废物再循环利用。 3. 垃圾分类可以减少对原材料的需求	5

续 表

项目	类型	实操技能操作要求	分值
评价照护效果（5 分）		同“通用版”	
对选手综合评判（12 分）		同“通用版”	
合计			100

操作流程

操作视频

测试题

第七节　失智照护

项目导入

操作项目三十三　协助失智老年人识别食品和餐具照护

协助失智老年人识别食品和餐具照护操作流程及评分标准

学号：　　　　　　　姓名：　　　　　　　得分：

项目	类型	实操技能操作要求	分值
工作准备（10分）	同“通用版”		
沟通解释评估（15分）	同“通用版”		
关键操作技能（50分）	M8	1. 沟通：（5分） 护理员：“爷爷好！我来陪您吃饭好吗？”护理员端餐盘进入老年人房间，将馒头、包子、炒菜、西红柿蛋汤、餐巾纸摆放在餐桌上，协助老年人在餐桌旁坐稳，围上餐巾。护理员坐在餐桌对面与老年人共同进餐。 2. 观察：（5分） 护理员：“您看一下，咱们今天吃的是什么呢？”老年人说不出名称，有些着急出汗。经过观察，老年人神志清楚，对不能辨别熟悉食品有焦虑情绪，活动能力尚可，尚能配合操作。 3. 识别食品及餐具： （1）识别食品。（10分） 识别馒头：护理员再次洗手，从餐盘内取一个馒头，引导老年人辨认。“爷爷您看这是馒头吗？”“吃一口尝尝好吗？”“记住啊，白白胖胖没有馅的是馒头。” 识别包子：护理员从餐盘内取出一个包子，引导老年人识别。如：“爷爷您看这是包子吗？”掰开一半递给老年人，“里面有馅呢！”“记住，白白胖胖有褶有馅的是包子。” （2）识别餐具。（10分） 识别筷子：老年人拿起筷子伸到西红柿蛋汤碗里，喝不到汤有些烦躁。护理员引导老人夹菜。“爷爷别急，咱们吃菜。”“这是筷子，筷子是用来夹菜的。” 识别汤匙：护理员取汤匙，喝了一口汤。“爷爷，我们一起喝汤吧。”引导老年人识别汤匙，学着自己的样子用汤匙喝汤。“这是汤匙，是喝汤用的。” 4. 协助进餐：（10分） （1）陪同老年人一起用餐。 （2）根据老年人意愿，安排老年人维持进餐体位、休息或活动，30min 以后再取平卧位。	50

续 表

项目	类型	实操技能操作要求	分值
关键操作技能（50分）	M8	5. 鼓励表扬：（5分） 对老年人的良好表现及时给予鼓励与表扬，以维护进餐的兴趣和能力。 6. 整理记录：（5分） （1）整理用物，保持环境整洁，餐巾、餐具清洗、消毒备用。 （2）洗手，记录协助老年人识别食物、餐具的表现和照护措施	50
健康教育（8分）	M9	针对本次照护任务，照护过程中的注意事项如下（少说一项扣1分）： 1. 老年人近期记忆明显下降，指导老年人识别食品和餐具，一次只能识别一种，并且要反复进行。 2. 失智老年人是成年人，交流方式要使用成人方式。 3. 为便于理解，对老年人讲话速度要缓慢、直接，使用简短、熟悉的句子。询问时，一次只问一个问题，要给予足够的时间思考和回答。 4. 老年人进餐时，尽量保持环境安静，减少活动和刺激。 5. 操作全过程要尊重老年人，有爱心，体现人文关怀。 6. 观察对老年人进行识别食品训练后，是否能够维护老年人进餐兴趣，促进老年人正常进餐。 7. 观察对老年人进行识别餐具训练后，是否能够维持老年人使用餐具的能力，达到正常进餐的目的	3
	M10	在照护过程中结合老年人情况开展健康教育，如疾病预防和康复、健康生活方式等，要求如下： 1. 鼓励老年人自己完成。 2. 在操作中要尊重老年人，加强记忆力训练。 3. 多做益智活动，增强自理能力	5
评价照护效果（5分）	同“通用版”		
对选手综合评判（12分）	同“通用版”		
合计			100

操作项目三十四　协助观察失智老年人的异常行为

协助观察失智老年人的异常行为操作流程及评分标准

学号：　　　　　　　　姓名：　　　　　　　　得分：

项目	类型	实操技能操作要求	分值
工作准备（10分）	同“通用版”		
沟通解释评估（15分）	同“通用版”		

续 表

项目	类型	实操技能操作要求	分值
关键操作技能（50 分）	M8	1. 记忆力减退：（6 分） “爷爷，您还记得早饭吃的是什么吗？” “爷爷，您还记得上次您女儿是几号来看您的，给您带的是什么，还有印象吗？” 2. 定向力障碍：（15 分） “爷爷，您还记得今天的日期吗？年份、月份、日期还有印象吗？” “爷爷，您知道咱现在住在几楼吗？您知道卫生间在哪里吗？能给我指一下吗？” “爷爷，您还记得您的家庭住址吗？” “爷爷，您现在还到院子里走走吗？还能自己回房间吗？” “爷爷，您还记得我是谁吗？” 3. 语言障碍：（6 分） “爷爷，您的女儿在哪儿上班，您还有印象吗？” 老年人回答时，说话啰唆，内容重复，杂乱无章。重者答非所问。 4. 计算能力减退：（10 分） “爷爷，1+1 等于几，还有印象吗？” “爷爷，2 乘以 2 等于几，您还会算吗？” 5. 理解力和判断力下降：（8 分） “爷爷，咱是先洗手还是先吃饭啊？” “爷爷，洗衣服时需要加洗衣粉或洗衣液吗？” 老年人理解力和判断力下降，对周围事物不理解，分不清主要的和次要的。 6. 整理记录：（5 分） 整理用物，记录老年人的异常行为	50
健康教育（8 分）	M9	针对本次照护任务，照护过程中的注意事项如下（少说一项扣 1 分）： 1. 出现定向力障碍的老年人，应注意观察了解老年人的行踪，避免老年人走失，还要进行必要的心理疏导。 2. 出现记忆力减退时，老年人会惶惶不可终日，应加强心理疏导	3
	M10	在照护过程中结合老年人情况开展健康教育，如疾病预防和康复、健康生活方式等，要求如下： 1. 鼓励老年人多参与集体活动。 2. 给老年人加强计算力训练。 3. 多做益智活动，增强自理能力。 4. 多带老年人到室外活动，放松心情	5
评价照护效果（5 分）	同“通用版”		
对选手综合评判（12 分）	同“通用版”		
合计			100

操作流程

操作视频

测试题

第二章　基础照护技术

第一节　体征观测

项目导入①

操作项目三十五　为老年人测量体温、脉搏和呼吸并观察、记录

为老年人测量体温、脉搏和呼吸并观察、记录操作流程及评分标准

学号：　　　　　　　　姓名：　　　　　　　　得分：

项目	类型	实操技能操作要求	分值
工作准备（10 分）	同“通用版”		
沟通解释评估（15 分）	同“通用版”		
关键操作技能（50 分）	M8	1. 测体温： （1）摆体位：根据老年人情况，取平卧位。（3 分） （2）暴露测量上肢：打开被头一角，暴露老年人需测量部位，注意保暖。（4 分） （3）擦干汗液：解开老年人衣扣，用干毛巾擦干腋下汗液。（4 分） （4）甩体温计：方法正确，将水银柱甩至 35℃以下。（3 分） （5）放置体温计：将体温计水银端放于腋窝深处紧贴皮肤，协助老年人以健侧上肢屈臂过胸夹紧体温计。（3 分） （6）记录测试时间：为老年人盖好盖被，支起床挡，记录时间。（2 分） （7）取出体温计：告知老年人测量时间已到，取出体温计，擦净体温计汗渍。（4 分） （8）读取体温数值：眼睛平视水银刻度，读取体温正确数值。（5 分） （9）消毒体温计：将体温计甩至 35℃以下，放入消毒盒消毒。（2 分） （10）整理衣服：协助老年人整理衣服，盖好盖被，支起床挡。（2 分） 2. 测脉搏： （1）摆体位：指导露出老年人手腕，手腕伸展，手臂放松处于舒适位，掌心朝上。（3 分） （2）以食指、中指、无名指的指端依次按在老年人拇指根部下方腕部骨突处旁，即桡动脉处。（2 分）	50

① 请扫该二维码获取操作项目的案例描述、任务要求和用物清单。

续 表

项目	类型	实操技能操作要求	分值
关键操作技能（50分）	M8	（3）正常脉搏测30s，乘以2即得测量数据。若发现老年人脉搏节律有异常，则测量1min。（2分） 3. 测呼吸： （1）将手放在老年人测量脉搏的部位，给其以测量脉搏的假象。（3分） （2）眼睛观察老年人胸部或腹部的起伏。（2分） （3）观察呼吸频率（一起一伏为一次呼吸）、深度、节律、音响、形态及有无呼吸困难。（2分） （4）计数，测30s，乘以2即得测量数据。（4分）	50
健康教育（8分）	M9	针对本次照护任务，照护过程中的注意事项如下： 1. 测量体温前务必保证体温计水银柱在35℃以下，以免造成测量数据错误。 2. 体温计水银头需完全被包裹在老年人腋下。 3. 甩体温计时务必保证周围无物，以免将体温计打碎。 4. 老年人若有躁动，需专人守护，以免弄碎水银体温计。 5. 避免影响体温测量的各种因素，如运动、进食、冷热饮、冷热敷、洗澡等。 6. 测量时护理员手指按压力度要适中，以能清楚测得脉搏搏动为宜。 7. 切勿用拇指测量，因拇指上小动脉搏动较强，易与老年人的脉搏相混淆。 8. 呼吸受意识控制，因此测量呼吸前不必解释，在测量过程中不要让老年人察觉，以免老年人紧张，影响测量的准确性。 9. 如有呼吸异常的老年人，应计时1min	3
	M10	1. 在照护过程中结合老年人情况开展有关慢性支气管的健康教育，包括但不限于以下方面：（3分） （1）注意保暖，根据天气变化及时增减衣物，预防感冒。 （2）按照医生的建议按时服药，不要自行增减药量或停药。 （3）强调吸烟是导致慢性支气管炎的重要因素，戒烟对病情控制至关重要。 （4）适度运动，增强体质，但要避免过度劳累。 2. 表述要求如下：（2分） （1）主题和数量合适。 （2）表达方式突出重点，逻辑清晰。 （3）结合主题提出的措施或建议：每个主题不少于3条。 （4）语言简单易懂，适配老年人的理解能力。 （5）结合老年人的具体情况（如职业、性格、爱好、家庭等）	5
评价照护效果（5分）		同“通用版”	
对选手综合评判（12分）		同“通用版”	
		合计	100

操作项目三十六　为老年人测量血压并观察、记录

为老年人测量血压并观察、记录操作流程及评分标准

学号：　　　　　　姓名：　　　　　　得分：

项目	类型	实操技能操作要求	分值
工作准备（10 分）	同“通用版”		
沟通解释评估（15 分）	同“通用版”		
关键操作技能（50 分）	M8	1. 检查血压计性能完好。（2 分） 2. 向上卷起前臂衣袖，高度与心脏平齐。（4 分） 3. 取血压计，平放于健侧上臂外侧，高度与心脏平齐。打开盒盖。驱尽袖带内空气，缠绕于右上臂中部，袖带下缘距肘窝 2~3cm，缠绕粘紧，松紧度以能插入一指为宜。（8 分） 4. 观察水银柱“0”位。使肱动脉、心脏、血压计“0”点位于同一水平。（4 分） 5. 戴好听诊器，将听诊器胸件放置于肘窝肱动脉搏动明显处，轻轻按住。（5 分） 6. 握住气囊，关闭气囊开关，捏气囊，打气至基础血压，再升高 20~30mmHg。（5 分） 7. 松开气囊开关，缓慢放气，使汞柱缓慢下降，速度以每秒 4mmHg 为宜。听到肱动脉第一声搏动，此刻度读数为收缩压。（8 分） 8. 继续听到搏动声突然变弱或消失，此刻度为舒张压。重复测量 2 次，取平均数为该次血压值。（6 分） 9. 取下听诊器，排尽袖带空气，关闭气囊开关，放回血压计盒内。（4 分） 10. 关闭贮汞瓶开关。将血压计和听诊器摆放于治疗盘，放回存放位置备用。（4 分）	50
健康教育（8 分）	M9	针对本次照护任务，照护过程中的注意事项如下： 1. 要定时检测、校对血压计，检查血压计玻璃管有无裂损，有无水银溢出，听诊器橡胶管有无老化等。 2. 对于需要密切观察血压的老年人，应做好“四定”，即定时间、定部位、定体位、定血压计，有助于测定的准确性和对照的可比性。 3. 发现血压听不清或异常时，应重测。重测时，待水银柱降至“0”点，稍等片刻后再测量，必要时，做双侧对照测量。 4. 老年人活动后休息 30 min 以后方可测量血压，以免影响测量的准确性	3
	M10	1. 在照护过程中结合老年人情况开展有关高血压的健康教育，包括但不限于以下方面：（3 分） （1）严格遵照医嘱，按时服用药物。 （2）注意饮食控制与调节，减少钠盐、动物脂肪的摄入，戒烟限酒。 （3）养成定时排便的习惯，保证大便通畅。 （4）定时监测血压情况，如有不适，立即就医。	5

续　表

项目	类型	实操技能操作要求	分值
健康教育（8分）	M10	2. 表述要求如下：（2分） （1）主题和数量合适。 （2）表达方式突出重点，逻辑清晰。 （3）结合主题提出的措施或建议：每个主题不少于3条。 （4）语言简单易懂，适配老年人的理解能力。 （5）结合老年人的具体情况（如职业、性格、爱好、家庭等）	5
评价照护效果（5分）	同“通用版”		
对选手综合评判（12分）	同“通用版”		
合计			100

操作项目三十七　为老年人测量体重并记录

为老年人测量体重并记录操作流程及评分标准

学号：　　　　　　　　姓名：　　　　　　　　得分：

项目	类型	实操技能操作要求	分值
工作准备（10分）	同“通用版”		
沟通解释评估（15分）	同“通用版”		
关键操作技能（50分）	M8	1. 检查体重器。（4分） 2. 检查并测量轮椅重量： （1）检查轮椅把手、椅背、坐垫、扶手、手刹、胎压、踏板、安全带。（2分） （2）将轮椅推至体重秤，测量重量并记录。（3分） （3）轮椅与床呈30~45°，固定轮子，抬起脚踏板。（2分） 3. 协助坐起： （1）护理员站在右侧床边，放下床挡，打开盖被，注意保暖。（2分） （2）协助老年人向近侧翻身，双腿垂于床下，穿鞋。（2分） （3）护理员协助老年人坐立在床边。（2分） 3. 协助站立： （1）护理员面对老年人，保护好老年人患侧手。（2分） （2）协助老年人站立，询问老年人有无不适。（2分）	50

续 表

项目	类型	实操技能操作要求	分值
关键操作技能（50分）	M8	（3）协助老年人旋转坐到轮椅上。（2分） （4）取舒适坐位，后背贴紧椅背坐稳。（2分） （5）将轮椅上的安全带系在老年人腰间。（2分） （6）放好脚踏板，后背及患侧垫好软垫。（2分） （7）将老年人推至体重秤上。（1分） （8）调整到合适位置，固定轮子及刹车。（2分） （9）操作中注意节力原则。（1分） （10）操作中注意应用老年人自身力量。（1分） （11）操作中有安全意识。（1分） （12）操作中注意观察老年人反应。（1分） （13）操作中注意动作轻柔稳妥，注意与老年人沟通交流。（1分） （14）操作中注意保护患侧肢体。（1分） 4. 测量重量： （1）测量老年人及轮椅总重量并记录。（3分） （2）随时观察老年人情况，如有异常，立即报告医护人员。（3分） （3）用老年人及轮椅总重量减轮椅重量，即得老年人体重数值，并记录。（4分） 5. 协助老年人取舒适体位。（2分）	50
健康教育（8分）	M9	针对本次照护任务，照护过程的注意事项如下： 1. 尊重老年人的自身意愿，取得老年人配合后进行。 2. 为身体行动不便的老年人称重时，密切关注老年人精神状态，动作轻柔，保障安全。 3. 卧床老年人在运转过程中注重老年人隐私保护，维护老年人自尊	3
	M10	1. 在照护过程中结合老年人情况开展有关冠心病的健康教育，包括但不限于以下方面：（3分） （1）多吃新鲜蔬菜、水果，少吃高盐、高脂、高热量的食物等。 （2）根据自身身体状况，在医生的指导下定期进行适度的锻炼，降低血脂、改善血液循环。 （3）保持合理的体重，以减少冠心病的风险。 （4）定期检查心电图、血脂、血压等，以便及早发现病变，及时采取治疗措施，有利于预防冠心病。 2. 表述要求如下：（2分） （1）主题和数量合适。 （2）表达方式突出重点，逻辑清晰。 （3）结合主题提出的措施或建议：每个主题不少于3条。 （4）语言简单易懂，适配老年人的理解能力。 （5）结合老年人的具体情况（如职业、性格、爱好、家庭等）	5

续 表

项目	类型	实操技能操作要求	分值
评价照护效果（5 分）	同“通用版”		
对选手综合评判（12 分）	同“通用版”		
合计			100

操作项目三十八　为老年人测量血糖并观察、记录

为老年人测量血糖并观察、记录操作流程及评分标准

学号：　　　　　　　　姓名：　　　　　　　　得分：

项目	类型	实操技能操作要求	分值
工作准备（10 分）	同“通用版”		
沟通解释评估（15 分）	同“通用版”		
关键操作技能（50 分）	M8	1. 指导老年人手臂短暂下垂或甩动，选择老年人的手指端采血。(4 分) 2. 取适量 75%酒精消毒采血手指端。(8 分) 3. 查看血糖试纸与血糖仪是否匹配。(6 分) 4. 将血糖试纸安装至血糖仪上。(4 分) 5. 采集血液： (1) 取采血针，一手扶住老年人采血手指端下部，另一手持采血针刺在采血手指端皮肤上采血。(8 分) (2) 注意观察老年人反应，安抚老年人情绪。(2 分) (3) 待血液渗出，取无菌干棉签轻轻拭去第一滴血。(4 分) (4) 采集第二滴血样于试纸的测试区上，至血液全部浸湿血糖试纸。 6. 取干棉签按压至老年人采血点处，并嘱老年人用力按压 1～2min，至不出血为止。(8 分) 7. 读取血糖仪上的数字，告知老年人，并记录在记录单上，如有异常立即报告家属或医护人员。(6 分)	50

续 表

项目	类型	实操技能操作要求	分值
健康教育（8 分）	M9	针对本次照护任务，照护过程中的注意事项如下： 1. 务必严格遵医嘱按时监测血糖，以免影响异常数值判断。 2. 消毒液只能选用酒精，切勿使用碘剂消毒液。此外，务必在消毒液干燥后采血，以免影响数值准确性。 3. 针刺采血后，第一滴渗出的血液需要轻轻拭去，监测之后渗出的血液，以免血液中混有消毒液而影响读数的准确性	3
	M10	1. 在照护过程中结合老年人情况开展有关糖尿病的健康教育，包括但不限于以下方面：（3 分） （1）糖尿病患者要了解糖尿病防治的正确知识，调整心理，以积极乐观的态度去应对。 （2）少量多餐，总量控制。搭配合理，蔬菜为主，鱼肉适当，少盐少油、戒烟限酒。 （3）糖尿病的药物有口服药物和胰岛素，注意按医嘱规律用药，切勿自行加药、停药。 （4）须监测血糖，常规可 3 个月测量一次，在血糖不稳定或药物调整期，次数适当增加可达每天数次。 2. 表述要求如下：（2 分） （1）主题和数量合适。 （2）表达方式突出重点，逻辑清晰。 （3）结合主题提出的措施或建议：每个主题不少于 3 条。 （4）语言简单易懂，适配老年人的理解能力。 （5）结合老年人的具体情况（如职业、性格、爱好、家庭等）	5
评价照护效果（5 分）	同“通用版”		
对选手综合评判（12 分）	同“通用版”		
合计			100

操作流程

操作视频

测试题

第二节　护理协助

项目导入

操作项目三十九　使用热水袋为老年人保暖

使用热水袋为老年人保暖操作流程及评分标准

学号：　　　　　　姓名：　　　　　　得分：

项目	类型	实操技能操作要求	分值
工作准备（10分）	同“通用版”		
沟通解释评估（15分）	同“通用版”		
关键操作技能（50分）	M8	1. 检查暖水袋是否完好无破损。(4分) 2. 测量水温，方法正确，符合灌装暖水袋温度。(6分) 3. 灌装暖水袋： (1) 将热水缓慢灌入热水袋内，至1/2~2/3。(4分) (2) 排尽袋内空气，旋紧螺旋塞。(3分) (3) 用毛巾擦干热水袋及袋口水痕并检查袋口是否漏水。(4分) (4) 将热水袋装入袋套内，系紧袋口。(3分) 4. 放置热水袋： (1) 与老年人交流，观察老年人皮肤。(4分) (2) 放置热水袋，距离脚后跟10cm处位置正确。(6分) 5. 及时关注并回应老年人照护需求。(3分) 6. (口述已经用热15min) 每隔15min巡视检查一次，查看用热情况、支肤情况等。(3分) 7. (口述已经用热30min) 取出热水袋： (1) 30min后，轻轻打开被尾一角，取出热水袋。(4分) (2) 检查被内温度、床单位、老年人皮肤。(6分)	50
健康教育（8分）	M9	针对本次照护任务，照护过程中的注意事项如下： 1. 将水温计水银端插入水壶中测量水温时，应避免触碰壶壁及壶底。平视刻度准确读数。 2. 灌入热水后检查热水袋是否旋紧螺旋塞，避免袋身破损或螺旋塞未旋紧而造成漏水。 3. 水温应控制在50℃以内，热水袋装入布套内或包裹毛巾，避免与皮肤直接接触，防止低温烫伤。	3

续 表

项目	类型	实操技能操作要求	分值
健康教育（8分）	M9	4. 在老年人使用热水袋的过程中，要每 15 min 巡视一次。如发生烫伤，应立即停止使用，进行局部降温并及时报告医护人员。 5. 老年人应避免长时间使用热水袋，时间以 30~60 min 为宜	3
	M10	1. 在照护过程中结合老年人情况开展有关高血压的健康教育，包括但不限于以下方面：（3分） （1）严格遵照医嘱，按时服用药物。 （2）注意饮食控制与调节，减少钠盐、动物脂肪的摄入，戒烟限酒。 （3）养成定时排便的习惯，保证大便通畅。 （4）定时监测血压情况，如有不适，立即就医。 2. 表述要求如下：（2分） （1）主题和数量合适。 （2）表达方式突出重点，逻辑清晰。 （3）结合主题提出的措施或建议：每个主题不少于 3 条。 （4）语言简单易懂，适配老年人的理解能力。 （5）结合老年人的具体情况（如职业、性格、爱好、家庭等）	5
评价照护效果（5分）	同“通用版”		
对选手综合评判（12分）	同“通用版”		
合计			100

操作项目四十　使用冰袋为老年人物理降温

使用冰袋为老年人物理降温操作流程及评分标准

学号：　　　　　　姓名：　　　　　　得分：

项目	类型	实操技能操作要求	分值
工作准备（10分）	同“通用版”		
沟通解释评估（15分）	同“通用版”		

续 表

项目	类型	实操技能操作要求	分值
关键操作技能（50分）	M8	1. 检查冰袋是否完好无破损。（4分） 2. 用毛巾擦干冰袋并检查冰袋口是否漏水。（6分） 3. 将冰袋装入袋套内。（4分） 4. 放置冰袋： （1）与老年人交流，观察老年人皮肤。（4分） （2）放置冰袋，位置正确。（6分） 5. 及时关注并回应老年人照护需求。（3分） 6. （口述已经用冷10min）每隔10min巡视检查一次，查看用冷情况、皮肤情况等。（3分） 7. （口述已经用冷30min）取出冰袋： （1）30min后，轻轻打开被尾一角，取出冰袋。（4分） （2）测量体温，检查床单位、老年人皮肤情况。（6分） （3）询问老年人有无不适。（4分） 8. 整理盖被，为老年人取舒适体位。（6分）	50
健康教育（8分）	M9	针对本次照护任务，照护过程中的注意事项如下： 1. 随时观察、检查冰袋是否漏水。 2. 冰块融化后应及时更换，保持布袋干燥。 3. 观察用冰袋部位局部情况和皮肤颜色，防止冻伤。 4. 倾听老年人主诉，有异常立即停止用冰袋。 5. 禁止使用冰袋的部位有枕后、耳廓、阴囊处、心前区、腹部和足底	3
	M10	1. 在照护过程中结合老年人情况开展有关感冒发烧期间的健康教育，包括但不限于以下方面：（3分） （1）饮食宜清淡，不吃生冷、油腻、辛辣刺激类的食物。 （2）多喝水，建议喝白开水，每天1500ml以上，6～8杯水，能预防发热引起的脱水。 （3）多吃新鲜的水果蔬菜，如橙子、苹果、雪梨等。 （4）多吃优质蛋白，如牛奶、牛肉、鱼肉等。 （5）保证充足的睡眠，有助于我们身体恢复元气。 2. 表述要求如下：（2分） （1）主题和数量合适。 （2）表达方式突出重点，逻辑清晰。 （3）结合主题提出的措施或建议：每个主题不少于3条。 （4）语言简单易懂，适配老年人的理解能力。 （5）结合老年人的具体情况（如职业、性格、爱好、家庭等）	5
评价照护效果（5分）	同“通用版”		

续 表

项目	类型	实操技能操作要求	分值
对选手综合评判（12 分）	同“通用版”		
合计			100

操作项目四十一 观察老年人使用冷热疗法的皮肤异常变化，记录并及时报告

观察老年人使用冷热疗法的皮肤异常变化，记录并及时报告操作流程及评分标准

学号： 姓名： 得分：

项目	类型	实操技能操作要求	分值
工作准备（10 分）	同“通用版”		
沟通解释评估（15 分）	同“通用版”		
关键操作技能（50 分）	M8	1. 打开盖被，注意保暖。（6 分） 2. 暴露皮肤： （1）解开老年人衣扣，轻轻打开，暴露老年人皮肤。（9 分） （2）操作过程中，注意动作轻柔。（9 分） 3. 观察皮肤颜色，有无红肿，皮肤是否完整，有无破损，询问老年人有无异常感觉。（10 分） 4. 如发现老年人皮肤有异常，应立即停止冷热疗法，并用尺子量取异常皮肤的面积。（8 分） 5. 如有异常，立即将老年人皮肤情况及时报告医务人员。（8 分）	50
健康教育（8 分）	M9	针对本次照护任务，照护过程中的注意事项如下： 1. 如衣物与皮肤粘连，切勿用力将衣物脱去，而应直接在衣物上用冷水冷敷，避免在脱衣物过程中撕破皮肤。 2. 量取异常皮肤面积时采用“长×宽”的方式。长指的是人体头到脚方向的异常皮肤尺寸，宽指的是左手到右手方向的异常皮肤尺寸。单位可一般采用“厘米（cm）”	3
	M10	1. 在照护过程中结合老年人情况开展有关皮肤护理的健康教育，包括但不限于以下方面：（3 分） （1）老年人伤口愈合较慢，应避免日晒、雨淋等自然损伤，同时注意选择吸收速度快、不易反渗的成人纸尿裤，避免皮肤受到刺激。 （2）减少摄入浓茶、咖啡、辣椒、海鲜等，杜绝吸烟喝酒等不良嗜好。	5

续 表

项目	类型	实操技能操作要求	分值
健康教育（8分）	M10	（3）老年人洗浴水温不宜过高，一般为35~38℃，且时间不宜超过20min，不宜用碱性肥皂，洗浴后及时涂护肤霜。 2. 表述要求如下：（2分） （1）主题和数量合适。 （2）表达方式突出重点，逻辑清晰。 （3）结合主题提出的措施或建议：每个主题不少于3条。 （4）语言简单易懂，适配老年人的理解能力。 （5）结合老年人的具体情况（如职业、性格、爱好、家庭等）	5
评价照护效果（5分）	同“通用版”		
对选手综合评判（12分）	同“通用版”		
合计			100

操作项目四十二　为老年人翻身，能观察皮肤变化，能识别Ⅰ度压疮，处理并报告

为老年人翻身，能观察皮肤变化，能识别Ⅰ度压疮，处理并报告操作流程及评分标准

学号：　　　　　　　　姓名：　　　　　　　　得分：

项目	类型	实操技能操作要求	分值
工作准备（10分）	同“通用版”		
沟通解释评估（15分）	同“通用版”		
关键操作技能（50分）	M8	1. 翻身侧卧： （1）护理员站在右侧床边，放下床挡，打开盖被，S形折叠对侧。（2分） （2）让老年人用健侧肢体支撑，协助向对侧移位。（2分） （3）从床头向床尾操作。将老年人头部转向右侧；让老年人健侧手握住患侧手；协助支起双下肢；护理员一手扶住老年人髋部，另一手扶住老年人肩部整体向右侧翻转，老年人呈侧卧位躺在床中间部位。（6分） （4）取一软枕垫在老年人颈肩部，双手环抱住老年人的臀部向对侧移位，同时让左下肢屈曲向前呈跨步状，右下肢向后伸直。（4分）	50

续　表

项目	类型	实操技能操作要求	分值
关键操作技能（50分）	M8	(5) 老年人健侧上肢取自主体位，取软枕分别垫在老年人左侧上肢、双小腿下，保持老年人体位稳定舒适。(4分) (6) 为老年人盖好盖被。(2分) 2. 进行擦洗： (1) 掀开老年人背部盖被，解开上衣至肩部，脱裤至臀上方，检查背、臀部皮肤状况。(4分) (2) 取浴巾在老年人背部半铺半盖。(2分) (3) 护理员取水杯将温水倒入脸盆，用温热毛巾分别从下向上螺旋擦拭老年人双侧背部皮肤、更换小毛巾擦拭臀部皮肤并用浴巾擦干。(4分) (4) 护理员取润肤露用手掌的大、小鱼际做环形按摩，从臀部上方开始，沿脊柱两旁向上按摩至肩部时转向下至腰部止。(4分) (5) 护理员取润肤露用拇指指腹由骶尾部开始沿脊柱按摩至第7颈椎处，反复数次（按摩过程中注意观察患者有无不适情况）。(4分) (6) 暴露受压处局部，护理员取润肤露涂至按摩处，用手掌的大、小鱼际紧贴皮肤做环形按摩，压力均匀地按放射状方向按摩，由轻到重，再由重到轻，每次按摩3~5min。(4分) (7) 检查床褥、衣服是否被打湿，发现潮湿时应及时更换。(2分) (8) 拉平上衣，协助老年人穿好衣裤，避免皱褶。盖好盖被。(2分) (9) 整理床铺平整，支起床挡。(2分) (10) 向医护人员报告。(2分)	50
健康教育（8分）	M9	针对本次照护任务，照护过程中的注意事项如下： 1. 防止局部长期受压。对有头发遮挡的枕骨粗隆、耳廓背面，应特别注意扒开头发认真检查。 2. 照护过程中防止手表、指甲划伤老年人的皮肤。应常修剪老年人的手指甲，以防自伤。便器等护理用具应完好，不会刮伤、蹭伤皮肤。 3. 鼓励老年人尽量做力所能及的活动，如下床、关节自主运动等，以促进静脉回流，起到预防压疮的作用。 4. 侧卧位时需要观察的部位有被压侧的耳廓、肩部、髋部、膝关节的内外侧、内外踝部的皮肤。	3
	M10	1. 在照护过程中结合老年人情况开展有关发烧的健康教育，包括但不限于以下方面：(3分) (1) 注意体温变化，当体温升高超过38.5℃时，在医生指导下可以使用退热药物。 (2) 注意休息，多饮热水可以提高代谢，有利于康复。 (3) 清淡饮食，多补充优质蛋白和维生素，提高免疫力。 2. 表述要求如下：(2分) (1) 主题和数量合适。 (2) 表达方式突出重点，逻辑清晰。 (3) 结合主题提出的措施或建议：每个主题不少于3条。 (4) 语言简单易懂，适配老年人的理解能力。 (5) 结合老年人的具体情况（如职业、性格、爱好、家庭等）	5

续 表

项目	类型	实操技能操作要求	分值
评价照护效果（5分）		同“通用版”	
对选手综合评判（12分）		同“通用版”	
合计			100

操作项目四十三　为老年人翻身叩背促进排痰

为老年人翻身叩背促进排痰操作流程及评分标准

学号：　　　　　　　　姓名：　　　　　　　　得分：

项目	类型	实操技能操作要求	分值
工作准备（10分）		同“通用版”	
沟通解释评估（15分）		同“通用版”	
关键操作技能（50分）	M8	1. 放下床挡，打开盖被，S形折叠对侧或床尾。(3分) 2. 将头部和枕头移向左侧。(3分) 3. 协助老年人向对侧移位。操作中，注意保暖，避免老年人受凉。(3分) 4. 将老年人向右侧整体翻身至床中线位置。(2分) 5. 在老年人右颈肩部垫一小软枕。右侧肘部下垫一软枕。在左上臂与左胸部之间垫一软枕。分别在左、右小腿下垫软枕。盖好盖被，折好被筒。(5分) 6. 口部下方放置弯盘。检查背部皮肤有无破损。(4分) 7. 背部叩击从背部第十肋向上至肩部进行，两侧交替。(4分) 8. 五指并拢呈弓形，掌心与手指成120°。由下至上，由两侧到中央，有节律地叩击老年人背部（8分） 9. 叩击的相邻部位应重叠1/3，力量中等，以老年人耐受为准。每分钟叩击120~180次，持续3~6min，每天叩击3~5次。叩击时注意避开双肾、骨隆突处、脊柱、心脏等区域。(10分) 10. 叩击的同时嘱咐老年人用力深吸气后再屏气，并用力将痰液咳出。(6分) 11. 擦去老年人口周痰液，恢复舒适体位，整理床单位，支起床挡。(2分)	50

续 表

项目	类型	实操技能操作要求	分值
健康教育（8分）	M9	针对本次照护任务，照护过程中的注意事项如下： 1. 叩背时手应中空，避免平掌拍打在老年人后背处，引起老年人疼痛。 2. 可单手叩背，也可双手交替叩击，频率要快。 3. 不可叩击老年人脊柱及肾区。 4. 有心脏疾病的老年人慎做叩背，有肋骨骨折的老年人禁止叩背。 5. 只能使用腕部力量，切勿用蛮力叩击，以免造成老年人肋骨骨折	3
	M10	1. 在照护过程中结合老年人情况开展感冒发烧的健康教育，包括但不限于以下方面：（3分） （1）注意体温变化，当体温升高超过38.5℃时，在医生指导下可以使用退热药物。 （2）注意休息，多饮热水可以提高代谢，有利于康复。 （3）清淡饮食，多补充优质蛋白和维生素，提高免疫力。 2. 表述要求如下：（2分） （1）主题和数量合适。 （2）表达方式突出重点，逻辑清晰。 （3）结合主题提出的措施或建议：每个主题不少于3条。 （4）语言简单易懂，适配老年人的理解能力。 （5）结合老年人的具体情况（如职业、性格、爱好、家庭等）	5
评价照护效果（5分）	同“通用版”		
对选手综合评判（12分）	同“通用版”		
合计			100

操作项目四十四　观察和识别胃管、尿管、气管切开及造瘘口的异常情况，及时记录和上报

观察和识别胃管、尿管、气管切开及造瘘口的异常情况，及时记录和上报操作流程及评分标准

学号：　　　　　　姓名：　　　　　　得分：

项目	类型	实操技能操作要求	分值
工作准备（10分）	同“通用版”		

续 表

项目	类型	实操技能操作要求	分值
沟通解释评估（15 分）	同“通用版”		
关键操作技能（50 分）	M8	1. 检查胃管： （1）先检查胃管的插入长度，有无脱出。（3 分） （2）观察胃管周围皮肤有无压红、破损。（3 分） （3）检查胃管在口腔内有无盘旋折叠。（3 分） （4）用推注器抽吸见胃液，确定胃管在胃内，推注适量温开水冲洗胃管。（2 分） （5）将胃管末端固定于枕旁。（2 分） 2. 检查尿管： （1）协助老年人取仰卧位。（1 分） （2）打开盖被，暴露老年人外阴部。（2 分） （3）检查尿管留置日期，尿管插入长度是否完好，有无脱出。（3 分） （4）检查气囊的固定性。（2 分） （5）打开引流开关，查看尿管是否通畅后再关闭开关，注意观察尿液流出情况。（3 分） （6）用碘伏浸湿棉球，进行清理。（2 分） 3. 检查气管切开情况： （1）评估老年人的意识、呼吸、气囊压力、血氧饱和度以及痰液的黏稠度、量。（3 分） （2）观察固定带处的颈部皮肤、气管切开处有无渗血、红肿、分泌物、皮下气肿、脱出、阻塞等。（4 分） （3）查看气管管套固定是否良好。（2 分） 4. 检查肠造瘘口： （1）暴露肠造瘘口部位。（1 分） （2）戴手套，将造瘘袋取下，观察排泄物性状、颜色及量。（3 分） （3）用温水擦拭肠造瘘口周围。（2 分） （4）切勿擦洗肠造瘘口处黏膜，观察肠造瘘口的颜色及周围皮肤。（3 分） （5）用碘伏消毒肠造瘘口处皮肤。（2 分） （6）按肠造瘘口大小裁剪造瘘袋后，撕去贴纸，轻轻将造瘘袋贴于腹壁皮肤上。（4 分）	50
健康教育（8 分）	M9	针对本次照护任务，照护过程中的注意事项如下： 1. 对于意识不清的老年人，应注意经常检查胃管情况。 2. 长期鼻饲的老年人应定期更换胃管。 3. 检查气囊固定情况时，要注意不能过度牵拉，以防膨胀的气囊卡在尿道内，压迫膀胱或尿道，从而导致黏膜组织损伤。 4. 保持气管切开伤口周围的皮肤清洁干燥，应及时更换敷料。 5. 密切观察老年人呼吸是否平稳，保持气道湿润通畅。 6. 清洁肠造瘘口周围皮肤后一般不必使用护肤品，以免影响护肤片的黏性。 7. 操作动作要轻、稳，避免污染床单和周围环境	3

续 表

项目	类型	实操技能操作要求	分值
健康教育 （8分）	M10	1. 在照护过程中结合老年人情况开展发烧的健康教育，包括但不限于以下方面：（3分） （1）注意体温变化，当体温升高超过38.5℃时，在医生指导下可以使用退热药物。 （2）注意休息，多饮热水可以提高代谢，有利于康复。 （3）清淡饮食，多补充优质蛋白和维生素，提高免疫力。 2. 表述要求如下：（2分） （1）主题和数量合适。 （2）表达方式突出重点，逻辑清晰。 （3）结合主题提出的措施或建议：每个主题不少于3条。 （4）语言简单易懂，适配老年人的理解能力。 （5）结合老年人的具体情况（如职业、性格、爱好、家庭等）	5
评价照护效果 （5分）	同“通用版”		
对选手综合评判 （12分）	同“通用版”		
合计			100

操作项目四十五　为老年人留取二便标本

为老年人留取二便标本操作流程及评分标准

学号：　　　　　　　姓名：　　　　　　　得分：

项目	类型	实操技能操作要求	分值
工作准备 （10分）	同“通用版”		
沟通解释评估 （15分）	同“通用版”		
关键操作技能 （50分）	M8	1. 摆放体位： （1）护理员站在右侧床边，放下床挡，打开盖被，注意保暖。（5分） （2）将老年人裤子脱至膝部。（4分） （3）协助老年人向近侧翻身。（4分） （4）将护理垫平铺于臀下。（4分）	50

续　表

<table>
<tr><th>项目</th><th>类型</th><th>实操技能操作要求</th><th>分值</th></tr>
<tr><td>关键操作技能（50分）</td><td>M8</td><td>2. 采集尿标本：
（1）用棉签蘸取碘伏消毒尿道口。（4分）
（2）使用尿标本杯采集尿液。（3分）
（3）动作轻柔，切勿伤及老年人。（2分）
3. 采集便标本：
（1）将便盆窄口处朝向足部，扣于老年人臀部。（4分）
（2）恢复仰卧位，在会阴上盖一次性护理垫。（3分）
（3）老年人排便后，用无菌棉签取少量粪便放入标本盒。（2分）
（4）为老年人取舒适体位。（3分）
4. 操作中注意节力原则。（2分）
5. 操作中注意应用老年人自身力量。（2分）
6. 操作中有安全意识。（2分）
7. 操作中注意观察老年人反应。（2分）
8. 操作中注意动作轻柔稳妥，注意与老年人沟通交流。（2分）
9. 操作中注意保护患侧肢体。（2分）</td><td>50</td></tr>
<tr><td rowspan="2">健康教育（8分）</td><td>M9</td><td>针对本次照护任务，照护过程中的注意事项如下：
1. 老年人发生腹泻时，应留取带有黏液或脓血部分的粪便，如为水样便，应使用大口径玻璃容器盛装送检。
2. 如检查项目为寄生虫卵，应取粪便不同部分适量，送检。
3. 如检查项目为阿米巴原虫，在采集前先用热水将便器加温后，再叮嘱老年人排便于盆内，便后立即送检。
4. 采集标本的容器应清洁干燥，一次性使用。
5. 不可将粪便或其他物质混入尿标本中。
6. 尿液标本收集后要立即送检，以避免发生细菌污染、化学物质及有形成分改变。
7. 自尿管留取尿标本注意应无菌操作，避免污染管路衔接处</td><td>3</td></tr>
<tr><td>M10</td><td>1. 在照护过程中结合老年人情况开展有关脑梗死的健康教育，包括但不限于以下方面：（3分）
（1）改善生活习惯，鼓励老年人戒烟、戒酒，饮食以清淡、易消化为原则，多吃新鲜蔬菜、水果。
（2）排尿后用温水擦洗，保持会阴部、骶尾部清洁干燥，减少压疮发生。
（3）按照被动运动—辅助运动—主动运动的训练方式适当运动。
2. 表述要求如下：（2分）
（1）主题和数量合适。
（2）表达方式突出重点，逻辑清晰。
（3）结合主题提出的措施或建议：每个主题不少于3条。
（4）语言简单易懂，适配老年人的理解能力。
（5）结合老年人的具体情况（如职业、性格、爱好、家庭等）</td><td>5</td></tr>
</table>

续 表

项目	类型	实操技能操作要求	分值
评价照护效果（5 分）	同“通用版”		
对选手综合评判（12 分）	同“通用版”		
合计			100

操作项目四十六　陪同老年人就医

陪同老年人就医操作流程及评分标准

学号：　　　　　　　　姓名：　　　　　　　　得分：

项目	类型	实操技能操作要求	分值
工作准备（10 分）	同“通用版”		
沟通解释评估（15 分）	同“通用版”		
关键操作技能（50 分）	M8	1. 诊前准备： （1）核对确认就医服务事项。 ①了解就医需求，核对住址。（2 分） ②确认是否预约挂号。（2 分） ③确定接送方式，告知费用。（2 分） ④询问有无其他需求。（2 分） （2）根据老年人意愿，选择预约挂号方式。（2 分） 2. 接老年人就医： （1）到达老年人住所，签订陪同就医服务协议。（4 分） （2）提醒老年人携带如下必要的就医资料和物品。 ①身份证、医保卡、病历、过往检查资料。（4 分） ②水或水杯、保暖或防暑用品、日常药品、必要的食品等。（4 分） （3）就医途中应主动搀扶老年人，拿病历、大件衣物等随身物品，尽量减轻老年人就医途中的不适。（4 分） 3. 诊疗陪同： （1）代替老年人排队领取预约号，并协助办理挂号缴费事项，如建立诊疗卡、关联医保卡、预存储值金等。（2 分） （2）陪同就诊。 ①搀扶并安排老年人选择合适位置等候就诊。（2 分）	50

续　表

项目	类型	实操技能操作要求	分值
关键操作技能（50分）	M8	②征得同意后，陪同老年人到诊室就诊。（2分） ③视情况协助老年人陈述病情，并详细记录医嘱。（2分） （3）陪同检查。 ①协助老年人预约检查项目，缴纳检查费用，并确认相关项目检查时间、地点和注意事项。（2分） ②协助老年人取送检查结果。检查结果如能当天领取，应及时领取，并陪同老年人去医生科室就诊。检查结果如当天不能领取，应确定出检查结果的时间，告知老年人或其监护人。（2分） （4）陪同治疗。 ①协助老年人缴纳治疗费用，陪同老年人进行静脉（肌肉）注射、理疗等治疗。（2分） ②关注老年人治疗进度，观察老年人治疗反应，治疗过程中如突发异常情况，应立即与医护人员联系，并及时告知老年人的监护人。（2分） ③帮助解决治疗过程中老年人的基本生理或生活需求，提醒老年人妥善保管证件及贵重财物。（2分） 4. 送老年人回住所： （1）就医结束后按约定接送方式将老年人送回住所。（2分） （2）将携带的物品、就医资料、药品等当面点清，并放置在老年人或其监护人指定位置。（2分） （3）向老年人或其监护人复述医嘱。（2分）	50
健康教育（8分）	M9	针对本次照护任务，照护过程中的注意事项如下： 1. 提前准备好老年人的医保卡、身份证、病历本等相关证件，整理好以往的检查报告和诊断书等资料，方便医生全面了解病情。同时，了解老年人的病情症状、用药情况等，必要时可列成清单，以便准确向医生描述。 2. 在就医过程中，耐心与医生沟通，详细描述老年人病情。陪同老年人进行各项检查，帮助排队、缴费，对行动不便的老年人要协助其上下检查设备、穿脱衣物等，全程关注老年人情绪变化，给予安抚。 3. 就诊后，认真整理医生的医嘱，包括诊断结果、治疗方案和用药指导等。监督老年人按时服药，注意观察药物副作用，协助老年人进行康复训练或生活方式调整，并牢记复查时间，按时带老年人复查	3
	M10	1. 在照护过程中结合老年人情况开展有关慢性支气管炎的健康教育，包括但不限于以下方面：（3分） （1）经常开窗通风，保持室内空气新鲜。 （2）进行清洁或通风护理时注意保暖，避免受凉。 （3）多吃高蛋白、高热量、高维生素、易消化的食物，保证营养充足，增加抵抗力。 （4）适当运动，提高耐寒能力，预防和减少病情发作。 2. 表述要求如下：（2分） （1）主题和数量合适。	5

续 表

项目	类型	实操技能操作要求	分值
健康教育（8分）	M10	（2）表达方式突出重点，逻辑清晰。 （3）结合主题提出的措施或建议：每个主题不少于3条。 （4）语言简单易懂，适配老年人的理解能力。 （5）结合老年人的具体情况（如职业、性格、爱好、家庭等）	5
评价照护效果（5分）	同“通用版”		
对选手综合评判（12分）	同“通用版”		
合计			100

操作项目四十七　协助对Ⅱ度压疮老年人做出正确的照护

协助对Ⅱ度压疮老年人做出正确的照护操作流程及评分标准

学号：　　　　　　姓名：　　　　　　得分：

项目	类型	实操技能操作要求	分值
工作准备（10分）	同“通用版”		
沟通解释评估（15分）	同“通用版”		
关键操作技能（50分）	M8	1. 摆放体位： （1）一手抬起老年人头部，另一手将枕头移至对侧。（5分） （2）将老年人双手交叉，近侧手放在对侧手上方。将老年人双脚交叉，近侧脚放在对侧脚上方。（5分） （3）一手放在老年人肩颈部，另一手放在老年人腰臀部，将老年人稍移向近侧。（6分） 2. 查看皮肤变化并作相应护理： （1）从上至下依次查看的部位是后枕部、肩胛部、肘部、骶尾部、足跟部皮肤。（6分） （2）观察发生压疮处的颜色、深度、组织形态、渗出液、周围的皮肤状况。（6分） （3）用生理盐水清洁局部。（4分） （4）清洁后可采用透明薄膜、水胶体、泡沫敷料覆盖。（8分） （5）为老年人使用充气床垫，或采取局部减压的保护措施，使用合适的体位垫，使压疮部位悬空。（10分）	50

续 表

项目	类型	实操技能操作要求	分值
健康教育（8分）	M9	针对本次照护任务，照护过程中的注意事项如下： 1. 防止局部长期受压。对有头发遮挡的枕骨粗隆，耳廓背面，特别要注意扒开头发认真检查。 2. 照护过程中防止手表、指甲划伤老年人的皮肤。应经常修剪老年人的手指甲，以防其自伤。便器等护理用具应保持完好，不刮伤、蹭伤皮肤。 3. 鼓励老年人尽量做力所能及的活动，如下床、关节自主运动等，以促进静脉回流，起到预防压疮的作用。 4. 侧卧位时需要观察的部位有被压侧的耳廓、肩部、髓部、膝关节的内外侧、内外踝部。 5. 抽吸水疱和创面处理时应注意无菌操作	3
	M10	1. 在照护过程中结合老年人情况开展有关坠积性肺炎的健康教育，包括但不限于以下方面：（3分） （1）多喝水、多吃新鲜水果等，大量水分能够湿化气道，降低细菌、炎症感染几率。 （2）定期翻身、按摩以及清洗，适当的保持侧卧、坐立，也能够起到预防效果。 （3）做好营养补充，增强抗病能力。 2. 表述要求如下：（2分） （1）主题和数量合适。 （2）表达方式突出重点，逻辑清晰。 （3）结合主题提出的措施或建议：每个主题不少于3条。 （4）语言简单易懂，适配老年人的理解能力。 （5）结合老年人的具体情况（如职业、性格、爱好、家庭等）	5
评价照护效果（5分）	同“通用版”		
对选手综合评判（12分）	同“通用版”		
合计			100

操作项目四十八　协助进行Ⅲ度压疮老年人的照护

协助进行Ⅲ度压疮老年人的照护操作流程及评分标准

学号：　　　　　　姓名：　　　　　　得分：

项目	类型	实操技能操作要求	分值
工作准备（10分）	同“通用版”		

续 表

项目	类型	实操技能操作要求	分值
沟通解释评估（15分）	同“通用版”		
关键操作技能（50分）	M8	1. 摆放体位： （1）一手抬起老年人头部，另一手将枕头移至对侧。（4分） （2）将老年人双手交叉，近侧手放在对侧手上方；将老年人双脚交叉，近侧脚放在对侧脚上方。（5分） （3）一手放在老年人肩颈部，另一手放在老年人腰臀部，将老年人稍移向近侧。（5分） 2. 查看皮肤变化并做相应护理： （1）协助老年人取合适的体位，暴露压疮部位。（3分） （2）戴手套，揭开伤口外层敷料，用止血钳取下内层敷料，若敷料粘连创面，用生理盐水蘸湿片刻再取下。（5分） （3）观察发生压疮处的颜色、深度、组织形态、渗出液、周围的皮肤状况。（4分） （4）用消毒棉球清洗创面，拭净分泌物、脓液等。用器械剪除坏死组织、痂皮等，以促进肉芽组织生长。选择敷料并固定（敷料大于伤口边缘2~3cm为宜），避免创面受压。（8分） （5）根据渗出液多少决定换药间隔时间。（3分） （6）增加翻身次数，避免局部过度受压。为老年人使用体位垫，或采取局部减压的保护措施。（6分） 3. 处理并报告： （1）保证床单平整、无碎屑。（2分） （2）使用合适的体位垫使压疮部位悬空，必要时使用减压的泡沫。（3分） （3）观察并询问老年人是否舒适。（2分）	50
健康教育（8分）	M9	针对本次照护任务，照护过程中的注意事项如下： 1. 防止局部长期受压。对有头发遮挡的枕骨粗隆、耳廓背面进行认真检查，侧卧位时需要观察被压侧的耳廓、肩部、髋部以及膝关节的内外侧、内外踝部。 2. 照护过程中防止手表、指甲划伤老年人的皮肤。应常修剪老年人手指甲，以防自伤。便器等护理用具应保持完好，不刮伤、蹭伤老年人皮肤。 3. 换药时，两把镊子不能混用，一把传递无菌敷料，另一把接触伤口敷料。 4. 避免潮湿、按摩及排泄物的刺激，增加局部血液循环，增加营养的摄入	3
	M10	1. 在照护过程中结合老年人情况开展有关发烧的健康教育，包括但不限于以下方面：（3分） （1）注意体温变化，当体温超过38.5℃时，在医生指导下可以使用退热药物。 （2）注意休息，多饮热水可以提高代谢，有利于康复。 （3）清淡饮食，多补充优质蛋白和维生素，提高免疫力。 2. 表述要求如下：（2分） （1）主题和数量合适。 （2）表达方式突出重点，逻辑清晰。 （3）结合主题提出的措施或建议：每个主题不少于3条。 （4）语言简单易懂，适配老年人的理解能力。 （5）结合老年人的具体情况（如职业、性格、爱好、家庭等）	5

续 表

项目	类型	实操技能操作要求	分值
评价照护效果（5分）		同“通用版”	
对选手综合评判（12分）		同“通用版”	
合计			100

操作项目四十九　对老年人提供雾化吸入、口腔吸痰、吸氧操作

对老年人提供雾化吸入、口腔吸痰、吸氧操作操作流程及评分标准

学号：　　　　　　姓名：　　　　　　得分：

项目	类型	实操技能操作要求	分值
工作准备（10分）		同“通用版”	
沟通解释评估（15分）		同“通用版”	
关键操作技能（50分）	M8	1. 吸氧（中心系统供氧）： （1）协助老年人取舒适体位，并清洁鼻孔。（1分） （2）取下氧气管道出口帽，安装流量表及湿化瓶。（2分） （3）连接好鼻氧管，调节氧流量，检查输氧管是否通畅，将鼻氧管塞插入双侧鼻孔或一侧鼻孔，并妥善固定。（2分） （4）嘱老年人在吸氧过程中，不要随意摘除输氧管或调节氧流量，如感到鼻咽部干燥或胸闷、憋气时，要及时告知医护人员。（2分） （5）评估老年人胸闷、憋气等自觉症状的改善情况后，遵医嘱停氧。（1分） （6）向老年人说明后，拔出鼻氧管，擦净鼻部分泌物，关闭流量表调节阀取下湿化瓶和流量表，盖好氧气管道出口帽。（1分） 2. 雾化吸入： （1）核对房间号、床号、姓名无误。（2分） （2）将超声雾化吸入器与各附件连接，在水槽内加入冷蒸馏水至浮标浮起，要求浸没雾化罐底部的透声膜。（2分） （3）核对用药，将药液稀释至30~50ml后加入雾化罐内，检查无漏水后，将雾化罐放入水槽内，盖好水槽罐。（2分） （4）连接口含嘴（或面罩），将雾化器放在床头桌上，接通雾化器电源，打开电源开关，预热3min。（2分） （5）协助漱口：摇高床头45°，协助取半卧位，毛巾围于颌下，协助漱口。（1分） （6）打开雾化开关，调节雾量，设定时间。（2分）	50

续 表

项目	类型	实操技能操作要求	分值
关键操作技能（50分）	M8	(7) 雾气喷出后，协助老年人将口含嘴放入口中或将面罩放置好（使用面罩时将面罩覆盖口鼻），指导老年人用嘴做深而慢的吸气，用鼻呼气。(4分) (8) 观察：观察老年人吸入药液后的反应及效果，如出现呼吸困难、紫绀、疲劳时，可先关闭雾化器，休息片刻后再继续进行，如出现异常，即刻停止并报告医生。(3分) (9) 关闭雾化器：吸入完毕，取下口含嘴（或面罩）。先关闭雾化开关，再关闭电源开关，以免电子元件损坏。(2分) (10) 帮助翻身、叩背排痰；协助老年人漱口，用毛巾擦干老年人面部。(2分) 3. 口腔吸痰： (1) 协助老年人取安全、舒适体位，检查老年人口腔，取下活动性义齿，颌下垫治疗巾。(2分) (2) 接通吸引器电源，连接吸痰管，打开吸引器开关，根据老年人情况及痰液黏稠度调节负压至40~53.3kPa，测试通畅。(2分) (3) 一手反折吸痰管末端，以免负压吸附黏膜引起损伤，另一手用无菌持物钳夹持吸痰管插入口咽部。(2分) (4) 松开止血钳放入治疗碗内，捏住吸痰管，松开吸痰管末端，由深部向上提拉，左右旋转的方法吸痰。(2分) (5) 操作过程中，观察老年人面色及呼吸情况，发现不适立即停止；每次抽吸时间不超过15s，如痰未吸尽，休息3~5min再吸。观察老年人呼吸困难缓解，口唇转红润，停止吸痰。(2分) (6) 吸痰完毕，从治疗碗中吸取少量生理盐水，冲洗吸痰管。(2分) (7) 分离吸痰管，将吸痰管放于弯盘中。(2分) (8) 清洁老年人口鼻及面部。观察老年人呼吸平稳；口唇颜色恢复红润；安抚老年人紧张情绪；观察黏膜有无损伤；有异常情况立即汇报医生。(2分) (9) 观察吸出物的性质，如果痰液黏稠，可配合进行叩背及雾化吸入，根据老年人身体情况，指导其自主咳嗽，并告知其适当饮水，利于痰液排出。(2分) (10) 吸痰完毕，恢复老年人舒适体位，保持床单位整洁，检查床挡安全，安抚休息。(1分)	50
健康教育（8分）	M9	针对本次照护任务，照护过程中的注意事项如下： 1. 严格按照操作规程进行，防止交叉感染，尽量用一次性物品，重复使用物品应定期消毒更换。 2. 注意用氧安全和湿化，切实做到防火、防油、防震、防热。氧气吸入一定要先湿化再吸入，以减轻氧气的刺激作用。 3. 使用氧气前，应先调节好流量再连接鼻氧管，停止用氧时要先取下鼻氧管，再关流量表。 4. 持续吸氧时，老年人鼻氧管每日更换1~2次，并及时清理鼻腔分泌物。使用单腔鼻氧管吸氧者，双侧鼻孔应交替使用，以减少对鼻黏膜的刺激和压迫。 5. 做好氧疗监护，注意观察老年人缺氧症状有无改善，氧气装置有无漏气，输氧管是否通畅，是否出现氧疗副作用等。 6. 严格无菌操作，每根吸痰管只用1次，不可反复上下提插。 7. 每次吸痰时间不超过15s，以免引起缺氧。	3

续　表

项目	类型	实操技能操作要求	分值
健康教育（8分）	M9	8. 对于有缺氧症状的老年人，吸痰前后应给予高浓度吸氧3min。 9. 吸痰管退出后，应用生理盐水抽吸冲洗，以防痰液堵塞吸痰管。 10. 如果痰液黏稠，可配合进行叩背及雾化吸入，便于痰液被吸出。 11. 随时观察老年人的呼吸及面色、口唇变化，发现不适应立即停止。 12. 储液瓶内容物要及时倾倒，不能超过储液瓶体积的1/2。 13. 吸痰法是一项急救技术，操作时动作应准确、轻柔、敏捷，吸痰过程要注意观察呼吸。 14. 严格执行查对制度。治疗前，检查机器各部件，确保性能良好、连接正确、机器各部件的型号一致。 15. 水槽底部晶体换能器和雾化罐底部的透声膜薄而脆，安放时动作要轻以免破损。 16. 水槽和雾化罐内切忌加温水或热水，连续使用时应间隔30min，使用中注意测量水温，超过50℃或水量不足时，应关机更换或加入冷蒸馏水。 17. 每次雾化后要及时漱口，面罩式吸入者还需擦干口鼻部以外的雾珠，这样可以防止残留雾滴刺激口鼻皮肤，以免引起皮肤过敏或受损	3
	M10	1. 在照护过程中结合老年人情况开展有关慢阻肺的健康教育，包括但不限于以下方面：（3分） （1）经常开窗通风，保持室内空气清新。 （2）做好防寒保暖工作，保持适宜的温度和湿度。 （3）少食多餐，保证每天摄入足够的热量和蛋白质，保证水分充足。 2. 表述要求如下：（2分） （1）主题和数量合适。 （2）表达方式突出重点，逻辑清晰。 （3）结合主题提出的措施或建议：每个主题不少于3条。 （4）语言简单易懂，适配老年人的理解能力。 （5）结合老年人的具体情况（如职业、性格、爱好、家庭等）	5
评价照护效果（5分）	同“通用版”		
对选手综合评判（12分）	同“通用版”		
合计			100

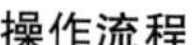

操作流程

操作视频

测试题

第三节 感染防控

项目导入

操作项目五十 进行环境及物品的清洁

进行环境及物品的清洁操作流程及评分标准

学号： 姓名： 得分：

项目	类型	实操技能操作要求	分值
工作准备（10分）		同“通用版”	
沟通解释评估（15分）		同“通用版”	
关键操作技能（50分）	M8	1. 配置消毒液：将5片500毫克/片“84”药片放入装有5000ml自来水的水桶内，用搅拌棒搅拌均匀，使其成为0.05%的含氯消毒液。(8分) 2. 擦拭家具：将抹布在水盆内浸湿、绞干。(5分) 3. 将水杯、餐具等洗净、擦干放入沥水筐；将沥水筐放入水盆，浸泡30min。(8分) 4. 将墩布洗净、控干，浸入消毒液中，控干后拖地。(8分) 5. 将过氧化氢倒入气溶胶喷雾器中，进行喷雾消毒，关闭房门30min。(8分) 6. 将浸泡物品取出，进行清水刷洗。(5分) 7. 开窗通风30min。(4分) 8. 协助老年人返回房间，取舒适体位。(4分)	50
健康教育（8分）	M9	针对本次照护任务，照护过程中的注意事项如下： 1. 不耐腐蚀的金属表面可采用75%的乙醇溶液擦拭，多孔材料表面可采用浓度0.1%的含氯消毒液喷雾。 2. 空气消毒一般采用过氧化氢溶液进行喷雾消毒。 3. 耐腐蚀地面可用浓度0.1%的过氧乙酸拖地或浓度0.2%~0.4%的过氧乙酸喷洒。 4. 消毒地面前，应安置老年人于床上或沙发上，并嘱其勿走动，防止滑倒或摔倒。 5. 由于消毒液有刺激性和腐蚀性，所以配制时须戴好口罩、橡胶手套。 6. 消毒液对金属有腐蚀作用，对织物有漂白作用，故不宜用于金属制品、有色衣服和油漆家具的消毒。 7. 为保证消毒液的消毒效果，消毒液尽量现用现配，保存于密闭容器内，置于阴凉、干燥、通风处	3

续　表

项目	类型	实操技能操作要求	分值
健康教育（8分）	M10	1. 在照护过程中结合老年人情况开展感冒发烧的健康教育，包括但不限于以下方面：（3分） （1）注意体温变化，当体温超过38.5℃时，可以使用退热药物。 （2）注意休息，多饮热水可以提高代谢，有利于康复。 （3）清淡饮食，多补充优质蛋白和维生素，提高免疫力。 2. 表述要求如下：（2分） （1）主题和数量合适。 （2）表达方式突出重点，逻辑清晰。 （3）结合主题提出的措施或建议：每个主题不少于3条。 （4）语言简单易懂，适配老年人的理解能力。 （5）结合老年人的具体情况（如职业、性格、爱好、家庭等）	5
评价照护效果（5分）	同“通用版”		
对选手综合评判（12分）	同“通用版”		
合计			100

操作项目五十一　进行手部清洁

进行手部清洁操作流程及评分标准

学号：　　　　　　　　姓名：　　　　　　　　得分：

项目	类型	实操技能操作要求	分值
工作准备（10分）	同“通用版”		
沟通解释评估（15分）	同“通用版”		
关键操作技能（50分）	M8	1. 洗手掌：（6分） （1）以适宜方式打开水龙头，用流水冲洗双手。 （2）以正确方法取适量皂液于手掌，涂抹皂液。 （3）掌心相对，手指并拢相互揉搓。 2. 洗背侧指缝：（6分） 手心对手背沿指缝相互揉搓，双手交替进行。	50

续 表

项目	类型	实操技能操作要求	分值
关键操作技能（50分）	M8	3. 洗掌侧指缝：（6分） 掌心相对，双手交叉沿指缝相互揉搓。 4. 洗指背：（6分） 弯曲各手指关节，半握拳把指背放在另一手掌心揉搓，双手交替进行。 5. 洗拇指：（6分） 一手握另一手大拇指旋转揉搓，双手交替进行。 6. 洗指尖：（6分） 弯曲各手指关节，把指尖合拢在另一手掌心旋转揉搓，双手交替进行。 7. 洗手腕：（6分） 揉搓手腕，双手交替进行。 8. 冲洗双手：（8分） （1）以适宜方式打开水龙头，流水洗净双手。 （2）关闭水龙头，擦干双手。 （3）正确处理污纸	50
健康教育（8分）	M9	针对本次照护任务，照护过程中的注意事项如下： 1. 手部不能佩戴戒指等饰品。 2. 冲洗时指尖应向下。 3. 注意洗净指尖、指缝、拇指、指关节等处。 4. 注意调节水的温度和流量，避免污染环境及溅湿衣物。 5. 揉搓时应按手指皮肤的纵横纹路揉搓	3
	M10	1. 在照护过程中结合老年人情况开展有关预防感冒的健康教育，包括但不限于以下方面：（3分） （1）勤洗手，养成良好的个人卫生习惯。 （2）保持充足的睡眠和营养，提高身体抵抗力。 （3）保持室内通风，少去人多、不通风的场所，外出时可佩戴医用口罩。 2. 表述要求如下：（2分） （1）主题和数量合适。 （2）表达方式突出重点，逻辑清晰。 （3）结合主题提出的措施或建议：每个主题不少于3条。 （4）语言简单易懂，适配老年人的理解能力。 （5）结合老年人的具体情况（如职业、性格、爱好、家庭等）	5
评价照护效果（5分）		同“通用版”	
对选手综合评判（12分）		同“通用版”	
合计			100

操作项目五十二　进行老年人常见传染病的预防

进行老年人常见传染病的预防操作流程及评分标准

学号：　　　　　　　　　姓名：　　　　　　　　　得分：

项目	类型	实操技能操作要求	分值
工作准备（10分）	同“通用版”		
沟通解释评估（15分）	同“通用版”		
关键操作技能（50分）	M8	1. 养成良好卫生习惯： （1）定时开窗通风。（5分） （2）垃圾桶定点、加盖放置，及时清理垃圾。（5分） （3）饭前、便后、外出归来应按规定程序洗手。（5分） （4）打喷嚏、咳嗽和清洁鼻子时使用卫生纸遮盖。（5分） 2. 加强锻炼： （1）多到户外呼吸新鲜空气。（5分） （2）进行慢走等符合老年人身体状况的活动。（5分） 3. 养成良好生活习惯： （1）保证充足睡眠。（5分） （2）注意饮食卫生。（5分） （3）避免骤加、骤减衣物。（5分） （4）少食刺激、辛辣食物，多进食水果、蔬菜、蛋类等，以保证营养。（5分）	50
健康教育（8分）	M9	针对本次照护任务，照护过程中的注意事项如下： 1. 如老年人身边的人员有患传染病的迹象，应立即为老年人佩戴口罩，并报告家属或医护人员，配合进行相关检查、检验，并防止传染。 2. 不可忽视老年人出现的感冒症状，一旦老年人有不适症状，应立即就医	3
	M10	1. 在照护过程中结合老年人情况开展有关高血压的健康教育，包括但不限于以下方面：（3分） （1）严格遵照医嘱，按时服用药物。 （2）注意饮食控制与调节，减少钠盐、动物脂肪的摄入，戒烟限酒。 （3）养成定时排便的习惯，保证大便通畅。 （4）定时监测血压情况，如有不适，立即就医。 2. 表述要求如下：（2分） （1）主题和数量合适。 （2）表达方式突出重点，逻辑清晰。 （3）结合主题提出的措施或建议：每个主题不少于3条。 （4）语言简单易懂，适配老年人的理解能力。 （5）结合老年人的具体情况（如职业、性格、爱好、家庭等）	5

续 表

项目	类型	实操技能操作要求	分值
评价照护效果（5分）	同“通用版”		
对选手综合评判（12分）	同“通用版”		
合计			100

操作项目五十三　正确配制和使用消毒液，进行环境及物品的消毒

正确配制和使用消毒液，进行环境及物品的消毒操作流程及评分标准

学号：　　　　　　　　姓名：　　　　　　　　得分：

项目	类型	实操技能操作要求	分值
工作准备（10分）	同“通用版”		
沟通解释评估（15分）	同“通用版”		
关键操作技能（50分）	M8	1. 浸泡餐具：将5片500毫克/片“84”药片放入装有5000ml自来水的水桶内，用搅拌棒搅拌均匀，使之成为0.05%的含氯消毒液。（4分） 2. 将水杯、餐具放入沥水筐；将沥水筐放入水盆；用长柄水勺从水桶内向水盆内倒入配好的消毒液，浸泡30min。（6分） 3. 擦拭家具：向另一个水盆倒入消毒液，将抹布在水盆内浸湿、绞干。（4分） 4. 分别擦拭窗台、桌面、柜面、床头、床尾、房门及卫生间把手，再次将抹布放入水盆清洗、绞干，放回护理车上。（6分） 5. 消毒地面：将水桶内消毒液倒入拖把桶内，将拖把在拖把桶内浸湿、绞干。（4分） 6. 用消毒拖把从居室内侧向居室外侧拖地，直到门口。妥善放置拖把，开窗通风30min。（6分） 7. 清洗餐具：浸泡物品30min后，将沥水筐从消毒液水盆中取出，将水杯、餐具在沥水筐内用清水刷洗干净，放回原处备用。（6分） 8. 将水盆内用过的消毒液倒入拖把桶，将拖把桶放入护理车下层，水盆放在拖把桶上。将其他所用物品也分别摆放于护理车上。（6分） 9. 脱手套放在护理车上备用。用免洗洗手液洗净双手，帮助老年人摘下口罩，将其按医疗垃圾处理，安抚老年人休息。（6分） 10. 观察房间干净整齐，推护理车离开居室。（2分）	50

续 表

项目	类型	实操技能操作要求	分值
健康教育（8分）	M9	针对本次照护任务，照护过程中的注意事项如下： 1. 消毒地面前，应安置老年人于床上或沙发上，并叮嘱其勿走动，防止滑倒和摔倒。 2. 在配制消毒液之前，应备好所需塑料容器、含氯消毒片（液）、手套、口罩、量杯。 3. 由于消毒液原液有刺激性和腐蚀性，所以配制时应戴好口罩和橡胶手套。 4. 消毒液对金属有腐蚀作用，对织物有漂白作用，故不宜用于金属制品、有色衣服及油漆家具的消毒。 5. 为保证消毒效果，消毒液尽量现用现配，并保存于密闭容器内，置于阴凉、干燥、通风处	3
	M10	1. 在照护过程中结合老年人情况开展感冒发烧的健康教育，包括但不限于以下方面：（3分） （1）注意体温变化，当体温超过38.5℃时，可以在医生指导下使用退热药物。 （2）注意休息，多饮热水可以提高代谢，有利于康复。 （3）清淡饮食，多补充优质蛋白和维生素，提高免疫力。 2. 表述要求如下：（2分） （1）主题和数量合适。 （2）表达方式突出重点，逻辑清晰。 （3）结合主题提出的措施或建议：每个主题不少于3条。 （4）语言简单易懂，适配老年人的理解能力。 （5）结合老年人的具体情况（如职业、性格、爱好、家庭等）	5
评价照护效果（5分）	同“通用版”		
对选手综合评判（12分）	同“通用版”		
合计			100

操作流程

操作视频

测试题

第四节　用药照护

项目导入

操作项目五十四　协助老年人口服用药，观察老年人用药后的反应并及时报告

协助老年人口服用药，观察老年人用药后的反应并及时报告操作流程及评分标准

学号：　　　　　　姓名：　　　　　　得分：

项目	类型	实操技能操作要求	分值
工作准备（10分）		同“通用版”	
沟通解释评估（15分）		同“通用版”	
关键操作技能（50分）	M8	1. 为老年人摇高床头，取坐位或半坐位，后颈背部垫好软垫，观察老年人是否坐稳。（4分） 2. 核对：核对老年人的姓名、药物等与服药单相符（三查八对）。（8分） 3. 准备温水：每2~4片药准备100ml温水，用手腕内侧测试水温适宜（38~40℃）。（6分） 4. 在老年人颌下垫好餐巾或毛巾，遮住老年人前胸。（2分） 5. 服药：先嘱老年人喝水，润滑口腔及食管。（2分） 6. 将药杯递给老年人，请老年人自行放入口中。（6分） 7. 递过水杯嘱老年人喝水，老年人吞咽药片后，鼓励老年人用健侧手取餐巾纸自己擦干口周水渍。（4分） 8. 服用多种药物时，按要求的顺序服用，告知老年人口服某些药后，暂时不要喝水的原因，以保证疗效。（8分） 9. 嘱老年人保持服药体位10min以上，再恢复舒适体位。（4分） 10. 观察并询问老年人服药后的反应。用药异常情况立即报告医生。（4分） 11. 整理：将水杯放回原处，药杯收回，浸泡消毒，清洗晾干备用。（2分）	50
健康教育（8分）	M9	针对本次照护任务，照护过程中的注意事项如下： 1. 按照医嘱协助老年人服药，不得私自加减药或停药。老年人对药品有疑问时，需要再次核对药物方能给药，并要向老年人解释说明。 2. 用药后发现异常应及时报告医护人员或协助就诊。 3. 对于有吞咽困难的老年人，应咨询医护人员或根据药物的说明书决定是否可以将药物切割成小块或研碎服用。 4. 协助有精神疾病的老年人服药时应要求其张口，检查药物是否全部咽下。 5. 老年人用药前应有两位护理人员核对，以确保用药安全	3

续 表

项目	类型	实操技能操作要求	分值
健康教育（8分）	M10	1. 在照护过程中结合老年人情况开展关于高血压的健康教育，包括但不限于以下方面：（3分） （1）根据老年人的身体状况合理饮食，低盐、低脂、低胆固醇、高纤维饮食。减少胆固醇的摄入，尽量少摄入蛋黄、动物肝脏、肥肉等；多吃新鲜蔬菜和水果，可起到降低胆固醇、补充维生素、促进肠胃蠕动的作用。 （2）老年人在用药过程中，起坐时动作应缓慢，以免血压突然降低引起晕厥。 （3）鼓励老年人进行适当的活动，如拐杖行走训练、关节活动操等，可以增进肢体的活动功能和恢复身体的协调性，提高生活自理能力。 （4）加强心理护理，保持情绪平稳，鼓励老年人树立信心。 2. 表述要求如下：（2分） （1）主题和数量合适。 （2）表达方式突出重点，逻辑清晰。 （3）结合主题提出的措施或建议：每个主题不少于3条。 （4）语言简单易懂，适配老年人的理解能力。 （5）结合老年人的具体情况（如职业、性格、爱好、家庭等）	5
评价照护效果（5分）	同“通用版”		
对选手综合评判（12分）	同“通用版”		
合计			100

操作项目五十五　观察老年人使用胰岛素后的血糖异常变化

观察老年人使用胰岛素后的血糖异常变化操作流程及评分标准

学号：　　　　姓名：　　　　得分：

项目	类型	实操技能操作要求	分值
工作准备（10分）	同“通用版”		
沟通解释评估（15分）	同“通用版”		

续 表

项目	类型	实操技能操作要求	分值
关键操作技能（50 分）	M8	1. 协助老年人取舒适体位。（2 分） 2. 沟通、观察： （1）观察老年人有无出汗、颤抖、面色苍白，有无精神不集中、躁动、易怒或意识不清等情况。（6 分） （2）询问老年人有无饥饿感或心慌。（3 分） （3）护理员一边与老年人交流，一边记录。（2 分） （4）观察方法应正确，应观察全面。（3 分） 3. 评估： （1）查看老年人足部皮肤有无红肿、青紫、水泡、麻木或损伤等异常情况。（5 分） （2）评估老年人双脚的温度和感知觉。（5 分） （3）检查足背动脉搏动（以判断肢体远端的供血情况）。（3 分） （4）评估应方法正确、全面。（2 分） 4. 观察老年人近期体重变化（查看老年人体重记录单），是否出现无诱因体重下降的情况。（3 分） 5. 监测核对：老年人出现异常症状，应立刻测量血糖，核实血糖数值。（8 分） 6. 症状判断： （1）老年人出现低血糖症状，立即为老年人补充糖分的同时，报告医护人员及时处理。（3 分） （2）如有高血糖症状，应立即报告医护人员，及时就医，调整胰岛素剂量，保证降糖效果。（3 分） 7. 根据老年人意愿协助其取舒适体位休息。（2 分）	50
健康教育（8 分）	M9	针对本次照护任务，照护过程中的注意事项如下： 1. 严格遵照医嘱注射胰岛素，不得私自加减药物或停药。 2. 若患者在注射胰岛素之前已有低血糖的表现，可先不进行注射，需随时测量血糖，若血糖值低，可先进食；在血糖稳定后，及时就医调整胰岛素剂量	3
	M10	1. 在照护过程中结合老年人情况开展有关糖尿病的健康教育，包括但不限于以下方面：（3 分） （1）应摄入低糖、低脂、限盐（<6g/d）、高维生素、富含纤维素及易消化的食物；适量摄入蛋白质、钙、铁丰富的食物，少吃胆固醇高的食物，如动物内脏、蛋黄等；水分补充注意个体化，根据老年人的排出量，结合生理需求来补充水分，每日应保证摄入 1500~2000ml 水。 （2）随身携带糖尿病信息卡，以便出现意外时实施急救；外出时准备一些糖果、饼干等，以防低血糖发生。 （3）鼓励老年人进行适当的活动，如散步、八段锦、保健操等，先从短时间、小运动量开始，循序渐进，以老年人能耐受为宜。 （4）加强心理护理，保持情绪平稳，鼓励老年人树立信心。 2. 表述要求如下：（2 分） （1）主题和数量合适。 （2）表达方式突出重点，逻辑清晰。 （3）结合主题提出的措施或建议：每个主题不少于 3 条。 （4）语言简单易懂，适配老年人的理解能力。 （5）结合老年人的具体情况（如职业、性格、爱好、家庭等）	5

续　表

项目	类型	实操技能操作要求	分值
评价照护效果（5 分）	同“通用版”		
对选手综合评判（12 分）	同“通用版”		
合计			100

操作项目五十六　喂老年人口服用药，观察老年人用药后的反应并及时报告

喂老年人口服用药，观察老年人用药后的反应并及时报告操作流程及评分标准

学号：　　　　　　姓名：　　　　　　得分：

项目	类型	实操技能操作要求	分值
工作准备（10 分）	同“通用版”		
沟通解释评估（15 分）	同“通用版”		
关键操作技能（50 分）	M8	1. 遵医嘱准备药物，核对药物有效期，确定药物在有效期内。（4 分） 2. 按照服药单准备药物，感冒冲剂 1 袋，泰诺林 1 粒。（4 分） 3. 杯中倒好温水 200ml，用手腕内侧测试水温适宜（38~40℃）。（6 分） 4. 撕开感冒冲剂，倒入另一水杯内，冲入温开水约 50ml，用汤匙搅拌使其全部溶化。（4 分） 5. 协助老年人坐起，在其颌下垫好毛巾，用汤匙盛 1/2 的温水（38~40℃），协助老年人喝下，湿润口腔。（6 分） 6. 再用汤匙喂老年人喝下感冒药冲剂，饮下后再协助其饮用温水。（6 分） 7. 将一粒泰诺林放到老年人口中，用汤匙喂老年人饮水服下。叮嘱老年人多喝水。（6 分） 8. 嘱老年人保持服药体位 10min 以上，再恢复舒适体位。（6 分） 9. 观察并询问老年人服药后的反应，发现用药异常情况立即报告医生。（6 分） 10. 整理：将水杯放回原处，药杯收回，浸泡消毒，清洗晾干备用。（2 分）	50

续 表

项目	类型	实操技能操作要求	分值
健康教育（8分）	M9	针对本次照护任务，照护过程中的注意事项如下： 1. 按照医嘱协助老年人服药，不得私自加减药或停药。老年人对药品有疑问时，需要再次核对药物方能给药，并要向老年人解释说明。 2. 用药后发现异常应及时报告医护人员或协助就诊。 3. 对于有吞咽困难的老年人，应咨询医护人员或根据药物的说明书决定是否可以将药物切割成小块或研碎服用。 4. 协助有精神疾患的老年人服药时应要求其张口，检查药物是否全部咽下	3
	M10	1. 在照护过程中结合老年人情况开展帕金森病的健康教育，包括但不限于以下方面：（3分） （1）饮食方面：选择低盐、低脂、低胆固醇、适量优质蛋白的易消化饮食；平时可多食瓜子、杏仁、芝麻和牛奶等食物，以促进多巴胺合成，改善病症；多吃富含纤维素的新鲜蔬菜及水果，如芹菜、韭菜、香蕉等；及时补充水分，保持大便通畅，以减轻腹胀。 （2）鼓励老年人进行适当的运动，在护理人员陪同下进行放松和呼吸游戏、表情操、关节活动操等趣味活动，增强老年人的言语沟通能力及肢体的活动度，提高生活质量。 （3）老年人房间设施布置合理，减少障碍，光线充足，地面防滑，保持干燥，叮嘱老年人利用扶手辅助行走，外出时穿着大小合适的防滑软底鞋，预防跌倒和意外情况发生。 （4）鼓励老年人多表达内心感受，维持兴趣爱好，建立“疾病支持小组”，相互沟通鼓励，营造良好的社交氛围。 2. 表述要求如下：（2分） （1）主题和数量合适。 （2）表达方式突出重点，逻辑清晰。 （3）结合主题提出的措施或建议：每个主题不少于3条。 （4）语言简单易懂，适配老年人的理解能力。 （5）结合老年人的具体情况（如职业、性格、爱好、家庭等）	5
评价照护效果（5分）	同“通用版”		
对选手综合评判（12分）	同“通用版”		
合计			100

操作项目五十七　为老年人使用滴眼、耳、鼻等外用药，观察用药后的不良反应并记录

为老年人使用滴眼、耳、鼻等外用药，观察用药后的不良反应并记录操作流程及评分标准

学号：　　　　　　　　姓名：　　　　　　　　得分：

项目	类型	实操技能操作要求	分值
工作准备（10分）	同“通用版”		
沟通解释评估（15分）	同“通用版”		
关键操作技能（50分）	M8	1. 核对床号、姓名、药物、用法与医嘱相符。（2分） 2. 判断用药部位。（2分） 3. 检查药物有效期，记录或核对开瓶日期。（2分） 4. 滴眼液： （1）清洁眼部放下床挡，取棉棒蘸温水分别擦干净老年人眼内外眦的分泌物，先擦健侧，再擦患侧。将污染棉棒放入医疗垃圾桶内。（2分） （2）摆放头部位置：把枕头垫在老年人颈部，使头略向后仰，眼睛向上看。（2分） （3）打开瓶帽：摇匀眼药水，打开瓶帽。（1分） （4）滴眼药水：将老年人上下眼睑分开固定，持眼药水距离眼睛上方2~3cm，轻轻将眼药水2滴点入下眼结膜囊内。（4分） （5）闭合眼睛：嘱老年人闭合眼睛，嘱眼球转动，使药液充盈在眼结膜内，并按压鼻泪管。（2分） （6）用棉签轻轻拭去老年人眼部外溢的眼药水。将用过的棉签放于医疗垃圾桶内。（1分） （7）取舒适体位，协助老年人将枕头移回，休息片刻再进行滴鼻剂的使用。（1分） 5. 滴鼻剂： （1）清洁鼻孔：观察患侧鼻孔有无干痂，用棉棒或纸巾清洁鼻涕等分泌物。将污染棉棒或纸巾放入相应的垃圾桶内。（2分） （2）摆放头部体位：保持平卧位，滴药前先嘱老年人吸气，头尽量后仰，鼻孔朝向天花板，可使药液尽量到达较深部位。（1分） （3）打开滴鼻剂：打开瓶盖，盖口向上，放在治疗盘内。（1分） （4）点滴鼻剂：一手托住老年人下颌部固定，另一手持滴鼻剂，在患侧鼻腔内滴入药液3~4滴。（3分） （5）轻柔鼻翼：轻柔患侧鼻翼，使药液均匀渗入鼻黏膜。（2分） （6）取纸巾擦净鼻部分泌物，将用过的纸巾放入垃圾桶内。（1分） （7）询问观察老年人用药后的反应。如果有滴鼻液流入口中，协助吐入污物碗，滴药后1~2min后再坐起。（2分） 6. 滴耳剂： （1）协助老年人取左侧（健侧）半卧位：协助老年人向健侧翻身，摇高床头，老年人取半卧位。（2分）	50

续 表

项目	类型	实操技能操作要求	分值
关键操作技能（50分）	M8	(2) 清洁耳道：取棉签蘸取0.9%氯化钠轻轻擦净老年人患侧耳道内分泌物，再用干棉签拭干。棉签放入医疗垃圾袋内。(3分) (3) 将滴耳剂在手中握紧，使其升温，避免过凉。(2分) (4) 打开药液：打开瓶帽，帽口向上放在治疗盘内。(1分) (5) 拉直耳道：将耳廓向后上方轻轻牵拉，使耳道变直。(2分) (6) 滴入药液：持药液瓶，掌跟置于耳旁固定，将药液沿耳道后壁滴入耳道内5滴。(4分) (7) 轻压耳屏：轻压老年人耳屏，使药液充分进入中耳，保持体位5min。(2分) 7. 询问并观察老年人有无不适。(2分) 8. 恢复老年人舒适体位，整理床单位，检查床挡安全性，安抚其休息。(1分)	50
健康教育（8分）	M9	针对本次照护任务，照护过程中的注意事项如下： 1. 使用滴眼剂前应先摇匀药液。 2. 滴眼药水时动作应轻柔，避免损伤角膜。 3. 白天宜用滴眼剂，临睡前应用眼膏涂敷，不影响生活，且药物附着角膜时间长，可维持有效浓度。 4. 两眼都滴药时，先滴健眼、后滴患眼；先滴轻眼，后滴重眼。 5. 如同时使用数种滴眼剂时，中间要间隔5~10min。 6. 如鼻腔内有干痂，先用温盐水清洗浸泡，待干痂变软后取出再滴药。 7. 眼、鼻滴药后保持仰卧位1~2min，有利于药物吸收。 8. 药液流入口腔，可将其吐出。 9. 老年人耳聋、耳道不通或耳膜穿孔时不应使用滴耳剂。 10. 耳部滴药后，嘱老年人保持原体位5min，以利于吸收	3
	M10	1. 在照护过程中结合老年人情况开展有关疾病的健康教育，包括但不限于以下方面：(3分) (1) 根据老年人的身体状况合理摄入低盐、低脂、低胆固醇、高纤维食物；多吃新鲜蔬菜和水果，保持排便通畅。 (2) 洗头洗澡时，耳道用无脱脂干棉球堵住耳道，以防水进入耳朵。 (3) 适当运动，增强体质，提高身体抵抗力。 (4) 掌握正确的擤鼻方法（用食指按压单侧鼻孔轻轻擤），勿用力擤鼻。 (5) 注意用眼卫生，避免眼外伤或揉眼睛。 (6) 保持心情愉悦，戒烟戒酒。 2. 表述要求如下：(2分) (1) 主题和数量合适。 (2) 表达方式突出重点，逻辑清晰。 (3) 结合主题提出的措施或建议：每个主题不少于3条。 (4) 语言简单易懂，适配老年人的理解能力。 (5) 结合老年人的具体情况（如职业、性格、爱好、家庭等）	5
评价照护效果（5分）	同“通用版”		

续　表

项目	类型	实操技能操作要求	分值
对选手综合评判（12 分）	同“通用版”		
合计			100

操作流程

操作视频

测试题

第五节　风险应对

项目导入

操作项目五十八　能识别老年人跌倒、压疮、走失、噎食、误吸、烫伤、冻伤、中毒、中暑的风险，及时报告并提供风险预防的措施

能识别老年人跌倒、压疮、走失、噎食、误吸、烫伤、冻伤、中毒、中暑的风险，及时报告并提供风险预防的措施操作流程及评分标准

学号：　　　　　　　　姓名：　　　　　　　　得分：

项目	类型	实操技能操作要求	分值
工作准备（10分）		同“通用版”	
沟通解释评估（15分）		同“通用版”	
关键操作技能（50分）	M8	1. 识别风险： （1）协助老年人取舒适体位。（3分） （2）观察影响老年人的相关危险因素（包括环境因素、生理因素、疾病因素和其他因素等），识别风险。（6分） （3）观察老年人居住、活动环境。（3分） （4）观察方法正确，观察全面。（2分） （5）询问老年人生活、活动习惯及家人的支持。（3分） （6）询问老年人的需求及不适症状。（3分） （7）如有异常，报告医务人员。（2分） （8）护理员一边与老年人交流，一边记录。（2分） （9）询问过程中语言要恰当合理，关注老年人感受。（2分） 2. 提出预防措施： （1）将观察、询问出的相关危险因素进行记录。（3分） （2）预防措施。 ①在老年人的衣服口袋里或挂饰上放入身份卡片，上面记录老年人的个人信息、养老机构或家人的联系方式及主要病症处理方法等内容。（2分） ②与老年人多沟通互动，要掌握老年人的去向，日常多给予其关心与帮助，让老年人内心满足、平和。（2分） ③给老年人配置可定位的手机、手表或其他电子产品，老年人可随身携带，定期或不定期查看电子产品的电量是否充足，随时可通过定位功能找到老年人，尽量避免意外发生。（2分）	50

续 表

项目	类型	实操技能操作要求	分值
关键操作技能（50分）	M8	④健康宣教：增强老年人防跌倒意识，告知老年人发生跌倒时的应急措施、跌倒发生后如何寻求帮助等。（2分） ⑤根据老年人的身体及心理状况进行定时与不定时评估，以便更好地掌握老年人的状况，完善下一步的护理措施，进行有针对性的健康指导。（2分） ⑥指导老年人坚持进行适宜的、规律的体育锻炼，以增强身体的协调性和平衡能力。（2分） ⑦指导老年人正确服药，不随意加减药物，以免副作用引发老年人跌倒。（2分） （3）向老年人解释说明预防风险的措施。（2分） （4）询问老年人是否理解。（2分） 3. 根据老年人意愿协助取舒适体位休息。（3分）	50
健康教育（8分）	M9	针对本次照护任务，照护过程中的注意事项如下： 1. 风险重在预防，每位老年人均有自己的生活习惯与性格特点，提出针对性的预防措施尤为重要。 2. 必要时需要及时就医或寻求专业人士的指导和帮助	3
	M10	1. 在照护过程中结合老年人情况开展有关糖尿病的健康教育，包括但不限于以下方面：（3分） （1）尽量摄入低脂、限盐（<6g/d）、高维生素、富含纤维素及易消化的食物；补充水分，每日应保证摄入1500~2000ml水。 （2）随身携带糖尿病信息卡，便于意外时急救；外出随身携带糖果、饼干等，以防低血糖发生。 （3）加强心理护理，保持情绪平稳，鼓励老年人树立信心。 2. 表述要求如下：（2分） （1）主题和数量合适。 （2）表达方式突出重点，逻辑清晰。 （3）结合主题提出的措施或建议：每个主题不少于3条。 （4）语言简单易懂，适配老年人的理解能力。 （5）结合老年人的具体情况（如职业、性格、爱好、家庭等）	5
评价照护效果（5分）	同“通用版”		
对选手综合评判（12分）	同“通用版”		
合计			100

操作项目五十九　能发现老年人跌倒、急性创伤、肌肉骨骼关节损伤等，并立即报告

能发现老年人跌倒、急性创伤、肌肉骨骼关节损伤等，并立即报告操作流程及评分标准

学号：　　　　　　　　姓名：　　　　　　　　得分：

项目	类型	实操技能操作要求	分值
工作准备（10分）		同“通用版”	
沟通解释评估（15分）		同“通用版”	
关键操作技能（50分）	M8	1. 初步判断：观察老年人受伤后意识是否清楚，是否能正确回答问题。（2分） 2. 安抚情绪： （1）采用积极语言，使用语言及非语言方式稳定老年人情绪。（2分） （2）给予老年人心理护理，减轻老年人心理压力。（2分） 3. 询问： （1）嘱老年人深呼吸，尽量减少肢体活动。（2分） （2）保持跌倒后的姿势，进行评估。（2分） 4. 现场评估： （1）排除晕厥：询问有无一过性晕厥的情况。（3分） （2）排除脑卒中或脑血管意外：询问、查看老年人是否有剧烈头痛、恶心呕吐、口角歪斜、言语不利、手脚无力等情况。（3分） （3）排除骨折：询问感觉最疼痛的部位。（3分） （4）排除腰脊髓受伤：询问大小便是否有失禁情况。（3分） （5）排除腰、背部肌肉受伤。（3分） （6）必要时，为老年人测量生命体征，如有异常，立即报告医护人员。（2分） （7）说出评估结果，记录老年人的症状及主诉。（2分） 5. 过程评估： （1）向老年人说明将协助老年人站立并转移到椅子上。（4分） （2）将椅子放在老年人健侧，检查椅子安全性。（2分） （3）协助并指导老年人自行缓慢起立。（2分） （4）全程保护老年人。（1分） （5）实施必要措施使老年人保暖。（1分） （6）给医生打电话汇报情况。（1分） （7）征询老年人感受，再次评估有无不适。（2分） 6. 征询老年人意见，选择正确的转移方式协助老年人取舒适体位休息。（4分） 7. 后续评估： （1）连续三天观察老年人皮肤、关节、生命体征等变化。（2分） （2）继续观察是否有外伤后的继发反应。（2分）	50

续　表

项目	类型	实操技能操作要求	分值
健康教育（8分）	M9	针对本次照护任务，照护过程中的注意事项如下： 1. 若老年人跌倒，切勿随意移动老年人，需要在原地观察老年人症状，并询问老年人有无不适，若无特殊情况方可协助老年人坐回椅子或坐回床上，不确定时应立即上报，寻求医护人员进行判断。 2. 若发现老年人有出血现象，可先适当止血包扎后再报告。 3. 若老年人有骨折等畸形表现，不可随意移动身体，需立即报告，协助医护人员转移老年人	3
	M10	1. 在照护过程中结合老年人情况开展预防跌倒的健康教育，包括但不限于以下方面：（3分） （1）坚持低盐、低脂、低胆固醇饮食。补充水分，应保证每日摄入1500～2000ml水。 （2）遵医嘱用药，不要私自加减药物或停药，避免因血压变化导致跌倒。 （3）加强心理护理，保持情绪平稳，鼓励老年人树立信心。 （4）进行体位转移时，应动作缓慢，避免因直立性低血压导致的跌倒。 2. 表述要求如下：（2分） （1）主题和数量合适。 （2）表达方式突出重点，逻辑清晰。 （3）结合主题提出的措施或建议：每个主题不少于3条。 （4）语言简单易懂，适配老年人的理解能力。 （5）结合老年人的具体情况（如职业、性格、爱好、家庭等）	5
评价照护效果（5分）	同“通用版”		
对选手综合评判（12分）	同“通用版”		
合计			100

操作项目六十　评估老年人跌倒、压疮、走失、噎食、误吸、烫伤、冻伤、中毒、中暑的风险，并制定出风险预防的措施及不良事件分析

评估老年人跌倒、压疮、走失、噎食、误吸、烫伤、冻伤、中毒、中暑的风险，并制定出风险预防的措施及不良事件分析操作流程及评分标准

学号：　　　　　　姓名：　　　　　　得分：

项目	类型	实操技能操作要求	分值
工作准备（10分）	同“通用版”		

续 表

项目	类型	实操技能操作要求	分值
沟通解释评估（15分）	同“通用版”		
关键操作技能（50分）	M8	1. 根据老年人身体情况及意愿，选择合适体位。（2分） 2. 护理员一边与老年人交流，一边记录老年人发生跌倒的经过。（2分） 3. 不良事件分析： （1）内在危险因素：包含但不限于药物因素、生理因素、病理因素、心理因素、其他因素等。（5分） （2）外在危险因素：包含但不限于环境因素、社会因素、其他因素等。（4分） （3）询问完毕，对老年人表示感谢和理解，能够进行安抚。（2分） （4）询问过程中语言要恰当合理，尊重老年人，关注老年人感受。（2分） （5）记录应完善、合理。（2分） 4. 改进措施： （1）向老年人解释影响老年人跌倒的因素有哪些。（4分） （2）沟通应语言恰当、合理，能有效沟通。（2分） 5. 风险预防措施： （1）向老年人说明预防跌倒的措施。（6分） （2）根据风险预防措施，实施其他有效措施，包括但不限于进行恰当健康宣教、遵医嘱用药等。（3分） （3）措施合理，不牵强。（2分） 6. 征求老年人对风险预防措施的意见。（2分） 7. 评估： （1）运用跌倒风险评估表进行复评并记录，评估内容不限于基本资料、既往史、意识状态、心理状态、疾病史、药物影响认知等。（6分） （2）根据跌倒风险评估量表得出评估结果，必要时，报告医护人员。（2分） （3）评估方法应正确。（2分） 8. 为老年人取舒适体位。（2分）	50
健康教育（8分）	M9	针对本次照护任务，照护过程中的注意事项如下： 1. 风险重在预防，每一位老年人均有自己的生活习惯和性格特点，提出针对性的预防措施尤为重要。 2. 必要时需要及时就医或寻求专业人士的指导和帮助。 3. 增强老年人安全意识，让老年人了解自身风险，了解跌倒导致的不良后果和预防跌倒的措施。 4. 与老年人沟通时语言简单易懂，尽量使用生活化语言，遵医嘱用药，禁止私自加减药物或停药，避免因血压变化导致跌倒。 5. 老年人变换体位时动作宜慢，避免因直立性低血压的发生引起跌倒	3
	M10	1. 在照护过程中结合老年人情况开展预防跌倒的健康教育，包括但不限于以下方面：（3分）	5

续 表

项目	类型	实操技能操作要求	分值
健康教育（8分）	M10	（1）日常应饮食均衡，注意三餐规律，营养搭配。补充蛋白质、钙，可以防止骨质疏松。补充水分，每日应保证摄入1500~2000ml水。 （2）随身携带信息卡，便于意外时急救；外出随身携带糖果、饼干等，以防低血糖发生。 （3）加强心理护理，保持情绪平稳，鼓励老年人树立信心。 （4）注意体重增长，减少体重加重对关节的损伤。 2. 表述要求如下：（2分） （1）主题和数量合适。 （2）表达方式突出重点，逻辑清晰。 （3）结合主题提出的措施或建议：每个主题不少于3条。 （4）语言简单易懂，适配老年人的理解能力。 （5）结合老年人的具体情况（如职业、性格、爱好、家庭等）	5
评价照护效果（5分）	同“通用版”		
对选手综合评判（12分）	同“通用版”		
合计			100

操作项目六十一　发现老年人急性创伤、肌肉骨骼关节损伤等，并做出初步的应急处置

发现老年人急性创伤、肌肉骨骼关节损伤等，并做出初步的应急处置操作流程及评分标准

学号：　　　　　　姓名：　　　　　　得分：

项目	类型	实操技能操作要求	分值
工作准备（10分）	同“通用版”		
沟通解释评估（15分）	同“通用版”		
关键操作技能（50分）	M8	1. 脱离热源： （1）护理员发现老年人烫伤，迅速到达现场，协助老年人脱离热源。（3分） （2）安抚老年人情绪。（2分）	50

续 表

项目	类型	实操技能操作要求	分值
关键操作技能（50分）	M8	2. 判断受伤情况： （1）判断烫伤部位，评估烫伤的面积、深度等。（2分） （2）判断烫伤的等级，遵循处理原则进行操作。（2分） 3. 冷却治疗： （1）快速在老年人患侧手边合适位置铺好防水护理垫，在护理垫上放置盛装冷水的水盆。（4分） （2）协助老年人将患手轻轻浸泡在冷水中进行“冷却治疗”。（4分） （3）冷水完全没过受伤部位。（3分） （4）观察老年人反应，做好老年人保暖措施。（3分） （5）“冷却治疗”30min，期间随时更换冷水保持水温。（3分） （6）用毛巾擦干患侧手，轻轻蘸干患侧手背，帮助老年人坐稳。（4分） （7）撤掉水盆和防水护理垫，放在护理车下层。（3分） （8）协助老年人回到床上休息，摇高床头，呈半卧位，整理床铺，支起床挡，检查床挡安全性。（3分） （9）在老年人胸腹前铺干净毛巾，将老年人患侧手手背向上摆放于干净毛巾上。（3分） （10）打开烫伤膏盖帽，用消毒棉棒在烫伤处涂上烫伤膏。（2分） （11）将烫伤膏盖好盖帽，放回治疗车上，将用过的棉棒放入医疗垃圾桶内。（3分） 4. 为老年人取舒适体位，盖好盖被，拉上床挡，将呼叫器放在健侧手边，嘱有需要时呼叫。（2分） 5. 报告： （1）报告医护人员老年人的受伤情况及采取的应急措施。（2分） （2）请医生进一步处理并通知家属。（2分）	50
健康教育（8分）	M9	针对本次照护任务，照护过程中的注意事项如下： 1. 若烫伤部位非手足，“冷却治疗”时，将受伤部位用毛巾包好再在毛巾上浇水或用冰块冷敷。 2. 若伤处水泡已破，不可浸泡，以防感染，可用无菌纱布或干净手帕包裹冰块冷敷伤处周围，并立即报告就医。 3. “冷却治疗”期间，要为老年人保暖，以免着凉。 4. 若穿着衣服或鞋袜的部位被烫伤，千万不要急忙脱去被烫部位的鞋袜或衣服，以免造成表皮随同鞋袜、衣服一起脱落。应先用冷水隔着衣服或鞋袜浇到伤处及周围，然后再脱去鞋袜或衣服，进行“冷却治疗”。 5. “冷却治疗”在烫伤后应立即进行，浸泡时间越早（5min内），水温越低（不能低于5℃，以免冻伤），效果越好	3
	M10	1. 在照护过程中结合老年人情况开展有关认知功能障碍的健康教育，包括但不限于以下方面：（3分） （1）建议起居规律，早睡早起。 （2）鼓励老年人通过多动手、多动脑、进行力所能及的家务活动，延缓病情进展，提高生活质量。 （3）饮食要合理：强调三高、三定、三低和两戒。	5

续　表

项目	类型	实操技能操作要求	分值
健康教育（8分）	M10	（4）心理护理：给予老年人尊重，减少外界不良刺激，可定时进行一些活动，稳定情绪。 （5）保持大便通畅，避免代谢产物干扰大脑功能。 2. 表述要求如下：（2分） （1）主题和数量合适。 （2）表达方式突出重点，逻辑清晰。 （3）结合主题提出的措施或建议：每个主题不少于3条。 （4）语言简单易懂，适配老年人的理解能力。 （5）结合老年人的具体情况（如职业、性格、爱好、家庭等）	5
评价照护效果（5分）	同“通用版”		
对选手综合评判（12分）	同“通用版”		
合计			100

操作项目六十二　配合医务人员对急救老年人进行安全转运

配合医务人员对急救老年人进行安全转运操作流程及评分标准

学号：　　　　　　　　　　姓名：　　　　　　　　　　得分：

项目	类型	实操技能操作要求	分值
工作准备（10分）	同“通用版”		
沟通解释评估（15分）	同“通用版”		
关键操作技能（50分）	M8	1. 安置老年人： （1）将老年人平卧于原地，切勿移动老年人。（2分） （2）安抚老年人情绪。（2分） 2. 医护人员到达现场，评估老年人的状况和伤情，选择铲式担架使用。（2分） 3. 沟通交流：	50

续 表

项目	类型	实操技能操作要求	分值
关键操作技能（50 分）	M8	（1）协助医生通知家属，向家属解释老年人病情及处理措施。（1 分） （2）指导家属在病情告知单、转院同意书上签字，存档。（1 分） 4. 配合移位： （1）在医生指导下，检查担架及各项开关完好。（3 分） （2）判断担架头侧、尾侧，打开担架双侧开关，将担架放置老年人身体一侧，粗测长度是否合适并适当调整，锁定卡扣。（3 分） （3）确定担架正确位置。（3 分） （4）在医生指导下，打开铲式担架头、尾侧卡扣，协助老年人稍侧身，分别将左右两片从老年人身体左右两侧插入，动作轻柔。（4 分） （5）按照从头到尾的顺序扣紧卡扣，为老年人枕好枕头。（3 分） （6）将小软垫分别垫于老年人两侧腰部和左侧腿部与担架的空隙处，使体位稳定舒适。（3 分） （7）为老年人整理衣服，将双手摆放于腹部，用固定带进行固定，盖好盖被。（5 分） （8）搬运时老年人脚向前，头向后。（3 分） （9）一位护理员在前，背对老年人足部，另一位护理员在后，面对老年人头部，两人协调动作，一起抬起担架。（4 分） （10）若老年人体重较大，应请多人帮助抬起。（2 分） 5. 转运老年人： （1）抬担架行走。行走时，前面人迈左脚，后面人迈右脚，前面人迈右脚，后面人迈左脚，保持担架平稳转运。（4 分） （2）配合医护人员将担架放到平车上，拉好护栏，推入急救车内并固定。（2 分） 6. 填写老年人转院记录单。（3 分）	50
健康教育（8 分）	M9	针对本次照护任务，照护过程中的注意事项如下： 1. 发现老年人跌倒，不要急于扶起，保持镇静，观察意识、呼吸、出血、头疼、呕吐、骨折等情况，若有骨折，在医护人员未到场之前，不要轻易移动，避免二次损伤。 2. 骨折部位禁止按摩、揉捏、热敷等，可用毛巾包裹冰袋冷敷 20～30min，以减轻疼痛和肿胀。 3. 转移骨折老年人，必须在医护人员指导下，使用专用车进行。最好呼叫“120”救护车转运，以防转运过程中发生意外。 4. 上肢和踝关节骨折可用轮椅转运。脊柱和下肢骨折要用硬板担架，不得用帆布担架转运。 5. 转运过程中，老年人头部向后，以便后面抬担架人员观察病情变化。 6. 老年人四肢不可靠近担架边缘，以免碰撞造成损伤	3
	M10	1. 在照护过程中结合老年人情况开展有关帕金森病的健康教育，包括但不限于以下方面：（3 分） （1）坚持低盐、低脂、低胆固醇、适量优质蛋白的易消化饮食，即多吃鱼类、核桃、芝麻等，少吃动物内脏、蛋黄等；多吃富含纤维素的新鲜蔬菜及水果，如芹菜、韭菜、香蕉等，及时补充水分，保持大便通畅，以减轻腹胀。 （2）保持良好的心态，规律生活，克服不良生活习惯和嗜好。	5

续 表

项目	类型	实操技能操作要求	分值
健康教育 （8 分）	M10	（3）放松和呼吸锻炼：身体尽可能舒服地仰卧。闭上眼睛，开始深而缓慢地呼吸，并放松全身肌肉。 （4）遵医嘱定时定量服药，避免私自加减药物或停药。 2. 表述要求如下：（2 分） （1）主题和数量合适。 （2）表达方式突出重点，逻辑清晰。 （3）结合主题提出的措施或建议：每个主题不少于 3 条。 （4）语言简单易懂，适配老年人的理解能力。 （5）结合老年人的具体情况（如职业、性格、爱好、家庭等）	5
评价照护效果 （5 分）	同“通用版”		
对选手综合评判 （12 分）	同“通用版”		
合计			100

操作流程

操作视频

测试题

第六节　失智照护

项目导入

操作项目六十三　识别和应对失智老年人的常见异常行为

识别和应对失智老年人的常见异常行为操作流程及评分标准

学号：　　　　　　　　姓名：　　　　　　　　得分：

项目	类型	实操技能操作要求	分值
工作准备（10分）	同“通用版”		
沟通解释评估（15分）	同“通用版”		
关键操作技能（50分）	M8	1. 观察、沟通： （1）认真观察老年人的日常生活情况。（2分） （2）观察老年人是否有不能正确处理问题、做事分不清主次等行为。（2分） （3）观察或询问老年人能否记起短时间内发生的事或刚刚发生过的事情。（2分） （4）观察老年人是否有计算错误、加减乘除不会计算等情况。（2分） （5）观察老年人是否出现地点定向、时间定向、人物定向等异常行为。（2分） （6）观察或询问老年人是否出现说话啰唆、答非所问、自言自语、缄默少语等行为。（2分） （7）观察方法正确，观察全面。（2分） （8）护理员一边与老年人交流，一边记录。（2分） （9）询问过程中语言要恰当合理，关注老年人感受。（2分） （10）记录应完善、合理。（2分） 2. 识别失智老年人的异常行为。（3分） 3. 应对老年人功能障碍： （1）根据老年人喜好，协助其选择合适的标识或自制彩色贴纸等。（2分） （2）陪同老年人将彩色贴纸贴到门上的合适位置。（2分） （3）与老年人整理摆放日常物品，固定位置，用标签标记。（2分） （4）叮嘱老年人将容易忘记的事情写在记录本上，时常查看。（2分） （5）叮嘱老年人找不到房间或找不到物品时，通过识别贴纸/标识找回。（2分） 4. 应对计算力障碍： （1）取出蔬菜水果模型及数字卡片摆放在合适的位置，便于和老年人沟通及展示卡片，引导老年人做好识别的心理准备。如“奶奶，现在我们做识别数字和买菜游戏，好吗？”向老年人说明游戏规则并示范。（3分） （2）与老年人一起识别数字、蔬菜水果模型，标记对应的价格。（4分）	50

续 表

项目	类型	实操技能操作要求	分值
关键操作技能（50分）	M8	（3）协助老年人运用加、减、乘、除进行计算游戏，由简到难，循序渐进地进行。（4分） 5. 询问老年人是否理解。（2分） 6. 活动过程中观察、询问老年人感受。如有不适，及时安排休息。对良好表现及时提出表扬和鼓励，以维持进行活动的兴趣。（2分） 7. 根据老年人意愿协助取舒适体位休息。（2分）	50
健康教育（8分）	M9	针对本次照护任务，照护过程中的注意事项如下： 1. 出现定向力障碍时老年人多会比较焦虑，要注意观察并及时进行心理疏导。 2. 对于有定向力障碍的老年人一定要细心观察，了解老年人的行踪，避免发生走失等意外情况。 3. 训练过程一定要循序渐进，不可强迫老年人。 4. 在训练过程中如果出现老年人情绪不稳定，或者训练失败，一定要立即终止，稍作休息，情况稳定后再继续。 5. 整个训练过程中要让老年人感到身心愉悦，才能让其获得自信心	3
	M10	1. 在照护过程中结合老年人情况开展关于高血压的健康教育，如疾病预防和康复、健康生活方式等，包括但不限于以下方面：（3分） （1）均衡饮食：饮食宜清淡、易消化，少食多餐，多吃蔬菜水果，通过合理的饮食，控制体重，以减轻心脏负担；补充水分，每日应保证摄入1500~2000ml水。 （2）遵医嘱定时、定量服用药物，避免私自加减药物或停药，更不能自行停药。 （3）健康的生活方式：早睡早起，避免熬夜，保证充足睡眠。 （4）加强心理护理，保持情绪平稳，鼓励老年人树立信心。 （5）注意保暖，预防上呼吸道感染。 2. 表述要求如下：（2分） （1）主题和数量合适。 （2）表达方式突出重点，逻辑清晰。 （3）结合主题提出的措施或建议：每个主题不少于3条。 （4）语言简单易懂，适配老年人的理解能力。 （5）结合老年人的具体情况（如职业、性格、爱好、家庭等）	5
评价照护效果（5分）	同“通用版”		
对选手综合评判（12分）	同“通用版”		
合计			100

操作项目六十四　为失智老年人提供安全的环境

为失智老年人提供安全的环境的操作流程及评分标准

学号：　　　　　　　　　姓名：　　　　　　　　　得分：

项目	类型	实操技能操作要求	分值
工作准备（10分）		同“通用版”	
沟通解释评估（15分）		同“通用版”	
关键操作技能（50分）	M8	1. 沟通： （1）与老年人进行沟通、说明，获得老年人的同意后，布置老年人的居住环境。（3分） （2）布置前，协助老年人到活动间坐下，参加活动。（2分） 2. 在老年人房间扶手、门框、转弯处用不同颜色的贴纸区分，尤其要采用对比度大的颜色。（5分） （1）常用的电灯、电器开关也要放大，以醒目的标记标识，方便老年人寻找和使用。（5分） （2）在老年人放衣服、裤子的柜子、抽屉上贴上衣服、裤子的图片。在厕所门上贴上马桶图片及字样，让老年人知道这是厕所。（5分） （3）在厕所抽水马桶边粘贴如厕步骤：“站稳，褪下裤子坐马桶，大小便后拉厕纸，擦屁股扔厕纸，穿好裤子冲冲水，出厕所洗洗手”。（5分） （4）在盥洗盆边粘贴刷牙步骤：“拿起牙刷挤牙膏，竖向刷牙，口杯接水漱口”。（5分） 3. 物品摆放： （1）将房间内的落地灯、小茶几、小凳子、落地花瓶等移走，有更多的空间让老年人能够通行无阻。（4分） （2）将镜子放置在不会产生反光的地方，避免自然人影、物体阴影或叠影等，易引起老年人妄想、幻觉，造成情绪失控。（4分） （3）在老年人的卧室及厕所门口、客厅安装小夜灯，夜间老年人起夜上厕所也不会害怕。（4分） 4. 选择合适的方式协助老年人回到房间。（3分） 5. 向老年人介绍房间的改动，询问老年人意见并记录。（5分）	50
健康教育（8分）	M9	针对本次照护任务，照护过程中的注意事项如下： 1. 在布置房间前，一定要获得老年人的同意才能进行布局改动。 2. 在布置过程中每做一点改动都要告知老年人，并尝试让老年人知道该如何使用。 3. 布置结束后，应注意观察老年人对布置后的房间的使用情况	3

续 表

项目	类型	实操技能操作要求	分值
健康教育 （8分）	M10	1. 在照护过程中结合老年人情况开展关于帕金森的健康教育，包括但不限于以下方面：（3分） （1）均衡饮食：摄取富含维生素、矿物质和抗氧化剂食物，如水果、蔬菜、全谷物、鱼类等，可以帮助维持大脑功能。 （2）建立规律的进餐时间和节奏，以帮助老年人建立稳定的饮食习惯。不要让老年人长时间挨饿或饱腹，以减少焦虑和行为异常。 （3）提供情感支持：与老年人建立亲密的关系，通过温暖的言语、轻拥或握手等方式传递情感上的支持。尽量避免冷漠和不关心的态度，给予老年人尊重和理解。 2. 表述要求如下：（2分） （1）主题和数量合适。 （2）表达方式突出重点，逻辑清晰。 （3）结合主题提出的措施或建议：每个主题不少于3条。 （4）语言简单易懂，适配老年人的理解能力。 （5）结合老年人的具体情况（如职业、性格、爱好、家庭等）	5
评价照护效果 （5分）		同“通用版”	
对选手综合评判 （12分）		同“通用版”	
合计			100

操作项目六十五　针对失智老年人特殊异常行为提供相应的应对措施

针对失智老年人特殊异常行为提供相应的应对措施操作流程及评分标准

学号：　　　　　　　　姓名：　　　　　　　　得分：

项目	类型	实操技能操作要求	分值
工作准备 （10分）		同“通用版”	
沟通解释评估 （15分）		同“通用版”	

续 表

项目	类型	实操技能操作要求	分值
关键操作技能（50分）	M8	1. 注意观察老年人每天中午的情绪激越行为并做好记录。（6分） 2. 与老年人沟通： （1）当老年人收拾、打包行李时，耐心询问其去向。（4分） （2）当老年人准备回家并向房外走去时，及时制止。（4分） 3. 提出解决措施： （1）待老年人停下脚步后，邀请老年人吃完午餐再回家。（4分） （2）告知老年人，您女儿（或儿子）说您吃完午餐后就带您回家。（5分） （3）如老年人不相信，可告知老年人给其子女打电话确认（先与其子女沟通，再请家属配合演戏）。（5分） （4）获得老年人同意后，取餐后陪同老年人在房间就餐。（7分） 4. 根据日常老年人活动爱好，请老年人讲课，转移老年人注意力，让其忘记要回家的事情。（5分） 5. 取计算题册到老年人房间，请老年人讲解题目。（5分） 6. 将餐具取走，协助老年人午睡。（5分）	50
健康教育（8分）	M9	针对本次照护任务，照护过程中的注意事项如下： 1. 掌握老年人容易发生情绪失控的时间段，注意观察老年人的行为。 2. 对老年人进行劝阻的过程中，切忌强硬阻拦，以防老年人受伤。 3. 当老年人出现言语攻击行为时，尤其是指向照护者，避免正面与老年人争吵，可暂时回避一会儿，让老年人慢慢安静下来	3
	M10	1. 在照护过程中结合老年人情况开展关于阿尔茨海默病的健康教育，包括但不限于以下方面：（3分） （1）均衡饮食：摄取富含维生素、矿物质和抗氧化剂食物，如水果、蔬菜、全谷物、鱼类等，可以帮助维持大脑功能。 （2）建立规律的进餐时间和节奏，以帮助老年人建立稳定的饮食习惯。避免让老年人长时间挨饿或饱腹，以减少焦虑和行为问题。 （3）安排易于理解的日常活动：建立稳定的日常生活节奏和活动，包括规律的饮食、锻炼、休息和娱乐。提前告知老年人并在日历或公告板上标示活动计划，以帮助他们理解。 （4）提供情感支持：与老年人建立亲密的关系，通过温暖的言语、轻拥或握手等方式传递情感上的支持。尽量避免冷漠和不关心的态度，给予老年人尊重和理解。 2. 表述要求如下：（2分） （1）主题和数量合适。 （2）表达方式突出重点，逻辑清晰。 （3）结合主题提出的措施或建议：每个主题不少于3条。 （4）语言简单易懂，适配老年人的理解能力。 （5）结合老年人的具体情况（如职业、性格、爱好、家庭等）	5

续 表

项目	类型	实操技能操作要求	分值
评价照护效果（5分）		同“通用版”	
对选手综合评判（12分）		同“通用版”	
合计			100

操作项目六十六　识别失智老年人的环境风险并制定应对措施

识别失智老年人的环境风险并制定应对措施的操作流程及评分标准

学号：　　　　姓名：　　　　得分：

项目	类型	实操技能操作要求	分值
工作准备（10分）		同“通用版”	
沟通解释评估（15分）		同“通用版”	
关键操作技能（50分）	M8	1. 在老年人情绪较稳定的时间里与其沟通，取得老年人的同意，调整老年人的居住环境，消除安全隐患。(3分) 2. 仔细观察老年人的房间，先识别房间内潜在的危险因素。(5分) 3. 居住环境调整： (1) 家具靠墙摆放，选择边缘光滑的家具或包好家具尖角，物品的颜色不要过于艳丽，以免老年人产生错觉或幻觉。(5分) (2) 沙发不要过软、过低，避免老年人难以站起。(3分) (3) 地面、墙面如有反光材料，进行适当遮挡修饰。(3分) (4) 避免房间出现阴暗面，整体照明应均匀，不要造成影子，避免老年人错认，导致恐惧心理。(3分) (5) 物品尽量摆放在老年人伸手可及的地方，避免其需要爬高或下蹲取物品。(3分) (6) 柜门处可粘贴标签（最好为图片，如衣物的图片），提醒老年人柜里摆放的是何种物品，避免其到处寻找。(3分) (7) 协助老年人保持床铺和储物柜的整洁。(3分) (8) 在显眼的位置摆放日历和钟表，提醒老年人时间。(3分) (9) 不要摆放容易打碎的物品。(3分)	50

续 表

项目	类型	实操技能操作要求	分值
关键操作技能（50 分）	M8	（10）避免使用玻璃和镜子作为装饰，以免老年人不认识镜子中的自己，产生错觉和妄想。（3 分） （11）及时清理过期食品。（3 分） 4. 询问老年人是否理解。（3 分） 5. 根据老年人意愿协助取舒适体位休息。（4 分）	50
健康教育（8 分）	M9	针对本次照护任务，照护过程中的注意事项如下： 1. 在帮助老年人改动房间时，如果老年人不同意，应及时停止，不可强迫。 2. 每做一处改动时，要告知老年人。 3. 改动结束后要注意观察针对改动后的房间老年人是否感受到舒适	3
	M10	1. 在照护过程中结合老年人情况开展有关阿尔茨海默病的健康教育，包括但不限于以下方面：（3 分） （1）提供丰富多样的食物选择，以增加老年人摄入营养的多样性。尽量避免单调的饮食，以免营养不均衡。简化饮食可能更容易接受和消化。提供易于咀嚼和吞咽的软食或切碎食物，以减少吞咽困难和危险。 （2）鼓励自主性：尽可能给予老年人自主做决策的机会，如选择着装、饮食等。鼓励其保持独立性和自尊心。 （3）创建结构化的日常生活：为老年人提供一个有规律、可预测的日常生活环境，如固定的起床时间、用餐时间和睡觉时间。使用清晰明确的日程表和提示，帮助其记住日常活动。 2. 表述要求如下：（2 分） （1）主题和数量合适。 （2）表达方式突出重点，逻辑清晰。 （3）结合主题提出的措施或建议：每个主题不少于 3 条。 （4）语言简单易懂，适配老年人的理解能力。 （5）结合老年人的具体情况（如职业、性格、爱好、家庭等）	5
评价照护效果（5 分）	同“通用版”		
对选手综合评判（12 分）	同“通用版”		
合计			100

操作流程

操作视频

测试题

第七节　安宁服务

操作项目六十七　为临终老年人提供沟通和陪伴

为临终老年人提供沟通和陪伴操作流程及评分标准

学号：　　　　　　　　姓名：　　　　　　　　得分：

项目	类型	实操技能操作要求	分值
工作准备（10分）	同“通用版”		
沟通解释评估（15分）	同“通用版”		
关键操作技能（50分）	M8	1. 取合适体位： （1）根据老年人身体和床具情况，选择合适体位，以老年人切身感受舒适为宜。（3分） （2）根据老年人提出的体位要求，协助老年人垫软枕，保持舒适稳定。（3分） （3）操作中方法正确。（2分） （4）注意老年人反应及沟通。（2分） 2. 沟通： （1）坐在老年人床旁椅子上，俯身接近老年人。（2分） （2）用关切的语言对老年人的身体状况进行询问和了解，根据老年人临终前的身体状况的分期，提供支持和陪伴。（2分） **临终状态准备期**（生命剩余几个月）： （1）确保老年人在舒适空间，与老年人和家属建立和谐信任关系。（2分） （2）与老年人和家属沟通，尊重老年人和家属的意见。（2分） （3）对老年人的病痛和症状予以专业的全面身心评估，确定个性化护理方案。（2分） **临终状态开始期**（生命剩余几周）： （1）用温和的语言与老年人进行交流，使老年人和家属有充分的心理准备。（2分） （2）根据病情和医嘱，适当调整使用的药物及其服用剂量。（2分） （3）对老年人提供特殊照顾，帮助临终老年人维持正常的生活形态。（2分） （4）鼓励临终老年人与家属之间多多沟通和互助。（2分） （5）护理人员耐心聆听老年人的诉说，发挥内在力量给予老年人的情感、身心最大的安慰和最有力的支持。（2分） （6）向临终老年人、家属和所有受死亡阴霾笼罩的亲友提供温暖的照料和帮助，并考虑他们的处境。（2分） **临终老年人危险症状期**（生命剩余几天）：	50

续 表

项目	类型	实操技能操作要求	分值
关键操作技能（50分）	M8	（1）用语言和肢体语言给老年人支持、陪伴、安抚，保持舒适姿势，减轻痛苦。（2分） （2）朋友和熟悉的人与老年人会面，平静地过渡和准备接受死亡教育。（2分） （3）支持家人、亲属会聚，为老年人提供晚期关怀。（2分） （4）与老年人或家属沟通，确保后援医院。（2分） **临终老年人晚期**（生命剩余几个小时或临时瞬间）： （1）为老年人提供保持独立性、隐私性需要的空间。（2分） （2）频繁探访和巡视，正确把握病情和身体状况。（2分） （3）建立临终体征记录，把握临终征兆，支持家属护理，并随时报告医生或医院。（2分） 3. 整理： （1）操作方法正确，注意保暖。（2分） （2）注意观察老年人反应及沟通交流。（2分）	50
健康教育（8分）	M9	针对本次照护任务，照护过程中的注意事项如下： 1. 真诚、坦率地与老年人和家属沟通，理解鼓励他们，缓解紧张。 2. 满足老年人的心理需要，帮助老年人减轻痛苦。 3. 保持环境整洁、安静。 4. 要有足够的耐心、爱心，认真聆听。 5. 鼓励家属共同参与慰藉临终老年人	3
	M10	1. 在照护过程中结合老年人情况，对老年人及家属开展死亡教育，包括但不限于以下方面：（3分） （1）当老年人的生命已无法拯救，且病情在不断恶化时，要有同情心，同理心。 （2）正确对待疾病，用老年人和家属可以接受的方式，做好充分思想准备。 （3）树立正确的生命观，改善和提高临终老年人的末期生命质量。 （4）让老年人在生命的最后阶段得到心灵慰藉，使老年人和家属感受到温暖和关爱。 （5）保守好老年人及家属的隐私。 2. 表述要求如下：（2分） （1）主题和数量合适。 （2）表达方式突出重点，逻辑清晰。 （3）结合主题提出的措施或建议：每个主题不少于3条。 （4）语言简单易懂，适配老年人的理解能力。 （5）结合老年人的具体情况（如职业、性格、爱好、家庭等）	5
评价照护效果（5分）	同“通用版”		
对选手综合评判（12分）	同“通用版”		
合计			100

操作项目六十八　进行遗体清洁、遗物整理

进行遗体清洁、遗物整理操作流程及评分标准

学号：　　　　　　　　姓名：　　　　　　　　得分：

项目	类型	实操技能操作要求	分值
工作准备（10分）		同“通用版”	
沟通解释评估（15分）		同“通用版”	
关键操作技能（50分）	M8	1. 与老年人家属沟通： （1）携用物至老年人床旁。（1分） （2）安慰老年人家属并征求其意见，协助擦拭老年人遗体（老年人家属可以在一旁守候，也可在房间外等候）。（2分） （3）操作中方法正确。（2分） （4）注意与老年人家属的沟通技巧及老年人家属反应。（2分） 2. 擦拭遗体： （1）戴好橡胶手套。（2分） （2）撤除各种治疗用物，伤口或针眼更换新的敷料，粘贴牢固（有明显胶布痕迹处可用汽油擦拭去除）。（3分） （3）轻抚老年人眼睑片刻，使其闭合双眼，上托下颌片刻，使其闭合口唇。（3分） （4）打开遗体料理包，持镊子夹取棉球填塞老年人“七窍”，即口咽、双鼻孔、双耳孔、阴道及肛门。（3分） （5）使用温热湿毛巾按脸、上肢、胸、腹、背、臀、下肢的顺序依次清洁老年人遗体，使皮肤干净，无污渍。（3分） （6）用梳子顺着头发的纹理自然梳理头发，长发可梳理后扎成辫子，使老年人头发整齐，无打结。（2分） （7）为老年人更换清洁衣裤。（2分） （8）将大单盖于老年人遗体上。（2分） 3. 整理用物： （1）倾倒水盆。（1分） （2）右手捏住左手手套外面脱下，左手伸进右手手套内，侧面翻转手套脱下右手手套，双手捏住口罩带子摘下口罩装入医用黄色垃圾袋内。（3分） （3）请老年人家属向遗体告别。（2分） 4. 遗物分类清点并记录： （1）戴好橡胶手套。（2分） （2）由两名护理员与老年人家属共同清点老年人遗物并分类放置。（2分）	50

续 表

项目	类型	实操技能操作要求	分值
关键操作技能（50分）	M8	（3）一名护理员将衣物、书籍、日常用品分类打包并口述名称和件数。（2分） （4）另一名护理员及时记录，填写“老年人物品登记表”。（2分） （5）两名护理员在“老年人物品登记表”上签全名。（2分） （6）将遗物及“老年人物品登记表”与老年人家属核对并交接，老年人家属在登记表上签全名。（2分） （7）“老年人物品登记表”至少留存一年。（1分） （8）操作方法正确，注意人文关怀。（2分） （9）注意沟通交流并及时观察老年人家属反应。（2分）	50
健康教育（8分）	M9	针对本次照护任务，照护过程中的注意事项如下： 1. 老年人死亡后，遵照老年人家属意愿进行或协助其进行老年人遗体清洁工作。 2. 填塞“七窍”时，应避免填塞物外露。 3. 老年人遗物需两个人同时在场清点，且最好老年人家属在场。 4. 对于贵重物品，应先行记录并由主管领导妥善保管。 5. “老年人物品登记表”至少留存一年。 6. 若为传染病老年患者，应将其物品单独放置，并按规定销毁	3
	M10	1. 在照护过程中结合老年人情况，对老年人家属开展哀伤辅导，包括但不限于以下方面：（3分） （1）接纳亲人的离开：失去至亲有时候难以接受，逐渐调整自己，接纳亲人离去的事实。 （2）处理悲伤的情绪：接受亲人离世是悲伤的过程，不要压抑忽略悲伤的情绪，作为身边的人也要给哀伤的人提供支援和疏导悲伤情绪。 （3）调整和适应失去亲人的生活：包括生活规律的调整，生活习惯的改变，家庭责任的承担及分配等。 （4）让生活重回正轨，随着时间的流逝帮助减轻心灵的悲伤，积极健康地面对生活。 2. 表述要求如下：（2分） （1）主题和数量合适。 （2）表达方式突出重点，逻辑清晰。 （3）结合主题提出的措施或建议：每个主题不少于3条。 （4）语言简单易懂，符合老年人家属当下的心情和感受。 （5）结合老年人家属的具体情况（如职业、性格、爱好、家庭等）	5
评价照护效果（5分）	同“通用版”		

续 表

项目	类型	实操技能操作要求	分值
对选手综合评判（12分）	同“通用版”		
合计			100

操作项目六十九　进行终末消毒

进行终末消毒操作流程及评分标准

学号：　　　　姓名：　　　　得分：

项目	类型	实操技能操作要求	分值
工作准备（10分）	同“通用版”		
沟通解释评估（15分）	同“通用版”		
关键操作技能（50分）	M8	1. 撤被服： （1）打开房门，开窗通风，保持室内空气清新。（1分） （2）将床旁椅移动至床尾远离床，套白色垃圾袋。（1分） （3）治疗车旁挂黄色垃圾袋。（1分） （4）护理员站到床尾拆被套，将污染被套置于床单中间。（2分） （5）拆卸床单，将被套裹进床单；拆枕套；将枕套卷翻过来将裹好被套的床单一并包入枕套内。（2分） （6）动作轻柔，避免大的抖动，避免灰尘飞扬。（1分） （7）撤出来的床单、被套等不能直接扔在地面上，应将卷好的床上用品放在白色塑料袋里。（2分） （8）用免洗洗手液净手。（1分） （9）将白色塑料袋置于椅子上并打结。（2分） （10）在白色塑料袋的显著位置标上明显标记“感染性物品”等字（使用马克笔书写）。（2分） （11）执行手卫生；摘手套；放在黄色医用垃圾袋中。（1分） （12）执行手卫生；脱一次性隔离衣；放在黄色医用垃圾袋中。（1分） （13）执行手卫生；摘口罩；放在黄色医用垃圾袋中。（1分） （14）执行手卫生；摘帽子；放在黄色医用垃圾袋中。（1分） （15）将黄色医用垃圾袋放入医疗垃圾周转桶。（1分） （16）将装有污染被套的白色塑料袋拿到洗衣房，按照感染洗涤方法处理（口述）。（2分）	50

续 表

项目	类型	实操技能操作要求	分值
关键操作技能（50分）	M8	2. 居室紫外线消毒： （1）执行手卫生；戴帽子；口罩。（2分） （2）打开所有柜门、抽屉，翻转床垫，关闭门窗。（2分） （3）将紫外线车携至床旁，打开灯管门的铁扣，轻轻将灯管抬平。（2分） （4）连接电源，顺时针旋转时间控制按钮，调节消毒时间。（2分） （5）照射完成后，打开日光灯，拔掉电源插头，断开电源。（2分） （6）向下轻按灯管，将其放回保护门内并扣好铁扣。（2分） （7）拉开窗帘，打开门窗，记录消毒时间。（2分） 3. 房间消毒液消毒： （1）向脸盆内倒入适量配制好的消毒液。（2分） （2）将需要浸泡的物品，如餐（茶）具、老年人使用的物品等放入消毒液中浸泡。（2分） （3）用抹布蘸取消毒液对家具、床具、墙面、窗台等进行擦拭。（2分） （4）用拖布蘸取消毒液拖地。（2分） （5）将浸泡的物品取出，用清水刷洗干净后晾干，剩余消毒液倒入水池。（2分） 4. 整理： （1）开窗通风30min。（1分） （2）把物品用治疗车推到床旁铺备用床，整理床单位。（1分） （3）擦拭治疗车。（1分） （4）记录终末消毒时间。（1分）	50
健康教育（8分）	M9	针对本次照护任务，照护过程中的注意事项如下： 1. 操作过程中注意个人防护，穿隔离衣、戴好口罩、帽子。 2. 根据消毒液的使用说明按要求配比和使用。 3. 一般选用0.05%的含氯消毒液擦拭物品表面。 4. 房间内所有的物品须经过终末消毒后方可进行清洁、处理。 5. 至少开窗通风30min。 （一条1分，满足3条即可）	3
	M10	在照护过程中结合老年人情况开展健康教育，如疾病预防和康复、健康生活方式等，要求如下： （1）房间空气的消毒方法：可用熏蒸、使用紫外线灯照射。 （2）地面家具的消毒方法：可使用消毒剂喷洒、擦拭。 （3）枕芯被褥的消毒方法：日光下暴晒6h以上。 （4）医疗用具（如金属、橡胶、搪瓷、玻璃类）的消毒方法：擦拭、消毒液浸泡、煮沸、高压灭菌等。 （5）体温计、听诊器的消毒方法：可使用75%的乙醇浸泡、擦拭。 （6）日常用物（如餐具、水杯、便器等）的消毒方法：可使用含氯消毒液浸泡。 （7）垃圾要集中焚烧。 （一条1分，满足5条即可）	5

续 表

项目	类型	实操技能操作要求	分值
评价照护效果（5分）	同“通用版”		
对选手综合评判（12分）	同“通用版”		
合计			100

操作项目七十　协助对临终老年人家属提供心理慰藉和哀伤应对

协助对临终老年人家属提供心理慰藉和哀伤应对操作流程及评分标准

学号：　　　　　　姓名：　　　　　　得分：

项目	类型	实操技能操作要求	分值
工作准备（10分）	同“通用版”		
沟通解释评估（15分）	同“通用版”		
关键操作技能（50分）	M8	1. 观察记录： （1）观察和测量临终老年人的状态、情绪及生命体征等，并进行详细记录。（3分） （2）根据临终老年人身体状况，协助临终老年人垫软枕，保持临终老年人舒适、状态稳定。（3分） （3）操作方法正确，避免给临终老年人带来刺激和不适。（2分） （4）对临终老年人的病痛和症状予以专业的全面身心评估，确定个性化护理方案。（2分） （5）操作时要注意观察临终老年人及其家属的反应。（2分） 2. 沟通与实施： （1）与临终老年人家属建立和谐信任关系。（2分） （2）重点了解他们的文化素养和宗教背景，包括临终老年人及其家属原先对死亡有什么看法。（3分） （3）了解老年人家属当下面对死亡或即将丧亲的情况下，恐惧、担心、忧虑的是什么。（3分） （4）用关切、温和的语言对临终老年人的身体状况进行告知，使老年人家属有充分的心理准备。（2分）	50

续 表

项目	类型	实操技能操作要求	分值
关键操作技能（50分）	M8	(5) 提高老年人家属对病情恶化信息的心理承受能力，从心理上对死亡做好充足的准备，能端正自己对死亡的认识，提高身心整体照护的能力。(3分) (6) 及时与老年人家属沟通，评估老年人家属的状况和需求，并尊重老年人家属的意见。(2分) (7) 鼓励老年人家属对临终老年人进行亲情呵护与陪伴。(2分) (8) 耐心地倾听老年人家属的诉说，运用温暖的语言和真诚的眼神与老年人家属交流。(2分) (9) 用适当的肢体语言与老年人家属进行交流，如“握握手”“拍拍肩”等，使老年人家属放松心态，缓解紧张情绪。(3分) (10) 减轻老年人家属的精神痛苦，保证其健康。(2分) (11) 发挥亲情的力量，让周围的亲友给予其情感、身心安慰和最有力的支持。(2分) 3. 操作过程中： (1) 为老年人及其家属提供独立且能保护其隐私的空间。(2分) (2) 加强探访和巡视，正确把握老年人病情和身体状况。(2分) (3) 把握临终征兆，支援老年人家属护理，并随时报告医生。(2分) (4) 操作中注意方法是否正确。(2分) (5) 注意观察老年人家属反应及诉求。(2分) (6) 与老年人家属沟通过程中注意语气、语调与方式。(2分)	50
健康教育（8分）	M9	针对本次照护任务，照护过程中的注意事项如下： 1. 真诚、坦率地与老年人家属沟通，理解并鼓励他们，缓解其紧张情绪。 2. 满足老年人家属的心理需要，减轻他们的痛苦。 3. 保持环境整洁、安静。 4. 要有足够的耐心、爱心，认真聆听。 5. 鼓励老年人家属共同参与慰藉临终老年人	3
	M10	1. 在照护过程中结合老年人情况，对老年人及家属开展死亡教育，包括但不限于以下方面：(3分) (1) 当老年人的生命已无法拯救，且病情在不断恶化时，要有同情心，同理心。 (2) 正确对待疾病，用老年人及其家属可以接受的方式，让其做好充分思想准备。 (3) 树立正确的生命观，改善和提高临终老年人的末期生命质量。 (4) 让老年人在生命的最后阶段得到心灵慰藉，使老年人及其家属感受到温暖和关爱。 (5) 保护老年人及其家属的隐私。 2. 表述要求如下：(2分) (1) 主题和数量合适。 (2) 表达方式突出重点，逻辑清晰。 (3) 结合主题提出的措施或建议：每个主题不少于3条。 (4) 语言简单易懂，适配老年人及其家属的理解能力。 (5) 结合老年人的具体情况（如职业、性格、爱好、家庭等）	5

续 表

项目	类型	实操技能操作要求	分值
评价照护效果（5分）	同“通用版”		
对选手综合评判（12分）	同“通用版”		
合计			100

操作项目七十一　协助老年人家属处理后事

协助老年人家属处理后事操作流程及评分标准

学号：　　　　姓名：　　　　得分：

项目	类型	实操技能操作要求	分值
工作准备（10分）	同“通用版”		
沟通解释评估（15分）	同“通用版”		
关键操作技能（50分）	M8	1. 与老年人家属沟通： （1）与老年人家属建立和谐信任关系。（2分） （2）重点了解他们的文化素养和宗教背景，包括老年人和家属原先对死亡有什么看法。（3分） （3）了解老年人家属当下面对死亡和丧亲的情况下，恐惧、担心、忧虑的是什么。（2分） （4）用关切、温和的语言与老年人家属沟通，使老年人家属得到充分的情感支持。（2分） （5）提高老年人家属对死亡信息的心理承受能力，从心理上对死亡做好充足的准备，能端正自己对死亡的认识，提高身心整体照护的能力。（3分） （6）及时评估老年人家属的状况和需求，并尊重老年人家属的意见。（2分） （7）耐心地倾听老年人家属的诉说，运用温暖的语言和真诚的眼神与老年人家属交流。（2分） （8）用适当的肢体语言与老年人家属进行交流，如“握握手”“拍拍肩”等，使老年人家属放松心态，缓解紧张情绪。（3分） （9）减轻老年人家属的精神痛苦，保证其健康。（2分） （10）发挥亲情的力量，让周围的亲友给予老年人家属情感、身心安慰和最有力的支持。（2分）	50

续 表

项目	类型	实操技能操作要求	分值
关键操作技能（50分）	M8	2. 协助帮忙： （1）协助联系医生开具死亡证明，填写死亡通知单，通知有关亲属。（2分） （2）说服老年人家属控制悲伤情绪，主动配合，对老年人进行遗体料理。（2分） （3）擦洗清洁遗体，让老年人闭合双眼和口唇；棉球填塞老年人“七窍”，即口咽、双鼻孔、双耳孔、阴道及肛门。（3分） （4）用温热湿毛巾按脸、上肢、胸、腹、背、臀、下肢的顺序依次清洁老年人遗体，使皮肤干净，无污渍；梳理头发，无打结。（3分） （5）协助老年人家属为老年人穿寿衣，让老年人干干净净地离去，再用大单包裹遗体，用大头针将遗体鉴别卡别在裹尸单上。（3分） （6）协助老年人家属将遗体送至太平间。（2分） 3. 做好善后服务工作： （1）协助老年人家属做好善后服务，如遗体的火化。（2分） （2）协助老年人家属举行告别仪式，准备丧葬仪式的物品、相关场地、资料等。（2分） （3）始终保持尊重死者的态度，尊重老年人家属的意见，注意死者的宗教信仰和民族习惯。（2分） （4）尽量减少对邻里和周围人的影响和打扰，避免对其他人造成不良刺激。（2分） （5）对老年人的用物，彻底消毒后再处理，特别是患有传染病的老年人，严格执行隔离消毒程序，以免给老年人家属和社会带来危害。（2分） （6）妥善料理遗嘱和遗物，清点保管好交由老年人家属，既避免日后发生矛盾，也是对去世老年人的告慰和纪念。（2分）	50
健康教育（8分）	M9	针对本次照护任务，照护过程中的注意事项如下： 1. 真诚、坦率地与老年人家属沟通，理解并鼓励他们，缓解其紧张情绪。 2. 陪伴并以适当的语言安慰老年人家属应对哀伤情绪，减轻他们的痛苦。 3. 要有足够的耐心、爱心，认真聆听。 4. 协助处理事务时，需要及时与老年人家属沟通，尽力依照其意愿来处理	3
	M10	1. 在照护过程中结合老年人情况，对老年人家属开展死亡教育，包括但不限于以下方面：（3分） （1）当老年人的生命已无法拯救，且病情在不断恶化时，要有同情心、同理心。 （2）正确对待疾病，用老年人家属可以接受的方式，让其做好充分的思想准备。 （3）树立正确的生命观，改善和提高临终老年人的末期生命质量。 （4）让老年人在生命的最后阶段得到心灵慰藉，使老年人家属感受到温暖和关爱。 （5）保护好老年人及家属的隐私。 2. 表述要求如下：（2分） （1）主题和数量合适。 （2）表达方式突出重点，逻辑清晰。 （3）结合主题提出的措施或建议：每个主题不少于3条。 （4）语言简单易懂，适配老年人和家属的理解能力。 （5）结合老年人的具体情况（如职业、性格、爱好、家庭等）	5

续　表

项目	类型	实操技能操作要求	分值
评价照护效果（5分）	同“通用版”		
对选手综合评判（12分）	同“通用版”		
合计			100

操作流程

操作视频

测试题

第三章　康复服务技术

第一节　体位转移

项目导入①

操作项目七十二　为老年人正确摆放体位

为老年人正确摆放体位操作流程及评分标准

学号：　　　　　　姓名：　　　　　　得分：

项目	类型	实操技能操作要求	分值
工作准备（10分）	同“通用版”		
沟通解释评估（15分）	同“通用版”		
关键操作技能（50分）	M8	1. 仰卧位： （1）打开盖被，S形折叠至对侧，寒冷天气应注意保暖。（2分） （2）将老年人患侧上肢的关节伸展并放在长软枕上，手心向上，手指分开。（4分） （3）在老年人患侧臀部外侧垫薄软枕，支撑患侧髋部。（2分） （4）踝关节背屈，保持足尖向上，防止足部下垂。（2分） 2. 健侧卧位： （1）协助老年人翻身至健侧卧位。（2分） （2）将老年人头部固定在枕头上。（2分） （3）在老年人背后放大软枕，使身体放松，让老年人身体略前倾。（2分） （4）将老年人健侧上肢自然放置。（2分） （5）将老年人患侧上肢向前平伸，下垫长软枕，使患侧上肢和身体呈90°～130°角，肘伸直，手腕、手指伸展放在软枕上，避免腕、手悬空。（5分） （6）在老年人患侧下肢垫软枕，下肢摆放在一步远的位置，髋膝关节自然屈曲，避免足悬空。（5分） （7）将老年人健侧下肢自然伸直，膝关节自然屈曲。（2分） 3. 患侧卧位： （1）协助老年人翻身至患侧卧位。（2分）	50

① 请扫该二维码获取操作项目的案例描述、任务要求和用物清单。

续 表

项目	类型	实操技能操作要求	分值
关键操作技能（50分）	M8	（2）将老年人头部固定在枕头上。（2分） （3）在老年人背后放大软枕，使老年人身体略后仰，靠在枕头上，身体放松。（2分） （4）将老年人患侧上肢向前平伸放在软枕上，与身体呈 80°～90°，肘关节尽量伸直，手指张开，手心向上。（5分） （5）将老年人健侧上肢自然放于身上。（2分） （6）老年人患侧下肢髋部伸展，微屈膝。（2分） （7）将老年人健侧下肢摆放成踏步姿势，下垫软枕，膝关节和踝关节自然微屈。（5分）	50
健康教育（8分）	M9	针对本次照护任务，照护过程中的注意事项如下： 1. 康复训练应在专业康复治疗师指导下进行。 2. 仰卧位时间尽量减少，防止骶尾部、足跟、外踝处皮肤发生压疮，避免被子太重，压迫偏瘫足，造成足尖外旋。 3. 注意每 2h 给老年人翻身，变换体位	3
	M10	1. 在照护过程中结合老年人情况开展预防压疮的健康教育，包括但不限于以下方面：（3分） （1）避免局部长期受压，对头发遮挡的部位要注意认真检查。 （2）长期卧床的老年人可使用充气床垫。 （3）根据老年人的身体状况加强营养，对病情允许的老年人，鼓励其摄入高蛋白、高纤维素、富含锌和铁的食物。 （4）鼓励老年人尽量做力所能及的活动，如下床、关节自主运动等，以促进静脉回流，起到预防压疮的作用。 （5）加强心理护理，鼓励老年人树立信心。 2. 表述要求如下：（2分） （1）主题和数量合适。 （2）表达方式突出重点，逻辑清晰。 （3）结合主题提出的措施或建议：每个主题不少于 3 条。 （4）语言简单易懂，适配老年人及保姆的理解能力。 （5）结合老年人的具体情况（如职业、性格、爱好、家庭等）	5
评价照护效果（5分）	同“通用版”		
对选手综合评判（12分）	同“通用版”		
合计			100

操作项目七十三　协助老年人进行各种体位转换

协助老年人进行各种体位转换操作流程及评分标准

学号：　　　　　　姓名：　　　　　　得分：

项目	类型	实操技能操作要求	分值
工作准备（10分）	同“通用版”		
沟通解释评估（15分）	同“通用版”		
关键操作技能（50分）	M8	1. 协助老年人床上自主翻身： （1）自主向患侧翻身训练： ①护理员站在患侧保护，老年人仰卧在床，指导老年人头部转向患侧。（2分） ②指导老年人健侧手握住患侧手放在腹部，双手叉握，患侧手拇指压在健侧拇指上。（3分） ③指导老年人健侧腿屈膝，脚平放于床面，指导老年人双手上肢前伸，与躯干呈90°，指向天花板。（3分） ④指导老年人用健侧上肢的力量带动患侧上肢做左右侧方摆动2~3次，当摆向患侧时，借助惯性使双上肢和躯干一起翻向患侧。（3分） （2）自主向健侧翻身训练： ①护理员站在健侧保护，老年人仰卧在床，指导老年人头部转向健侧。（2分） ②指导老年人健侧手握住患侧手放在腹部，双手叉握，患侧手拇指压在健侧手拇指上。（3分） ③指导老年人健侧腿屈膝，插入患侧腿下方，钩住患侧踝部。（2分） ④指导老年人双上肢前伸与躯干呈90°，指向天花板。（2分） ⑤指导老年人用健侧上肢的力量带动患侧上肢做左右侧方摆动2~3次，借助惯性使双上肢和躯干一起翻向健侧。（3分） 2. 协助老年人从仰卧位到床边坐起： （1）协助坐起： ①站在老年人将要坐起一侧的床边，协助老年人翻身呈侧卧位。（2分） ②协助老年人将双下肢垂放在床边，一手从老年人颈肩下方插入，放置在颈后，另一手扶老年人髋部以髋部为轴，协助老年人向上坐起，转换体位为坐位。（3分） （2）协助躺下： ①双手扶住老年人肩部，嘱咐老年人用健侧手支撑床面，慢慢向床上倒下，躺在床上，协助老年人将双下肢移动到床上。（3分） ②协助老年人调整至舒适卧位。（2分） 3. 协助老年人从坐到站、从站到坐的体位转换： （1）协助从坐到站： ①老年人坐在椅子上，身体尽量挺直，两脚平放，与肩同宽，患侧脚稍偏后。（3分）	50

续 表

项目	类型	实操技能操作要求	分值
关键操作技能（50 分）	M8	②老年人双手十指相扣，患侧拇指在上，双臂向前伸出。（2 分） ③护理员站在老年人对面，靠近患侧，弯腰屈膝，一手扶住老年人健侧手臂，另一手从老年人患侧身后抓住老年人的保护腰带。（2 分） ④引导老年人身体前倾，重心向患侧压，并协助老年人臀部离开椅子，慢慢站起并调整重心至双脚之间。（3 分） （2）协助从站到坐： ①老年人站在椅子前面，保持上身挺直，身体前倾，屈髋屈膝。（2 分） ②协助老年人慢慢向后向下移动臀部，坐在椅子上。（2 分） ③护理员站在老年人患侧，一手扶住患侧手臂，另一手从老年人身上抓住保护腰带，跟随老年人的节奏慢慢弯腰屈膝，协助老年人坐下。（3 分）	50
健康教育（8 分）	M9	针对本次照护任务，照护过程中的注意事项如下： 1. 训练过程中随时观察老年人反应，及时擦拭汗液，避免着凉，有进步表现时及时给予鼓励，发现异常，应立即停止训练并报告医护人员。 2. 对留置输液、导尿管的老年人转换体位前先将管路妥善安置、固定，转换体位后注意检查管路，确保通畅。 3. 体位转换时要注意保护老年人安全。 4. 训练要循序渐进，持之以恒。 5. 康复训练要在专业康复师的指导下有计划性、规律性地进行	3
	M10	1. 在照护过程中结合老年人情况开展预防压疮的健康教育，包括但不限于以下方面：（3 分） （1）避免局部长期受压，对头发遮挡的部位要注意认真检查。 （2）长期卧床的老年人可使用充气床垫。 （3）根据老年人的身体状况加强营养，对病情允许的老年人，鼓励其摄入高蛋白、高纤维素、富含锌和铁的食物。 （4）鼓励老年人尽量做力所能及的活动，如下床、关节自主运动等，以促进静脉回流，起到预防压疮的作用。 （5）加强心理护理，鼓励老年人树立信心。 2. 表述要求如下：（2 分） （1）主题和数量合适。 （2）表达方式突出重点，逻辑清晰。 （3）结合主题提出的措施或建议：每个主题不少于 3 条。 （4）语言简单易懂，适配老年人的理解能力。 （5）结合老年人的具体情况（如职业、性格、爱好、家庭等）	5
评价照护效果（5 分）		同“通用版”	
对选手综合评判（12 分）		同“通用版”	
合计			100

操作项目七十四　使用轮椅、助行器等辅助器具协助老年人转移

使用轮椅、助行器等辅助器具协助老年人转移操作流程及评分标准

学号：　　　　　　姓名：　　　　　　得分：

项目	类型	实操技能操作要求	分值
工作准备（10分）	同“通用版”		
沟通解释评估（15分）	同“通用版”		
关键操作技能（50分）	M8	1. 轮椅转移： （1）从床上向轮椅转移： ①根据健侧转移原则，将轮椅摆于合适位置；轮椅与床边呈30°~45°。（3分） ②固定轮椅，脚踏板向上抬起。（3分） ③指导并协助老年人床边坐起。（2分） ④指导并协助老年人转移至轮椅坐稳，转移过程注意在患侧保护。（3分） ⑤指导并协助老年人调整为舒适坐姿，系好安全带，双脚放在脚踏板上。（5分） （2）从轮椅向床上转移： ①根据健侧转移原则，将轮椅摆于合适位置；轮椅与床边呈30°~45°。（3分） ②固定轮椅，指导并协助老年人将双脚放于地上，脚踏板向上抬起，解开安全带。（5分） ③指导并协助老年人转移至床边坐稳，转移过程注意在患侧保护。（3分） ④指导并协助老年人躺下。（3分） ⑤协助老年人取舒适卧位。（2分） 2. 助行器转移： （1）老年人坐在椅子上，护理员将助行器放置在老年人身前，协助老年人站立。（3分） （2）站在老年人患侧身后保护，可先双手协助老年人扶助行器前进。（3分） （3）四步法：a. 助行器；b. 患侧脚；c. 助行器；d. 健侧脚。（3分） （4）三步法：a. 助行器；b. 患侧脚；c. 健侧脚。（3分） （5）指令清晰准确，注意观察老年人行走的稳定性，有无异常表现。（2分） （6）行走中及时观察有无障碍物，如有须及时清理。（2分） （7）训练过程中关注老年人感受，如果老年人感到疲劳，应立即休息。（2分）	50
健康教育（8分）	M9	针对本次照护任务，照护过程中的注意事项如下： 1. 轮椅转移时要尽量保持床面和轮椅坐位在同一水平高度。 2. 在老年人身体条件允许的情况下，可为其准备移乘板和偏瘫型轮椅，训练老年人自己借助工具完成床椅转移。	3

续 表

项目	类型	实操技能操作要求	分值
	M9	3. 助行器转移时，老年人要保持背部挺直，患侧足努力做到抬腿迈步，注意避免拖拉。 4. 体位转换时注意保证老年人安全	3
健康教育（8 分）	M10	1. 在照护过程中结合老年人情况开展预防跌倒的健康教育，如疾病预防和康复、健康生活方式等（将结合具体竞赛试题进行具体化和明确化），要求如下：（3 分） （1）指导老年人进行适宜、有规律的锻炼，以增加身体的协调性和平衡能力。 （2）指导老年人正确服药，不可随意加减药物，以免引起副作用，致使跌倒。 （3）提示老年人日常生活要小心，避免去人多且地面湿滑的地方，避免走过陡的楼梯。 （4）提示老年人日常生活中动作不宜过快、动作幅度过大，衣着合体。 2. 表述要求如下：（2 分） （1）主题和数量合适（根据竞赛试题和比赛时长确定）。 （2）表达方式突出重点，逻辑清晰。 （3）结合主题提出的措施或建议：每个主题不少于 3 条。 （4）语言简单易懂，适配老年人的理解能力。 （5）结合老年人的具体情况（如职业、性格、爱好、家庭等）	5
评价照护效果（5 分）		同“通用版”	
对选手综合评判（12 分）		同“通用版”	
合计			100

操作流程

操作视频

测试题

第二节　康乐活动

项目导入

操作项目七十五　示范、指导老年人进行手工涂鸦活动

示范、指导老年人进行手工涂鸦活动操作流程及评分标准

学号：　　　　　　　　姓名：　　　　　　　　得分：

项目	类型	实操技能操作要求	分值
工作准备（10分）		同“通用版”	
沟通解释评估（15分）		同“通用版”	
关键操作技能（50分）	M8	1. 布置活动桌椅、放置用物合理。（3分） 2. 向老年人说明涂鸦绘画就是即兴作画不要底稿，并示范。（5分） 3. 取A4纸1张、彩笔若干，鼓励老年人按自己意愿画画。（4分） 4. 指导作画：再取A4纸1张，帮助铺好，指导老年人进行涂鸦。（6分） 5. 如果老年人不愿意画画，帮助老年人把树杈画好，再与老年人一起在树杈上涂上红色和黄色的花。（8分） 6. 老年人有绘画基础，指导老年人自己作画，直到老年人独立完成一幅涂鸦作品。（8分） 7. 绘画过程中观察、询问老年人感受，必要时帮助其喝水或改变体位，如有不适，立即停止并安排休息。（5分） 8. 对老年人的良好表现及时提出表扬和鼓励，以维持老年人绘画的兴趣和信心。（5分） 9. 协助老年人把画做成艺术品并挂在墙上，让老年人有成就感。（4分） 10. 涂鸦完毕，征求老年人意见，安排老年人回到沙发上休息。（2分） （注：分值将结合具体竞赛试题进行拆分和细化）	50
健康教育（8分）	M9	针对本次照护任务，照护过程中的注意事项如下： 1. 选择活动用具时要符合老年人特点，同时保证老年人安全。 2. 安排活动时间得当，应避开老年人休息时间。 3. 老年人在活动中出现厌烦或身体不适等情况应立即停止，协助其休息，并及时报告	3
	M10	1. 在照护过程中结合老年人情况开展手工活动的健康教育，包括但不限于以下方面：（3分） （1）通过手工活动，促进老年人手眼协调能力，能综合性发挥老年人躯体的、心理的、认知的和情绪的多种因素的作用。	5

续　表

项目	类型	实操技能操作要求	分值
健康教育（8分）	M10	（2）通过手工活动可以对手部功能进行训练、促进手眼协调能力。 （3）手工活动可以增进集体主义精神，促进社交能力提升。 （4）转移老年人注意力，放松精神，提高记忆力。 2. 表述要求如下：（2分） （1）主题和数量合适。 （2）表达方式突出重点，逻辑清晰。 （3）结合主题提出的措施或建议：每个主题不少于3条。 （4）语言简单易懂，适配老年人的理解能力。 （5）结合老年人的具体情况（如职业、性格、爱好、家庭等）	5
评价照护效果（5分）	同“通用版”		
对选手综合评判（12分）	同“通用版”		
合计			100

操作项目七十六　为老年人示范并指导其进行娱乐游戏活动

为老年人示范并指导其进行娱乐游戏活动操作流程及评分标准

学号：　　　　　　　　姓名：　　　　　　　得分：

项目	类型	实操技能操作要求	分值
工作准备（10分）	同“通用版”		
沟通解释评估（15分）	同“通用版”		
关键操作技能（50分）	M8	1. 协助老年人到活动室，与其他老年人一起围成圈坐在椅子上。（4分） 2. 护理员进行示范：对老年人讲，今天的游戏活动名称和配合的步骤。（5分） 3. 确定老年人已明白游戏规则，指导老年人遵照游戏规则活动。（5分） 4. 配合轻快的音乐，音乐声音不宜太大，能让老年人听见为宜。（2分） 5. 指导老年人伴随轻松有节奏的音乐活动。（4分） 6. 指导老年人相互配合，共同完成游戏。（7分） 7. 指导老年人反复操作。不仅使老年人开心快乐，同时让上肢及其腰身得到锻炼，促进活动能力。（8分）	50

续 表

项目	类型	实操技能操作要求	分值
关键操作技能（50分）	M8	8. 活动中注意与老年人互动，必要时，用语言和非语言进行交流，以便让老年人更快地接收到需要传递的信息。（4分） 9. 注意观察老年人反应，发现厌烦情绪、身体疲累，应及时调整活动方式或停止活动；对老年人的良好表现及时提出表扬和鼓励，维持其进行游戏活动的兴致。（5分） 10. 根据老年人情况及训练计划，在适当时间结束活动。指导老年人做放松活动，安排喝水、休息。（6分）	50
健康教育（8分）	M9	针对本次照护任务，照护过程中的注意事项如下： 1. 选择的娱乐游戏活动要充分考虑老年人的活动能力。 2. 安排活动时间得当，应避开老年人休息时间。 3. 老年人在活动中出现厌烦或身体不适等情况应立即停止，协助其休息，并及时报告	3
	M10	1. 在照护过程中结合老年人情况开展参与娱乐活动的健康教育，包括但不限于以下方面：（3分） （1）可增进老年人的社交、沟通能力，有助于其保持良好的情绪。 （2）通过参加益智类的娱乐游戏活动，老年人可以从中不断学习新的知识，促进个人的学习、创作能力。 （3）参与适度的体育、体力类娱乐游戏能起到锻炼身体、增强体质、延缓衰老的作用。 （4）鼓励老年人尽量做力所能及的活动，如下床、关节自主运动等，以促进患侧肢体功能恢复。 （5）加强心理护理，鼓励老年人树立信心。 2. 表述要求如下：（2分） （1）主题和数量合适。 （2）表达方式突出重点，逻辑清晰。 （3）结合主题提出的措施或建议：每个主题不少于3条。 （4）语言简单易懂，适配老年人的理解能力。 （5）结合老年人的具体情况（如职业、性格、爱好、家庭等）	5
评价照护效果（5分）	同“通用版”		
对选手综合评判（12分）	同“通用版”		
合计			100

操作项目七十七　组织老年人开展文娱性康乐活动

组织老年人开展文娱性康乐活动操作流程及评分标准

学号：　　　　　　　　姓名：　　　　　　　　得分：

项目	类型	实操技能操作要求	分值
工作准备（10分）	同“通用版”		
沟通解释评估（15分）	同“通用版”		
关键操作技能（50分）	M8	1. 指导老年人唱歌前做好声带准备，询问老年人喜好什么歌曲。（6分） 2. 将歌单交给老年人，让老年人熟悉歌词。（4分） 3. 护理员为老年人示范歌曲如何演唱，每次不宜太多。（6分） 4. 护理员引导老年人学唱每一句歌词。（6分） 5. 护理员带领老年人一起演唱，调动老年人情绪。（8分） 6. 对老年人的良好表现及时提出表扬和鼓励，维持老年人对歌唱活动的兴趣和信心。（4分） 7. 活动中观察或询问老年人反应，如有不适应立即停止活动并安排老年人休息。（5分） 8. 根据老年人身体情况及训练计划，在适当的时间结束活动。（4分） 9. 帮助老年人喝水休息，将座椅归位备用。（3分） 10. 指导老年人阅读、记忆歌词。（4分） （注：分值将结合具体竞赛试题进行拆分和细化）	50
健康教育（8分）	M9	针对本次照护任务，照护过程中的注意事项如下： 1. 选择的娱乐游戏活动要充分考虑老年人的活动能力。 2. 安排活动时间得当，应避开老年人休息时间。 3. 老年人在活动中出现厌烦或身体不适等情况应立即停止，协助其休息，并及时报告	3
	M10	1. 在照护过程中结合老年人情况开展参与文娱性康乐活动的健康教育，包括但不限于以下方面：（3分） （1）参与文娱性康乐活动可陶冶情操，减少抑郁、稳定心态。 （2）老年人参与文娱性康乐活动可以促进老年人社会适应能力。 （3）加强心理护理，鼓励老年人树立信心。 2. 表述要求如下：（2分） （1）主题和数量合适。 （2）表达方式突出重点，逻辑清晰。 （3）结合主题提出的措施或建议：每个主题不少于3条。 （4）语言简单易懂，适配老年人的理解能力。 （5）结合老年人的具体情况（如职业、性格、爱好、家庭等）	5

续 表

项目	类型	实操技能操作要求	分值
评价照护效果（5 分）	同“通用版”		
对选手综合评判（12 分）	同“通用版”		
合计			100

操作项目七十八 指导老年人使用简易健身器材进行活动

指导老年人使用简易健身器材进行活动操作流程及评分标准

学号： 姓名： 得分：

项目	类型	实操技能操作要求	分值
工作准备（10 分）	同“通用版”		
沟通解释评估（15 分）	同“通用版”		
关键操作技能（50 分）	M8	使用“太空漫步机”进行锻炼： （1）服装整洁，全面了解参与锻炼的老年人身体状况，以往使用健身器材的情况、活动能力、活动时间等。（3 分） （2）检查健身器材是否完好，是否能正常使用。（2 分） （3）协助老年人穿宽松衣服、防滑鞋。（2 分） （4）带领老年人做热身运动（如伸展、弯腰等），时间：10~15min。（3 分） （5）根据老年人身体状况选择适宜的健身器材。（3 分） （6）分步为老年人示范器材的使用方法，重点强调使用过程中需注意的事项。（3 分） （7）告知老年人使用“太空漫步机”时，抓紧扶手，保持平衡。（3 分） （8）扶稳以后双脚分别踩到踏板上，站好，保持平衡。（2 分） （9）膝关节伸直，以髋关节为轴双腿像走路一样前后摆动，双腿迈开约 60°时顺势回摆，交替摆动，幅度不宜过大。（3 分） （10）动作不宜太快，50~60 次/分钟的速度即可，以免过快受伤。（3 分） （11）告知老年人不能双腿同时向前、向后悠荡，以免跌伤。（3 分） （12）协助老年人使用健身器材进行锻炼，过程中注意保护老年人的安全。（3 分） （13）随时观察老年人的状况，若出现异常情况应立即停止活动。（2 分）	50

续 表

项目	类型	实操技能操作要求	分值
关键操作技能（50 分）	M8	（14）带领老年人完成 10min 的整理运动。（2 分） （15）活动中注意观察老年人反应，发现厌烦情绪、身体疲累，要及时调整体位或停止活动，并及时帮助老年人喝水或擦去汗水。（2 分） （16）对老年人良好表现及时提出表扬和鼓励，以维持其使用简易健身器材进行活动的兴趣和信心。（3 分） （17）根据老年人情况及训练计划，可在适当时间结束活动。休息之前，做整理运动。（3 分） （18）活动结束后，询问老年人使用器材锻炼的感受。（3 分） （19）记录本次活动的情况，安排下次锻炼活动。（2 分）	50
健康教育（8 分）	M9	针对本次照护任务，照护过程中的注意事项如下： 1. 锻炼时间以 30~60min 为宜。 2. 健身前做热身运动、健身后做整理运动。 3. 健身器材使用过程中，要注意观察老年人的情况，确保其安全。 4. 体育锻炼要循序渐进，持之以恒	3
	M10	1. 在照护过程中结合老年人情况开展控制高血压的健康教育，包括但不限于以下方面：（3 分） （1）多食用低盐、低脂食物，少吃腌制、高盐、高脂食物。 （2）按时服用降压药物，维稳血压情况。 （3）坚持适量运动、持之以恒，保持规律生活。 （4）多食用富含膳食纤维的食物，防止便秘。 （5）加强心理护理，鼓励老年人树立信心。 2. 表述要求如下：（2 分） （1）主题和数量合适。 （2）表达方式突出重点，逻辑清晰。 （3）结合主题提出的措施或建议：每个主题不少于 3 条。 （4）语言简单易懂，适配老年人的理解能力。 （5）结合老年人的具体情况（如职业、性格、爱好、家庭等）	5
评价照护效果（5 分）	同“通用版”		
对选手综合评判（12 分）	同“通用版”		
合计			100

操作项目七十九　指导失智老年人参与音乐活动

指导失智老年人参与音乐活动操作流程及评分标准

学号：　　　　　　　　　姓名：　　　　　　　　得分：

项目	类型	实操技能操作要求	分值
工作准备（10分）		同“通用版”	
沟通解释评估（15分）		同“通用版”	
关键操作技能（50分）	M8	关键操作技能以“动作”为主，尽可能真实地为老年人服务。 整体要求：步骤和方法正确，不违反基本原则，能够根据实际情况完成任务。 1. 准备工作充分： （1）护理员带领老年人进入合适的活动区域，如有其他老年人可以一起进行活动。（4分） （2）指导老年人做热身运动。（4分） 2. 示范和教会主要动作： （1）向老年人清晰地交代活动用具、音乐和分步动作。（4分） （2）为老年人进行示范，避免使用抽象或复杂的语言。（5分） （3）先耐心指导老年人分步完成设计好的每一个动作，直至其熟练掌握。（8分） （4）对老年人的良好表现及时提出表扬和鼓励，维持老年人参与音乐照护活动的兴趣和信心。（4分） 3. 配合音乐享受过程： （1）播放音乐，带领老年人完成练习过的每一个动作，直至熟练。（5分） （2）逐渐指导老年人连续完成全套动作，直至掌握。（6分） （3）练习过程中不强求，不急躁，关注老年人感受，帮助享受过程。（2分） （4）活动中注意观察老年人反应，询问老年人感受，如疲劳应及时休息，协助老年人喝水或者擦去汗水。发现老年人有厌烦情绪要及时协助其调整。如老年人不能快速掌握，应采取有效措施调动积极性。（4分） （5）结束活动之前，指导做好放松运动。（4分）	50
健康教育（8分）	M9	针对本次具体实施的照护任务，照护过程中的注意事项如下（如掌握合适的时间和活动量，一般活动时间不超过30min；动作难度适合老年人；活动时避免受伤，鼓励参与集体活动等）： 1. 教育方式恰当，如讲解与示范相结合。 2. 语言简单易懂，尽量使用生活化语言。 3. 表达准确、逻辑清晰、重点突出	3

续 表

项目	类型	实操技能操作要求	分值
健康教育（8分）	M10	1. 在照护过程中结合老年人情况开展控制高血压的健康教育，包括但不限于以下方面：（3分） （1）饮食方面多食用低盐、低脂食物，少吃腌制、高盐高脂食品。 （2）按时服用降压药物，维稳血压情况。 （3）坚持适量运动、持之以恒，保持规律生活。 （4）多食用富含膳食纤维的食物，防止便秘。 （5）加强心理护理，鼓励老年人树立信心。 2. 表述要求如下：（2分） （1）主题和数量合适。 （2）表达方式突出重点，逻辑清晰。 （3）结合主题提出的措施或建议：每个主题不少于3条。 （4）语言简单易懂，适配老年人的理解能力。 （5）结合老年人的具体情况（如职业、性格、爱好、家庭等）	5
评价照护效果（5分）	同“通用版”		
对选手综合评判（12分）	同“通用版”		
合计			100

操作流程

操作视频

测试题

第三节 功能促进

项目导入

操作项目八十 指导老年人进行日常生活活动训练

1. 指导老年人进行穿脱上衣训练操作流程及评分标准

学号： 姓名： 得分：

项目	类型	实操技能操作要求	分值
工作准备（10 分）	同“通用版”		
沟通解释评估（15 分）	同“通用版”		
关键操作技能（50 分）	M8	1. 护理员耐心地向老年人讲解穿脱衣服的每一步操作要点，并为老年人进行正确示范。（4 分） 2. 告知老年人穿脱衣服训练原则：穿衣服时先穿患侧，脱衣服时先脱健侧。（4 分） 3. 护理员站在老年人患侧，指导老年人先将患侧手插入衣袖内，然后用健手将衣领拉至患侧肩上。（5 分） 4. 指导老年人低头，用健侧手由颈后抓住衣领拉向健侧肩，指导将健侧手插入衣袖内。（5 分） 5. 护理员指导老年人系好纽扣并进行整理。（4 分） 6. 护理员站在老年人健侧，指导老年人解开衣扣。（4 分） 7. 将患侧衣领往下拉露出患侧肩部。（5 分） 8. 指导老年人脱出健侧衣袖，用健手将患侧衣袖脱出。（5 分） 9. 训练过程中，及时给予老年人鼓励。（4 分） 10. 护理员应随时观察、询问老年人有无不适，发现异常立即停止并通知医护人员。（6 分） 11. 训练结束： （1）协助老年人取舒适体位。（2 分） （2）预约下次训练时间。（2 分）	50
健康教育（8 分）	M9	针对本次具体实施的照护任务，照护过程中的注意事项如下： 1. 训练时间以 30min 为宜，具体以老年人耐受程度为准。 2. 训练时护理员应做好演示，分步讲解，保证老年人能看清楚并尽量记住步骤。 3. 训练时注意观察老年人状态，发现老年人出现面色苍白或心慌不安等情况时要及时停止训练并报告医生。 4. 训练应根据老年人身体情况在康复医生指导下选择合适的训练强度	3
	M10	1. 在照护过程中结合老年人情况开展预防脑梗复发的健康教育，包括但不限于以下方面： （1）控制危险因素，保持血压、血糖稳定，定期检测血压、血糖，遵医嘱按时服药。	5

续 表

项目	类型	实操技能操作要求	分值
健康教育（8分）	M10	（2）合理饮食：保持低盐、低脂、低糖、低嘌呤饮食，多吃新鲜蔬菜、水果和富含优质蛋白的食物。避免暴饮暴食，控制体重。 （3）适当运动：适当运动可以促进血液循环，增强心肺功能，降低脑梗风险。 2. 表述要求如下： （1）主题和数量合适。 （2）表达方式突出重点，逻辑清晰。 （3）结合主题提出的措施或建议：每个主题不少于3条。 （4）语言简单易懂，适配老年人的理解能力。 （5）结合老年人的具体情况（如职业、性格、爱好、家庭等）	5
评价照护效果（5分）	同“通用版”		
对选手综合评判（12分）	同“通用版”		
合计			100

2. 指导老年人进行穿脱裤子训练操作流程及评分标准

学号：　　　　姓名：　　　　得分：

项目	类型	实操技能操作要求	分值
工作准备（10分）	同“通用版”		
沟通解释评估（15分）	同“通用版”		
关键操作技能（50分）	M8	1. 穿裤子： （1）协助老年人稳定地坐在床沿，双脚踏稳地面。（4分） （2）护理员耐心地向老年人讲解穿脱裤子的每一步操作要点。（4分） （3）告知老年人穿脱裤子训练原则：穿裤子时先穿患侧，脱裤子时先脱健侧。（4分） （4）护理员站在老年人患侧，指导老年人用健侧手抓住患侧小腿使其交叉放于健侧大腿上。（6分） （5）将患侧裤腿穿到患侧脚踝，尽量向上拉到膝盖以上防止下滑。（6分） （6）将患腿放下穿上健侧裤腿。（4分） （7）指导老年人通过坐卧转移，躺到床上，尽可能将患侧裤腰拉至臀下，通过桥式运动抬起臀部，将裤子提上。（6分） 2. 脱裤子： （1）指导老年人采取平卧位，健侧腿蹬住床面，向患侧偏身，将健侧裤腰脱至臀下，同法脱下患侧。（6分） （2）双腿屈髋屈膝，将裤腰从臀下脱至脚踝，分别将患侧、健侧裤腰脱下。（6分） 3. 训练结束： （1）协助老年人取舒适体位。（2分） （2）预约下次训练时间。（2分）	50

续 表

项目	类型	实操技能操作要求	分值
健康教育（8分）	M9	针对本次具体实施的照护任务，照护过程中的注意事项如下： 1. 训练应鼓励老年人康复训练要循序渐进、持之以恒的进行。 2. 训练前应咨询康复医生意见和建议，选用的裤子应宽松适度，符合老年人体型。 3. 护理员应做好演示，分步讲解，可适当协助，但不可替代、催促。 4. 训练时注意观察老年人情绪变化，发现老年人进步时要及时鼓励，充分发挥老年人的积极性	3
	M10	1. 在照护过程中结合老年人情况开展促进患侧肢体康复的健康教育，包括但不限于以下方面： （1）保持良肢位：日常休息时尽量保持上肢伸直、下肢微曲的姿势，缓解痉挛。 （2）肢体被动活动：指导老年人利用健侧手抓握患侧手，双手十指交叉，做肩关节屈曲、肘关节伸展动作，这样有助于保护关节功能，改善肌肉和软组织状态。 （3）肢体主动运动：日常生活中可指导老年人患侧上肢做主动伸展、手心向上、五指伸开、手腕上抬等动作，下肢做屈髋屈膝、屈膝勾脚等动作，使患侧肢体逐渐恢复功能。 2. 表述要求如下： （1）主题和数量合适。 （2）表达方式突出重点，逻辑清晰。 （3）结合主题提出的措施或建议：每个主题不少于3条。 （4）语言简单易懂，适配老年人的理解能力。 （5）结合老年人的具体情况（如职业、性格、爱好、家庭等）	5
评价照护效果（5分）	同“通用版”		
对选手综合评判（12分）	同“通用版”		
合计			100

3. 指导老年人进行修饰训练操作流程及评分标准

学号： 姓名： 得分：

项目	类型	实操技能操作要求	分值
工作准备（10分）	同“通用版”		
沟通解释评估（15分）	同“通用版”		
关键操作技能（50分）	M8	1. 漱口、刷牙： （1）协助老年人坐在椅子上，双脚踏稳地面。（4分） （2）为老年人讲解演示操作要点，指导老年人将牙刷放到湿毛巾上或防滑垫上稳定，用健侧手打开牙膏按钮，将牙膏挤在牙刷上。（6分） （3）放下牙膏，用健侧手协助患侧手拿起牙刷刷牙。（4分） （4）指导老年人伸出健侧手抓住漱口杯，将水含在口中，反复鼓腮后吐出，反复漱口。（6分）	50

续 表

项目	类型	实操技能操作要求	分值
关键操作技能（50分）	M8	2. 洗脸、洗手： （1）为老年人示范洗脸、洗手要点，指导老年人身体前倾，靠近水盆。（4分） （2）用健侧手在水盆中浸湿毛巾，患侧手协助健侧拧干毛巾至不滴水为宜（或一只手将毛巾缠在水龙头上拧干）。（4分） （3）将毛巾平拿在健侧手上擦脸直至干净。（4分） （4）在双手上涂抹香皂，在水盆内反复搓洗至干净。（4分） 3. 梳头： （1）护理员拿出准备好的镜子。（2分） （2）为老年人示范梳头要点，嘱老年人用健侧手拿住梳子，先将前面的头发梳理整齐，再梳理后面的头发（若老年人可以用健侧扶托患侧手拿梳子可尽量采用加粗柄梳子，方便老年人握持）。（4分） 4. 在训练过程中老年人不理解之处护理员可随时为老年人示范指导，直到老年人完全掌握。（4分） 5. 训练结束： （1）协助老年人取舒适体位。（2分） （2）预约下次训练时间。（2分）	50
健康教育（8分）	M9	针对本次具体实施的照护任务，照护过程中的注意事项如下： 1. 进行训练时尽量避免老年人活动在湿滑的地面上，防止老年人跌倒。 2. 修饰所使用的工具必须放到老年人容易拿到的地方。 3. 用具有标记的按压式牙膏更方便老年人使用。 4. 进行洗脸等操作时要注意水温，既不能过冷导致老年人着凉，又不能过热导致老年人烫伤。 5. 必要时使用康复辅具，如加粗柄牙刷、防抖动刷头等，降低训练难度，提高老年人训练效率	3
	M10	1. 在照护过程中结合老年人情况开展口腔健康的健康教育，包括但不限于以下方面： （1）定期进行口腔检查，及时发现口腔问题并及时治疗。 （2）保持良好的口腔习惯，坚持早晚刷牙，饭后漱口。 （3）合理饮食，多摄入富含钙、磷、钾等营养物质的食物，以增强口腔抵抗力。 2. 表述要求如下： （1）主题和数量合适。 （2）表达方式突出重点，逻辑清晰。 （3）结合主题提出的措施或建议：每个主题不少于3条。 （4）语言简单易懂，适配老年人的理解能力。 （5）结合老年人的具体情况（如职业、性格、爱好、家庭等）	5
评价照护效果（5分）	同“通用版”		
对选手综合评判（12分）	同“通用版”		
合计			100

4. 指导老年人进行进食训练操作流程及评分标准

学号：　　　　　　　　　姓名：　　　　　　　　得分：

<table>
<tr><th>项目</th><th>类型</th><th>实操技能操作要求</th><th>分值</th></tr>
<tr><td>工作准备
（10 分）</td><td colspan="3">同“通用版”</td></tr>
<tr><td>沟通解释评估
（15 分）</td><td colspan="3">同“通用版”</td></tr>
<tr><td>关键操作技能
（50 分）</td><td>M8</td><td>1. 选择体位：
（1）协助老年人坐在餐桌前，体位舒适稳定，与餐桌距离适宜，为老年人做好进餐前准备。（6 分）
（2）测试食物温度，确保温度适宜。（2 分）
（3）为老年人将食物一一摆放整齐，并告知老年人食物的种类。（4 分）
2. 进食训练：
（1）护理员持勺子为老年人演示喝水：每次盛 1/2~2/3 勺水。（4 分）
（2）指导老年人用健侧手将勺子拿起盛水喝（或用吸管喝水）。（6 分）
（3）护理员按照饭、菜、汤的顺序为老年人演示如何进食。（4 分）
（4）进食时将勺子放入有食物的碗/碟中，协助老年人盛起食物，将食物送入口中，合上嘴进行咀嚼和吞咽，放下餐具。（6 分）
（5）叮嘱老年人进食时不要说话，要细嚼慢咽，咽下一口再吃下一口。（4 分）
（6）指导老年人按照上述步骤完成自主进食。（6 分）
3. 训练中护理员随时观察老年人进食状况，发现异常状况时立即停下休息，必要时报告医生。（4 分）
4. 训练结束：
（1）协助老年人取舒适体位，告知老年人进食后不要立即平卧避免发生反流误吸。（2 分）
（2）预约下次训练时间。（2 分）</td><td>50</td></tr>
<tr><td rowspan="2">健康教育
（8 分）</td><td>M9</td><td>针对本次具体实施的照护任务，照护过程中的注意事项如下：
1. 根据老年人吞咽能力选择合适的食物形态，必要时研磨成糊状。
2. 注意进食姿势，经口进食时要保持身体坐直，方便食物进入食管。
3. 进食环境要保持安静整洁，避免意外刺激转移老年人注意力导致呛咳</td><td>3</td></tr>
<tr><td>M10</td><td>1. 在照护过程中结合老年人情况开展防噎食的健康教育，包括但不限于以下方面：
（1）进食体位以坐位最佳，进食后半小时内不要躺下，以防食物反流。
（2）每次进食只含入一口量的食物，训练时由少到多，日常生活中可根据老年人吞咽能力选择大小合适的勺子。
（3）不要把固体和液体混合在一起食用，避免直接饮用流质食品，喝水时可适当加入增稠剂。
2. 表述要求如下：
（1）主题和数量合适。
（2）表达方式突出重点，逻辑清晰。
（3）结合主题提出的措施或建议：每个主题不少于 3 条。
（4）语言简单易懂，适配老年人的理解能力。
（5）结合老年人的具体情况（如职业、性格、爱好、家庭等）</td><td>5</td></tr>
</table>

续　表

项目	类型	实操技能操作要求	分值
评价照护效果（5分）	同“通用版”		
对选手综合评判（12分）	同“通用版”		
合计			100

5. 指导老年人进行洗澡训练操作流程及评分标准

学号：　　　　　　　　姓名：　　　　　　　　得分：

项目	类型	实操技能操作要求	分值
工作准备（10分）	同“通用版”		
沟通解释评估（15分）	同“通用版”		
关键操作技能（50分）	M8	1. 训练前准备： （1）向老年人解释自主洗澡训练的意义，取得老年人配合。（2分） （2）准备好所需衣物，嘱老年人自行或使用助行器转移到浴室，过程中护理员注意保护老年人安全，提前在浴室和浴缸等处铺好防滑垫。（6分） （3）打开水龙头，调节水温后将水加入浴缸/浴桶内。（4分） （4）坐在浴椅上脱掉衣服（详见穿脱衣裤训练步骤）。（4分） 2. 沐浴训练： （1）背对放上浴板的浴缸站好，坐上浴板，将患侧肢体搬入浴缸后，放入健侧肢体，滑入浴缸中央。（6分） （2）用健侧手淋湿身体，按压肥皂液/沐浴露，用健侧上肢依次将泡沫涂擦在腹部、后背等处。（6分） （3）将皂液/沐浴露涂在毛巾上，将毛巾平放在膝盖上，将患手放在毛巾上擦洗。（4分） （4）用健侧手冲洗干净身体，用干毛巾/海绵擦干身体。（6分） （5）穿上衣服（也可仅穿内衣并用浴巾裹住身体从浴室出来，然后安全地坐下完成穿衣）。（4分） 3. 训练前护理员为老年人讲明每一步注意事项，告知老年人不要将浴室门反锁，可在门外挂上牌子提示室内有人。在浴室内做好防滑、防磕碰措施，在老年人手边放上报警装置，出现异常状况及时抢救。（4分） 4. 训练结束： （1）协助老年人取舒适体位。（2分） （2）预约下次训练时间。（2分）	50
健康教育（8分）	M9	针对本次具体实施的照护任务，照护过程中的注意事项如下： 1. 在老年人进入浴室前调节好水温，准备好洗澡凳等物品，防止水温过高导致老年人烫伤和血管扩张导致晕厥、跌倒。 2. 注意通风，不要门窗紧闭，导致缺氧晕厥。	3

续 表

项目	类型	实操技能操作要求	分值
健康教育（8分）	M9	3. 避免空腹导致低血糖发生晕厥。 4. 做好应急预案，如应保障老年人发生意外跌倒时手边有报警装置，护理员可第一时间到达现场	3
	M10	1. 在照护过程中结合老年人情况开展保持情绪稳定的健康教育，包括但不限于以下方面： （1）冥想法：当情绪高涨时可深呼吸冥想放松。深呼吸能减缓心跳，冥想有助于集中注意力，从情绪漩涡中抽出来保持冷静。 （2）建立支持网络：及时寻求家人、朋友间的亲情、友情支持或及时寻求心理医生的帮助，分享自己的感受和困扰，强大的支持网络能够在情绪低落时起到积极的作用。 （3）转移注意力法：平日可培养兴趣爱好，情绪不佳时投入爱好中可有效转移注意力，改善情绪。 2. 表述要求如下： （1）主题和数量合适。 （2）表达方式突出重点，逻辑清晰。 （3）结合主题提出的措施或建议：每个主题不少于3条。 （4）语言简单易懂，适配老年人的理解能力。 （5）结合老年人的具体情况（如职业、性格、爱好、家庭等）	5
评价照护效果（5分）		同“通用版”	
对选手综合评判（12分）		同“通用版”	
合计			100

6. 指导老年人进行转移训练操作流程及评分标准

学号：　　　　　　　　姓名：　　　　　　　　得分：

项目	类型	实操技能操作要求	分值
工作准备（10分）		同“通用版”	
沟通解释评估（15分）		同“通用版”	
关键操作技能（50分）	M8	1. 床上翻身： （1）自主向患侧翻身训练： ①护理员站在患侧保护，老年人仰卧在床。（2分） ②指导老年人头部转向患侧。（2分） ③指导老年人健侧手握住患侧手放在腹部，双手叉握，患侧手拇指压在健侧手拇指上。（2分） ④指导老年人健侧腿屈膝，脚平放于床面。（2分）	50

续 表

项目	类型	实操技能操作要求	分值
关键操作技能（50分）	M8	⑤指导老年人双手上肢前伸，与躯干呈90°，指向天花板。（2分） ⑥指导老年人用健侧上肢的力量带动患侧上肢做左右侧方摆动2~3次，当摆向患侧时，借助惯性使双上肢和躯干一起翻向患侧。（4分） （2）自主向健侧翻身训练： ①护理员站在健侧保护，老年人仰卧在床。（2分） ②指导老年人头部转向健侧。（2分） ③指导老年人健侧手握住患侧手放在腹部，双手叉握，患侧手拇指压在健侧手拇指上。（2分） ④指导老年人健侧腿屈膝，插入患侧腿下方，钩住患侧踝部。（2分） ⑤指导老年人双上肢前伸，与躯干呈90°，指向天花板。（2分） ⑥指导老年人用健侧上肢的力量带动患侧上肢做左右侧方摆动2~3次，借助惯性使双上肢和躯干一起翻向健侧。（4分） 2. 床椅转移训练： （1）卧坐转移： ①嘱老年人用健侧腿帮助患侧腿置于床边。（2分） ②把健侧肩膀和上肢移到身体下，通过外展和伸直健侧上肢从卧位撑起。（2分） ③移动躯干到直立坐位，在直立坐位下保持平衡。（2分） （2）床椅转移： ①老年人双脚踏稳地面，轮椅/椅子置于健侧与床呈30°~45°（轮椅制动，抬起脚踏板）。（2分） ②老年人健侧手支撑于轮椅/椅子远侧扶手，患侧足位于健侧足稍后方。（4分） ③老年人身体前倾，健侧手用力支撑，抬起臀部，以双足为支点旋转身体至背靠轮椅/椅子。（4分） ④双腿蹬住地面向后靠，调整身体坐满椅子。（2分） 3. 训练结束。 （1）协助老年人取舒适体位。（2分） （2）预约下次训练时间。（2分）	50
健康教育（8分）	M9	针对本次具体实施的照护任务，照护过程中的注意事项如下： 1. 在医生指导下选择合适的训练方法和训练强度，以免盲目训练引起肌肉劳损。 2. 转移过程中护理员要随时在旁守护，避免老年人转移时发生意外跌倒。 3. 床椅转移时尽量保持两者高度相当，尽可能靠近，将轮椅刹车放好，轮椅停至稳定状态，以保证老年人安全。 4. 转移中应做到协调稳定，不可拖拉。鼓励老年人尽可能发挥自己的残存能力，同时给予必要的指导和协助	3
	M10	1. 在照护过程中结合老年人情况开展预防跌倒的健康教育，包括但不限于以下方面： （1）保持环境整洁：东西放到固定位置，地面平整、干燥、无杂物。 （2）合理用药：遵医嘱使用药物，避免因药物副作用影响身体平衡和反应能力。 （3）调整生活习惯：在进行转移活动（如床椅转移、平地行走等）时要集中注意力，避免过程中不慎抓空导致跌倒。 （4）坚持康复锻炼：通过锻炼可以提高体力，增强肌力、平衡能力，预防跌倒的发生。	5

续 表

项目	类型	实操技能操作要求	分值
健康教育（8分）	M10	2. 表述要求如下： （1）主题和数量合适。 （2）表达方式突出重点，逻辑清晰。 （3）结合主题提出的措施或建议：每个主题不少于3条。 （4）语言简单易懂，适配老年人的理解能力。 （5）结合老年人的具体情况（如职业、性格、爱好、家庭等）	5
评价照护效果（5分）	同“通用版”		
对选手综合评判（12分）	同“通用版”		
合计			100

操作项目八十一　协助压力性尿失禁老年人进行功能训练

协助压力性尿失禁老年人进行功能训练操作流程及评分标准

学号：　　　　　　　　姓名：　　　　　　　　得分：

项目	类型	实操技能操作要求	分值
工作准备（10分）	同“通用版”		
沟通解释评估（15分）	同“通用版”		
关键操作技能（50分）	M8	1. 布置训练环境，必要时使用屏风遮挡。（2分） 2. 告知老年人训练目标，增加膀胱容量，延长排尿间隔时间，减少或控制老年人漏尿现象。（6分） 3. 护理员协助老年人平卧于床面，打开盖被。（4分） 4. 盆底肌肌力训练： （1）嘱老年人下肢、腹部、臀部肌肉放松。（4分） （2）听口令收缩会阴、肛门处肌肉，每次坚持10s，每10次为1组，每天做3组。（6分） （3）操作中口令清晰，确保老年人能够理解。（3分） （4）注意老年人反应，及时与老年人沟通。（2分） 5. 尿意习惯训练： （1）指导老年人每次餐前30min、每次睡前如厕排尿，白天每3h排尿1次，夜间排尿2次，养成良好的排尿习惯。（4分） （2）养成良好的饮水习惯，注意多饮水，每天饮水量应在1500～2000ml，夜间睡前尽量减少饮水，避免夜间尿液过多。（4分） 6. 评估训练效果，询问老年人是否掌握。（3分）	50

续 表

项目	类型	实操技能操作要求	分值
关键操作技能（50分）	M8	7. 训练过程中多使用鼓励言语激励老年人。告知老年人盆底肌肌力训练与尿意习惯训练重在循序渐进，持之以恒。（4分） 8. 训练时发现老年人出现异常状况须及时处理。（4分） 9. 训练结束： （1）协助老年人取舒适体位。（2分） （2）预约下次训练时间。（2分）	50
健康教育（8分）	M9	针对本次具体实施的照护任务，照护过程中的注意事项如下： 1. 定时训练。每日训练10次，每次做收缩训练15下，每次收缩训练的速度相同。 2. 训练适当，切勿过量。 3. 持之以恒。恢复控制小便后，仍要坚持不懈地练习，保持良好的状态。 4. 为老年人选择宽松、易穿脱的松紧裤。 5. 禁喝饮料、果汁，少吃糖和辛辣食品，减少跳跃运动或大运动量活动	3
	M10	1. 在照护过程中结合老年人情况开展预防压疮的健康教育，包括但不限于以下方面： （1）定时翻身，每2h翻身1次，必要时每1h翻身1次，促进皮肤血液循环。 （2）加强营养，补充蛋白质、维生素，提高皮肤抵抗力。 （3）保持床褥干燥透气，软硬适中，必要时使用防压疮床垫。 （4）失禁老年人要保持局部皮肤清洁干燥，定时采用温水擦拭，防止局部细菌滋生导致皮肤抵抗力下降。 2. 表述要求如下： （1）主题和数量合适。 （2）表达方式突出重点，逻辑清晰。 （3）结合主题提出的措施或建议：每个主题不少于3条。 （4）语言简单易懂，适配老年人的理解能力。 （5）结合老年人的具体情况（如职业、性格、爱好、家庭等）	5
评价照护效果（5分）		同“通用版”	
对选手综合评判（12分）		同“通用版”	
合计			100

操作项目八十二　指导老年人使用简易康复器材进行活动或训练

指导老年人使用简易康复器材进行活动或训练操作流程及评分标准

学号：　　　　　　姓名：　　　　　　得分：

项目	类型	实操技能操作要求	分值
工作准备（10分）		同“通用版”	

续 表

项目	类型	实操技能操作要求	分值
沟通解释评估（15分）	同“通用版”		
关键操作技能（50分）	M8	1. 训练前准备： (1) 全面了解老年人以往康复器材的使用情况，告知老年人本次要进行的康复器材训练是什么。(4分) (2) 必要时再次确认周围环境是否安全，合理规划路线，清除障碍物。(2分) (3) 根据需要，协助老年人采取合适的准备体位。(4分) 2. 选择合适辅具： (1) 根据康复医生指导以及老年人身体状况选择合适的康复器材。(4分) (2) 检查康复器材外观完好，功能正常并为老年人展示。(4分) (3) 告知老年人此项康复器材的作用，及其对老年人自身的重要性。(4分) (4) 分步为老年人示范使用方法，重点强调使用的注意事项，确保老年人知晓。(6分) (5) 协助老年人使用康复器材训练，过程中要注意保护老年人的安全，必要时协助穿戴保护性辅具，观察老年人的状况，若出现异常情况立即停止。(8分) (6) 训练过程合理安全，充分考虑老年人身体状况，训练难度由低到高，循序渐进。(4分) (7) 康复训练时间以30~40min为宜。(2分) 3. 训练结束： (1) 护理员协助老年人调整、恢复为舒适体位。(2分) (2) 询问本次训练效果是否掌握。(2分) (3) 预约下次训练时间。(2分) (4) 整理用物，将物品洗净后消毒，晾干放归原处，方便下次使用。(2分)	50
健康教育（8分）	M9	针对本次照护任务，照护过程中的注意事项如下： 1. 选择适合老年人的康复器材进行训练，量力而行，因人而异。 2. 康复器材使用过程中，要注意观察老年人的情况，确保安全。 3. 康复训练要循序渐进、持之以恒	3
	M10	1. 在照护过程中结合老年人情况开展维持血糖平稳的健康教育，包括但不限于以下方面：(3分) (1) 遵医嘱服用降糖药物。 (2) 合理饮食，少食多餐，选择粗粮，减少油腻、高糖、高脂肪类食物摄入。 (3) 适量运动，控制体重。 (4) 定期体检，及时发现问题及时干预。 2. 表述要求如下：(2分) (1) 主题和数量合适。 (2) 表达方式突出重点，逻辑清晰。 (3) 结合主题提出的措施或建议：每个主题不少于3条。 (4) 语言简单易懂，适配老年人的理解能力。 (5) 结合老年人的具体情况（如职业、性格、爱好、家庭等）	5
评价照护效果（5分）	同“通用版”		

续 表

项目	类型	实操技能操作要求	分值
对选手综合评判（12分）		同“通用版”	
合计			100

操作项目八十三　指导老年人进行坐位或站立位平衡训练

指导老年人进行坐位或站立位平衡训练操作流程及评分标准

学号：　　　　姓名：　　　　得分：

项目	类型	实操技能操作要求	分值
工作准备（10分）		同“通用版”	
沟通解释评估（15分）		同“通用版”	
关键操作技能（50分）	M8	1. 取合适体位： （1）根据老年人身体和床具情况，选择合适体位，协助老年人双脚平踏地面坐于床边。（4分） （2）协助老年人上身尽量直立，双脚和双膝靠拢或略分开，保持身体平衡。（4分） （3）操作中方法正确。（2分） （4）注意老年人反应并注意及时与之沟通。（2分） 2. 坐位静态平衡训练： 护理员双手离开老年人（或撤去老年人身边的支撑物），使老年人独立坐在床沿。（4分） 3. 坐位自动态平衡训练： 嘱老年人双手放于大腿上，转头和躯干，向肩上方、后方看，使老年人重心偏移后再重新坐稳。（6分） 4. 坐位他动态平衡训练： 护理员一手不接触老年人，并于老年人身旁保护，另一手分别给予老年人向前、后、左、右的推力，嘱老年人身体回正，保持平衡。（6分） 5. 站起和坐下练习： （1）嘱老年人手臂前伸，重心前移，双脚踏地支撑，缓慢伸髋伸膝站立。（4分） （2）护理员于老年人身前保护，必要时可双手环抱老年人腰部，膝盖抵住老年人患膝防止其患膝无力支撑导致跌倒。（2分） 6. 站立平衡训练： （1）嘱老年人双脚微分开，保持站立平衡。（3分） （2）护理员从旁保护，嘱老年人做抬头、低头、左右偏头等动作。（3分） （3）让老年人做出抬手、展臂等动作改变身体重心并维持平衡。（3分） 7. 训练过程中护理员时刻注意保护，随时鼓励，以提升老年人信心。（3分） 8. 训练结束： （1）协助老年人取舒适体位。（2分） （2）预约下次训练时间。（2分）	50

续 表

<table>
<tr><th>项目</th><th>类型</th><th>实操技能操作要求</th><th>分值</th></tr>
<tr><td rowspan="2">健康教育
（8 分）</td><td>M9</td><td>针对本次照护任务，照护过程中的注意事项如下：
1. 行走前要告知老年人相关注意事项。
2. 训练过程中护理员从旁注意保护。
3. 随时观察老年人面色，发现异常随时休息并报告医生。
4. 平衡训练应循序渐进、持之以恒进行，训练过程中多运用鼓励方法激励老年人</td><td>3</td></tr>
<tr><td>M10</td><td>1. 在照护过程中结合老年人情况开展维持血压平稳的健康教育，包括但不限于以下方面：（3 分）
（1）遵医嘱服用降压药。
（2）合理饮食，每天食盐量不超过 5g，少吃脂肪含量高的食物。
（3）定时监测血压并做好记录。
（4）高血压危象时立即卧床休息，保持情绪稳定，立即报告医生。
2. 表述要求如下：（2 分）
（1）主题和数量合适。
（2）表达方式突出重点，逻辑清晰。
（3）结合主题提出的措施或建议：每个主题不少于 3 条。
（4）语言简单易懂，适配老年人的理解能力。
（5）结合老年人的具体情况（如职业、性格、爱好、家庭等）</td><td>5</td></tr>
<tr><td>评价照护效果
（5 分）</td><td colspan="3">同“通用版”</td></tr>
<tr><td>对选手综合评判
（12 分）</td><td colspan="3">同“通用版”</td></tr>
<tr><td colspan="3">合计</td><td>100</td></tr>
</table>

操作项目八十四　指导老年人使用日常生活类辅助器具

指导老年人使用日常生活类辅助器具操作流程及评分标准

学号：　　　　　　姓名：　　　　　　得分：

<table>
<tr><th>项目</th><th>类型</th><th>实操技能操作要求</th><th>分值</th></tr>
<tr><td>工作准备
（10 分）</td><td colspan="3">同“通用版”</td></tr>
<tr><td>沟通解释评估
（15 分）</td><td colspan="3">同“通用版”</td></tr>
</table>

续 表

项目	类型	实操技能操作要求	分值
关键操作技能（50分）	M8	1. 训练前准备： （1）全面了解老年人以往日常生活类辅助器具的使用情况，告知老年人本次要使用助食餐具进食。（4分） （2）协助老年人在餐桌前坐好，协助老年人戴好围兜。为老年人擦净双手。（4分） （3）测试水温、食物温度。（2分） （4）将食物放在防滑碗中，固定在老年人面前，指导老年人伸手，确认老年人能否够到食物。（4分） （5）协助老年人喝水，湿润口腔、食管。（2分） 2. 尝试使用辅具： （1）介绍并演示掌持式勺、叉的使用方法。（4分） （2）协助老年人将掌持式勺、叉固定在患侧手中，协助老年人使用掌持式勺、叉进食。（6分） （3）叮嘱老年人在进食过程中集中注意力，不要说话，一次不要吃太多，细嚼慢咽。（6分） （4）若老年人餐具使用困难，可改变其形状，方便老年人使用。（4分） （5）若老年人患侧手活动不方便，可指导老年人使用健侧手辅助患侧手完成进食。（6分） 3. 进食结束： （1）协助老年人收集餐具，撤下围兜。（2分） （2）观察老年人衣物有无污渍，擦净双手。（2分） （3）擦净餐桌，将餐具洗净、消毒后放归原处。（2分） （4）协助老年人调整舒适体位。（2分）	50
健康教育（8分）	M9	针对本次照护任务，照护过程中的注意事项如下： 1. 日常生活类辅助器具使用前需充分评估。了解老年人需求，结合老年人经济、兴趣爱好等综合情况为老年人选择合适的日常生活类辅助器具。 2. 日常生活类辅助器具有利于提高老年人生活便利性，但改善生活质量最根本的途径仍然是坚持康复训练	3
	M10	1. 在照护过程中结合老年人情况开展预防便秘的健康教育，包括但不限于以下方面：（3分） （1）多摄入含膳食纤维多的食物（如水果蔬菜类），主食以杂粮代替细粮。 （2）注意多饮水，尤其是晨起后喝一杯温水，促进肠胃蠕动，有利于排便。 （3）养成良好的排便习惯，如每日早餐后定时排便，刺激肌体形成排便反射。 （4）利用按摩手法，促进排便。每天晨起时可用健侧手在腹部顺肠道蠕动方向做顺时针按摩，促进大便排出。 2. 表述要求如下：（2分） （1）主题和数量合适。 （2）表达方式突出重点，逻辑清晰。 （3）结合主题提出的措施或建议：每个主题不少于3条。 （4）语言简单易懂，适配老年人的理解能力。 （5）结合老年人的具体情况（如职业、性格、爱好、家庭等）	5

续 表

项目	类型	实操技能操作要求	分值
评价照护效果（5 分）	同“通用版”		
对选手综合评判（12 分）	同“通用版”		
合计			100

操作项目八十五　根据老年人的身体情况选择适当的助行器、轮椅等辅助器具

根据老年人的身体情况选择适当的助行器、轮椅等辅助器具操作流程及评分标准

学号：　　　　　　　　姓名：　　　　　　　　得分：

项目	类型	实操技能操作要求	分值
工作准备（10 分）	同“通用版”		
沟通解释评估（15 分）	同“通用版”		
关键操作技能（50 分）	M8	1. 评估前准备： （1）护理员告知或提示老年人将要进行身体情况评估及需其配合的要点，使老年人做好心理准备，询问并提前帮助老年人解决饮水、大小便等需求。（4 分） （2）护理员应态度和蔼、语言亲切、称呼礼貌。（2 分） （3）评估过程中，护理员通过询问方式进行了解与评估，可从其家属、周围的人员处获取老年人完成活动的信息，选用合适的辅助器具适配评估量表，根据评分标准评估老年人在功能障碍情况、基本活动能力方面状况，为老年人推荐适合的辅助器具。（4 分） 2. 康复器具适配评估表： （1）基本情况：询问并填写老年人姓名、性别、文化程度等。（6 分） （2）询问/评估老年人功能障碍情况并在表格内填写相关内容。（6 分） （3）询问/评估老年人基本活动能力方面状况并在表格内填写相关内容。（6 分） （4）询问并填写需求适配报告。（6 分） 3. 告知老年人各类辅助器具的适用情况、优缺点。（6 分） 如平衡能力较差但下肢功能较好、上肢肌肉能力偏弱的老年人可选用手杖或肘杖；下肢瘫痪或下肢功能受损较严重的老年人可以使用腋杖；腿脚受伤、下肢术后早期行走、使用手杖吃力和步态不稳、腿脚无力的老年人可选择使用四点助行器；完全不能行走或行走困难时可选用轮椅。	50

续 表

<table>
<tr><th>项目</th><th>类型</th><th>实操技能操作要求</th><th>分值</th></tr>
<tr><td>关键操作技能（50分）</td><td>M8</td><td>要特别注意的是，助行器辅助性能越强代表着自由度越低，如手杖和腋杖可以平地行走和上下楼梯，而四点助行器则只能平地行走或上小的台阶。
4. 根据评估结果为老年人推荐适合的助行器、轮椅等辅助器具。（6分）
5. 评估结束，协助老年人取舒适体位，感谢老年人的配合。（4分）</td><td>50</td></tr>
<tr><td rowspan="2">健康教育（8分）</td><td>M9</td><td>针对本次照护任务，照护过程中的注意事项如下：
1. 评估前应了解老年人生活习惯及自理情况，作为评估时的参考依据。
2. 评估结果是老年人的实际完成情况，而不是其可能存在的潜力。
3. 如果在不同环境下或不同时间段内，评定的结果有差别的，记录最低评分，但应找出影响评分结果的常见原因</td><td>3</td></tr>
<tr><td>M10</td><td>1. 在照护过程中结合老年人情况开展预防跌倒的健康教育，包括但不限于以下方面：（3分）
（1）服用降压或降糖等药物后不宜剧烈活动。
（2）预防跌倒最根本的措施就是进行平衡能力和协调能力的训练。
（3）在进行行走等活动前注意鞋子大小是否合适，防滑性能是否良好。
（4）尽量避免在有积水、障碍物、人多环境复杂的地方活动。
2. 表述要求如下：（2分）
（1）主题和数量合适。
（2）表达方式突出重点，逻辑清晰。
（3）结合主题提出的措施或建议：每个主题不少于3条。
（4）语言简单易懂，适配老年人的理解能力。
（5）结合老年人的具体情况（如职业、性格、爱好、家庭等）</td><td>5</td></tr>
<tr><td>评价照护效果（5分）</td><td colspan="3">同“通用版”</td></tr>
<tr><td>对选手综合评判（12分）</td><td colspan="3">同“通用版”</td></tr>
<tr><td colspan="3">合计</td><td>100</td></tr>
</table>

操作项目八十六　组织和指导老年人开展康复体操活动

组织和指导老年人开展康复体操活动操作流程及评分标准

学号：　　　　　　姓名：　　　　　　得分：

项目	类型	实操技能操作要求	分值
工作准备（10分）	同“通用版”		

续 表

项目	类型	实操技能操作要求	分值
沟通解释评估（15 分）	同“通用版”		
关键操作技能（50 分）	M8	1. 护理员对老年人讲解康复体操基本内容并示范。（4 分） 2. 护理员指导老年人做热身运动 5~10min。（4 分） 3. 为老年人示范第一节动作，并指导老年人练习。（4 分） 4. 为老年人示范第二节动作，并指导老年人练习。（4 分） 5. 为老年人示范第三节动作，并指导老年人练习。（4 分） 6. 为老年人示范第四节动作，并指导老年人练习。（4 分） 7. 护理员在前面，让老年人在后面，带领老年人进行练习，直至熟练掌握。（4 分） 8. 配合音乐，带领老年人进行练习。（6 分） 9. 活动中注意观察老年人反应，发现老年人出现厌烦情绪、身体疲累，要及时调整体位或停止活动，并及时帮助老年人喝水或擦去汗水。表现良好应及时提出表扬和鼓励，以维持进行健身操活动的兴趣和信心。（3 分） 10. 根据老年人情况及训练计划，在适当时间结束活动（锻炼时间以 30~60min 为宜）。（3 分） 11. 指导老年人进行放松运动 5~10min 后休息。（4 分） 12. 询问老年人本次活动内容是否掌握，对老年人的优秀表现再次提出鼓励。（4 分） 13. 预约下次训练时间。（2 分）	50
健康教育（8 分）	M9	针对本次照护任务，照护过程中的注意事项如下： 1. 应在与老年人及其家属或医护人员确认老年人身体状况允许的前提下开展康复体操锻炼。 2. 老年人在练习康复体操时要掌握好运动时间，避免运动过量。 3. 锻炼过程中应注意保护老年人安全，观察老年人活动状况，发现任何异常应立即停止活动。 4. 应随时与老年人交流康复体操的掌握情况，根据情况安排下一次锻炼	3
	M10	1. 在照护过程中结合老年人情况开展预防噎食的健康教育，包括但不限于以下方面：（3 分） （1）选择柔软易消化的食物，如小米粥、软面条等。 （2）细嚼慢咽，避免暴饮暴食，减少对身体和咀嚼肌的刺激。 （3）养成良好的进食习惯，避免进食时说话和大笑，集中注意力，不要边进食边看电视。 （4）进食姿势端正，以端坐进食最佳，避免卧位进食，进食后也不要立即平卧，避免发生食物反流误吸。 2. 表述要求如下：（2 分） （1）主题和数量合适。 （2）表达方式突出重点，逻辑清晰。 （3）结合主题提出的措施或建议：每个主题不少于 3 条。 （4）语言简单易懂，适配老年人的理解能力。 （5）结合老年人的具体情况（如职业、性格、爱好、家庭等）	5

续　表

项目	类型	实操技能操作要求	分值
评价照护效果（5分）	同“通用版”		
对选手综合评判（12分）	同“通用版”		
合计			100

操作项目八十七　指导或协助老年人平地行走、上下楼梯训练

指导或协助老年人平地行走、上下楼梯训练操作流程及评分标准

学号：　　　　姓名：　　　　得分：

项目	类型	实操技能操作要求	分值
工作准备（10分）	同“通用版”		
沟通解释评估（15分）	同“通用版”		
关键操作技能（50分）	M8	1. 训练前准备： （1）指导老年人练习扶持站立位。（4分） （2）指导老年人进行患侧腿前后摆动、踏步、屈膝、伸髋等活动。（4分） （3）指导老年人进行患侧腿在负重情况下健侧腿前后迈步、双腿交替前后迈步训练。（4分） 2. 平地步行训练： （1）护理员站于老年人患侧，一手握住老年人患侧手，使其掌心向上，另一手从老年人腋下穿过置于其胸前，与老年人一起缓慢向前行走。（6分） （2）行走时，护理员与老年人重心移动一致，视老年人步行能力的提高逐渐减少扶持辅助力度。（6分） 3. 上下楼梯训练： （1）上楼梯训练： ①护理员嘱老年人健侧手持手杖，先迈健足，再上手杖，最后迈患足。（6分） ②护理员站在老年人患侧后方（一手轻托患侧前臂，另一手抓紧腰带）进行保护。（3分） （2）下楼梯训练：	50

续 表

项目	类型	实操技能操作要求	分值
关键操作技能（50分）	M8	①护理员嘱老年人健侧手持手杖下移，再下移患侧下肢，最后下移健侧下肢。（6分） ②护理员站在老年人患侧前方（一手轻托患侧前臂，另一手抓紧腰带）进行保护。（3分） （3）训练时应遵循健足先上、患足先下的原则。（4分） 4. 训练结束： （1）协助老年人取舒适体位。（2分） （2）预约下次训练时间。（2分）	50
健康教育（8分）	M9	针对本次照护任务，照护过程中的注意事项如下： 1. 应在与老年人及其家属或医护人员确认老年人身体状况允许的前提下开展步行训练。 2. 训练过程中应注意保护老年人安全，观察老年人身体状况，发现异常立即停止训练。 3. 耐心指导，随时与老年人交流步行训练的感受，避免老年人产生烦躁心理。 4. 在训练过程中，结合老年人实际情况，及时调整训练方案。 5. 掌握好训练的时长，注意老年人在训练过程中的配合情况及训练后的效果	3
	M10	1. 在照护过程中结合老年人情况开展预防跌倒的健康教育，包括但不限于以下方面：（3分） （1）服用降压或降糖等药物后不宜剧烈活动。 （2）预防跌倒最根本的措施就是进行平衡能力和协调能力的训练。 （3）在进行行走等活动前注意鞋子大小是否合适，防滑性能是否良好。 （4）尽量避免在有积水、障碍物、人多且环境复杂的地方活动。 2. 表述要求如下：（2分） （1）主题和数量合适。 （2）表达方式突出重点，逻辑清晰。 （3）结合主题提出的措施或建议：每个主题不少于3条。 （4）语言简单易懂，适配老年人的理解能力。 （5）结合老年人的具体情况（如职业、性格、爱好、家庭等）	5
评价照护效果（5分）	同“通用版”		
对选手综合评判（12分）	同“通用版”		
合计			100

操作项目八十八　指导或协助老年人使用移动辅助器具（电动轮椅）

指导或协助老年人使用移动辅助器具（电动轮椅）操作流程及评分标准

学号：　　　　　　姓名：　　　　　　得分：

项目	类型	实操技能操作要求	分值
工作准备（10分）		同“通用版”	
沟通解释评估（15分）		同“通用版”	
关键操作技能（50分）	M8	1. 协助老年人在床旁坐稳，整理衣服，穿好防滑鞋。（4分） 2. 向老年人介绍电动轮椅的构造及使用方法，教老年人使用前先检查电动轮椅是否安全。（4分） 3. 讲解并示范电动轮椅的使用方法： （1）上轮椅：刹车（关闭电源开关），收起脚踏板，健侧手扶轮椅扶手，缓慢坐入轮椅，调整坐姿并坐稳，将患侧手放在轮椅扶手内，展开脚踏板，双脚放在脚踏板上，系好安全带，健侧手扶稳操控杆后再行驶。（4分） （2）开动轮椅：调整轮椅方向，打开电源开关、缓慢启动轮椅、平稳加速，目视前方，进行向前、转向行驶，到达目的地后，缓慢操控转向杆，平稳停车。（6分） （3）下轮椅：刹车（关闭电源开关）、收起脚踏板、双脚踩地、手扶稳轮椅扶手，缓慢起身离开轮椅。（4分） 4. 协助老年人使用轮椅： （1）推轮椅至床边刹车（关闭电源开关），轮椅靠近老年人健侧，与床呈30°～45°。（3分） （2）指导老年人上轮椅。（4分） （3）指导老年人移动身体，在轮椅内坐稳。（3分） （4）指导老年人双手配合系好安全带。（2分） （5）指导老年人启动轮椅到户外，确认活动范围宽敞、地面平整。（4分） （6）指导老年人练习操控电动轮椅前进和拐弯，护理员在轮椅旁边保护老年人安全。（4分） （7）训练过程与老年人沟通、交流，观察老年人使用电动轮椅的能力，如有不适应立即停止，对于老年人的良好表现要及时给予表扬。（4分） 5. 训练结束： （1）训练结束，询问老年人掌握情况。（2分） （2）预约下次训练时间。（2分）	50

续 表

项目	类型	实操技能操作要求	分值
健康教育 （8 分）	M9	针对本次照护任务，照护过程中的注意事项如下： 1. 应在与老年人及其家属或医护人员确认老年人身体状况允许的前提下使用电动轮椅。 2. 在使用电动轮椅前，尤其是第一次使用时，向老年人进行充分的讲解，包括使用方法、使用过程中如何配合、注意事项等，避免老年人产生恐惧心理。 3. 每次使用前，应确保电动轮椅处于完好备用状态。 4. 定期检查电动轮椅，对磨损的部件及时进行更换。 5. 上、下电动轮椅时一定要先关闭电源开关，以免衣服挂住电动轮椅操控杆导致电动轮椅移动将老年人撞倒。 6. 使用过程中及使用后，注意观察老年人有无不适，并询问其使用后的感受。 7. 电动轮椅启动、停止时要缓慢，加速要平稳。 8. 转弯时要注意观察，确认场地宽敞可以转向后，缓慢操控转向，不可急转。 9. 遇到坡道、台阶等不可盲目操作，要停下来请求他人帮助。 10. 训练时须注意保护老年人的安全。上、下轮椅及行进时须注意保护好老年人患侧肢体	3
	M10	1. 在照护过程中结合老年人情况开展预防老年人慢性支气管炎急性发作的健康教育，包括但不限于以下方面：（3 分） （1）积极锻炼身体，提高肺活量，提高免疫力。 （2）预防感冒，防止因感冒诱发老年人慢性支气管炎急性发作。 （3）合理饮食，以清淡饮食为主，可食用雪梨、枇杷等辅助治疗咳嗽，忌食辛辣刺激性食物，多喝水。 （4）保持室内空气清新，防止吸入刺激性气体。 2. 表述要求如下：（2 分） （1）主题和数量合适。 （2）表达方式突出重点，逻辑清晰。 （3）结合主题提出的措施或建议：每个主题不少于 3 条。 （4）语言简单易懂，适配老年人的理解能力。 （5）结合老年人的具体情况（如职业、性格、爱好、家庭等）	5
评价照护效果 （5 分）	同“通用版”		
对选手综合评判 （12 分）	同“通用版”		
合计			100

操作项目八十九 对认知功能障碍老年人进行日常生活活动能力训练

对认知功能障碍老年人进行日常生活活动能力训练操作流程及评分标准

学号： 姓名： 得分：

项目	类型	实操技能操作要求	分值
工作准备（10分）	同“通用版”		
沟通解释评估（15分）	同“通用版”		
关键操作技能（50分）	M8	1. 进食训练： （1）引导或帮助老年人靠近桌旁坐下，让其坐直或头稍前倾45°，上肢均置于桌上，以保持进食时对称直立的坐姿，将食物放于适当位置。（2分） （2）帮助老年人摆好碗、碟、筷子、勺等进食辅助器具，必要时用辅助器具将碗、碟固定。如果用筷子夹取食物困难，可用勺子替代；手抓握能力差、丧失抓握能力、协调性差及关节活动范围受限的老年人，可使用改良的食具或辅助器具进食，如将碗、碟固定在桌上，使用特制长把勺等。（3分） （3）向老年人介绍食物种类、颜色等，指导或协助老年人进行区分饭菜。（1分） （4）指导或帮助老年人将筷子或勺放进碗里，夹盛食物后送入口中。（2分） （5）指导老年人咀嚼和吞咽食物。（1分） （6）指导或帮助老年人放下进食用具。（1分） 2. 如厕训练： （1）训练前询问老年人如厕情况，鼓励或指导老年人保持良好的排便习惯。（2分） （2）引导或帮助老年人自行打开卫生间门，引导其思考如厕前的准备项目：应准备卫生纸，观察卫生间坐便器是否干净、安全，地面是否防滑，是否有擦手毛巾。（3分） （3）鼓励或指导老年人脱下裤子，自行坐在坐便器上。（1分） （4）引导或帮助老年人思考如厕后清洁局部的流程，并尽量自主清洁局部，扶住扶手站立，帮助老年人穿好裤子，整理衣裤，按水箱按钮冲水。（3分） （5）帮助或指导老年人使用免洗洗手液洗净双手并用毛巾擦干。（1分） （6）引导或帮助老年人回到客厅坐好，与老年人交流，询问其如厕感受和需求。（1分） 3. 洗漱训练： （1）鼓励或指导老年人尝试自己洗漱。（1分） （2）引导老年人在帮助下或者自行打开卫生间门。引导老年人思考洗漱前的准备，准备牙缸、牙刷、牙膏、毛巾和香皂，观察卫生间洗漱台是否安全，地面是否防滑。（2分）	50

续 表

项目	类型	实操技能操作要求	分值
关键操作技能（50分）	M8	(3) 护理员帮助老年人握住牙刷柄，挤好牙膏，握住其手臂，协助其刷牙，教会老年人漱口；若老年人手的抓握功能不好，洗脸之前可将毛巾缝成套，套在老年人的手上，然后帮助或者指导老年人在脸上涂上香皂，帮助老年人洗脸；帮助老年人涂洗手液，洗净双手。(3分) (4) 引导老年人思考洗漱后的操作，并帮助或者引导老年人用毛巾擦干脸及双手，扶住扶手站立，整理好衣服。(2分) 4. 洗澡训练： (1) 鼓励或指导老年人尝试自己洗澡。(1分) (2) 引导老年人在护理员帮助下或者自行打开卫生间门，浴室设置专用浴座，并将阀门和喷头设在老年人坐位伸手可及处。(2分) (3) 帮助老年人脱去衣物，将其转移到浴室专用座位上，坐稳后帮助或者指导老年人打开阀门，调节至合适水温，直接淋浴。如果是浴缸，要先在浴缸内安放好专用浴座，帮助老年人转移至浴座上，再帮助老年人洗浴。(3分) (4) 洗浴结束后帮助老年人擦干身体，转移到干燥处穿好衣物。(2分) 5. 穿脱衣物训练： (1) 提前准备好老年人的衣物，尽量选择稍宽松、透气的衣裤（裤子选用松紧裤）。(1分) (2) 协助老年人坐在稳定的床上、轮椅或扶手椅上。(1分) (3) 穿脱衣服：帮助或指导老年人将一手放入对应的袖中并穿过袖口，将袖子拉到肩部，另一手穿进袖中并伸出袖口，扣好纽扣；帮助或指导老年人解开纽扣，先将一臂抽离衣袖，后将另一臂抽离衣袖；必要时可以建议老年人选用大纽扣、按扣或使用拉链拉环。(3分) (4) 穿脱裤子：帮助或指导老年人将两足放入裤管中，将裤子拉高至大腿，站立并保持裤子在大腿上，将裤子拉高至腰部；帮助或指导老年人将裤子脱至大腿，将裤子从大腿脱至足部，将双足从裤管中褪出。(3分) (5) 穿脱裤子时一定注意帮助老年人保持身体平衡，预防跌倒。(1分) 6. 训练结束： (1) 询问老年人掌握情况，观察老年人有无不适。(2分) (2) 预约下次训练时间。(2分)	50
健康教育（8分）	M9	针对本次照护任务，照护过程中的注意事项如下： 1. 操作前提前设计交流沟通的方式，以取得老年人信任与配合。 2. 操作全过程要耐心、细致、注意安全、态度和蔼，体现尊重和人文关怀，让老年人感觉亲切，并愿意配合训练。 3. 训练过程中注意保护老年人隐私，避免老年人尴尬。 4. 训练过程中注意观察老年人的精神状态及表现，如有异常情况，及时停止训练并报告。 5. 按照循序渐进的原则，每日定时训练，反复进行，不断给予老年人鼓励，逐渐巩固训练成果	3

续 表

项目	类型	实操技能操作要求	分值
健康教育（8分）	M10	1. 在照护过程中结合老年人情况开展延缓记忆力下降的健康教育，包括但不限于以下方面：（3分） （1）鼓励老年人自己的事情自己做，锻炼老年人动手能力，维持生活自理能力。 （2）结合老年人爱好，如制作音乐歌单，锻炼老年人的记忆力、动手能力。 （3）协助老年人进行可锻炼记忆力、计算力、逻辑思维能力的小游戏，延缓相关能力的衰退。 （4）带领老年人回忆老照片，锻炼老年人远期记忆能力。 2. 表述要求如下：（2分） （1）主题和数量合适。 （2）表达方式突出重点，逻辑清晰。 （3）结合主题提出的措施或建议：每个主题不少于3条。 （4）语言简单易懂，适配老年人的理解能力。 （5）结合老年人的具体情况（如职业、性格、爱好、家庭等）	5
评价照护效果（5分）	同“通用版”		
对选手综合评判（12分）	同“通用版”		
合计			100

操作项目九十　指导轻、中度言语功能障碍老年人进行言语功能训练

指导轻、中度言语功能障碍老年人进行言语功能训练操作流程及评分标准

学号：　　　　　　姓名：　　　　　　得分：

项目	类型	实操技能操作要求	分值
工作准备（10分）	同“通用版”		
沟通解释评估（15分）	同“通用版”		
关键操作技能（50分）	M8	1. 老年人坐于桌旁，座椅要有靠背，护理员坐在老年人旁侧或对侧，对老年人的面部肌肉进行按摩。（2分）	50

续 表

项目	类型	实操技能操作要求	分值
关键操作技能（50 分）	M8	2. 发音器官训练。 （1）舌的运动训练： ①前伸后缩：护理员发出指令“请把舌头像我这样尽量最大程度伸出口外，保持 3s，然后放松”，加以示范，重复做 5 次；完成后护理员发出指令“请伸出舌头，用舌尖抵抗压舌板，维持 5s”，重复做 5~10 次。（2 分） ②上抬下降：护理员发出指令“请跟着我念‘da’‘ga’‘la’”，重复做 5 次。（2 分） ③侧方运动：护理员发出指令“请像我这样将舌尖伸向左唇角维持 3s，放松，再转向右唇角，维持 3s，放松”，做出示范，重复做 5 次；完成后护理员发出指令“请把舌尖伸向左唇角与压舌板抵抗，维持 5s，然后放松。再伸向右唇角与压舌板抵抗，维持 5s，然后放松”，重复做 5~10 次。（2 分） ④舔唇环扫运动：护理员发出指令“请像我这样用舌尖舔唇一周”，做出示范，重复做 5 次。（2 分） （2）唇的运动训练： ①圆唇运动：护理员发出指令“请跟我这样鼓腮吹气”，做出示范，也可以使用吹肥皂泡和吹哨子等方式。（2 分） ②展唇运动：护理员发出指令“请跟着我一起说‘yi’‘wu’，各维持 5s，放松”，重复做 5 次。（2 分） ③唇齿交替运动：护理员发出指令“请跟着我这样双唇尽量向前吸起，然后尽量拉向两侧做龇牙状，重复做 5 次，然后放松”。（2 分） （3）下颌的运动训练： ①开合运动：护理员发出指令“请像我这样把口张开至最大，维持 5s，然后放松”，做出示范，重复做 5 次。（2 分） ②侧方咬合运动：护理员发出指令“请像我这样把下颌移至左侧，维持 5s，然后放松；将下颌移至右侧，维持 5s，然后放松；请像我这样做夸张的咀嚼动作”，做出示范，分别重复做 5 次。（2 分） （4）软腭的运动训练： ①护理员指导老年人口含一根吸管（吸管另一端封闭）做吸吮动作，感觉腭弓有上提运动为宜。（2 分） ②护理员指导老年人将两手在胸前交叉并用力推压，同时发“ka”或“a”音，感觉腭弓有上提运动为宜。（2 分） （5）喉的运动训练： 护理员指导老年人双手撑住面前的桌子同时发声，感受声带用力。（2 分） 3. 言语训练。 （1）听理解训练。 ①听觉记忆广度扩展： a. 护理员将若干张图片摆放在台面上，每次说出两张或两张以上卡片的内容，让老年人按照先后顺序指出所听到单词的图片（也可使用情景画、扑克牌等进行）。（2 分） b. 护理员观察老年人的反应，若能正确做出指令动作，可提高难度；若老年人反应迟钝或无法做出正确指令，可适当降低难度。（2 分）	50

续 表

项目	类型	实操技能操作要求	分值
关键操作技能（50分）	M8	②句篇听理解： a. 护理员以短句或短文叙述情景画的内容，让老年人指出对应画面，或让老年人听一段故事后再回答相关问题。如护理员发出指令“请注意听我下面这段话，并回答相关问题”。（2分） b. 老年人进行回答，护理员结合老年人的回答做出适当提示或者加大问题难度。（2分） （2）口语表达训练。 ①自动语训练： a. 护理员利用一些序列语（如1、2、3……）数数，或者演唱老年人熟悉的歌曲（如《东方红》）促进老年人的自发言语，增强老年人的交流欲望。如护理员发出指令“请跟我一起唱《东方红》”“东方红，太阳升。预备，起”。（2分） b. 护理员与老年人一起唱第一句歌词作为引导，剩余歌词让老年人唱完。（2分） c. 完成过程中如遇老年人忘记的歌词可以给予提示。（2分） ②叙述训练： a. 护理员指导老年人进行情景画叙述（看图说话），如护理员发出指令“请仔细观察下面这个图片，如图所示，并讲述出图片中发生的故事”。（2分） b. 护理员将图片放置于老年人面前，请老年人对图片内容进行描述。（2分） c. 老年人描述过程中如遇描述中断，护理员可做出适当提示，并且关注和处理好老年人情绪上的变化。（2分） ③朗读训练： a. 护理员使用报刊或者书籍指导老年人进行朗读训练，或者进行跟读训练。例如，护理员发出指令“请跟着我念绕口令，吃葡萄不吐葡萄皮儿”，护理员念一句绕口令，老年人进行跟读。（2分） b. 护理员可根据老年人实际情况对绕口令的断句长度和难度进行适当调整。（2分）	50
健康教育（8分）	M9	针对本次照护任务，照护过程中的注意事项如下： 1. 训练时随时注意老年人的心理、情绪变化。 2. 训练中当老年人出错时不要打断，可在叙述结束后给予纠正。 3. 训练过程中当老年人出现叙述困难而中断时，可以给予提示。 4. 确保训练中使用的卡片信息内容是老年人熟悉且日常生活中常用的内容。 5. 注重训练过程中反馈的重要性。 6. 做好言语训练中的卫生管理	3
	M10	1. 在照护过程中结合老年人情况开展预防、应对冠心病并发症的健康教育，包括但不限于以下方面：（3分） （1）控制热量摄入，避免吃胆固醇含量高的食物，如动物内脏、蛋黄、肥肉等。 （2）适当运动锻炼，控制体重，预防肥胖。 （3）建立良好的生活方式，作息规律，戒烟戒酒。 （4）气温下降时注意多添被褥，外出穿好外套，避免冷刺激。 （5）遵医嘱用药，避免私自加减药物或突然停药，外衣口袋常备硝酸甘油片等。 2. 表述要求如下：（2分） （1）主题和数量合适。	5

续 表

项目	类型	实操技能操作要求	分值
健康教育（8 分）	M10	（2）表达方式突出重点，逻辑清晰。 （3）结合主题提出的措施或建议：每个主题不少于 3 条。 （4）语言简单易懂，适配老年人的理解能力。 （5）结合老年人的具体情况（如职业、性格、爱好、家庭等）	5
评价照护效果（5 分）		同“通用版”	
对选手综合评判（12 分）		同“通用版”	
合计			100

操作流程

操作视频

测试题

第四节　认知训练

项目导入

操作项目九十一　指导轻、中度认知功能障碍的老年人进行记忆力等训练

指导轻、中度认知功能障碍的老年人进行记忆力等训练操作流程及评分标准

学号：　　　　　　　　姓名：　　　　　　　　得分：

项目	类型	实操技能操作要求	分值
工作准备（10 分）	同“通用版”		
沟通解释评估（15 分）	同“通用版”		
关键操作技能（50 分）	M8	1. 准备工作： 取出图片（如各种水果）摆放在合适的位置，便于沟通并向老年人展示，引导老年人做好训练的心理准备。（6 分） 2. 瞬间记忆训练： （1）将各种图片反面向上，随机取出一张，让老年人识别是什么水果。（2 分） （2）当老年人能正确识别以后，可立刻将图片正面向下，要求老年人回忆刚才看到的图片，以训练感觉记忆（也称为瞬间记忆）。（4 分） （3）重复以上步骤 2~3 次。（2 分） （4）如能顺利完成，给予鼓励和表扬。（2 分） （5）如老年人注意力转移或者不耐烦，采取有效措施吸引注意力，如更换成老年人更有兴趣的图片等。（4 分） （6）当老年人识别不清时，可适当提醒，让老年人复述，直至记住。（4 分） 3. 短时记忆训练： （1）当老年人能够对多张图片进行识别和瞬间回忆正确时，可将刚刚识别的图片正面向下，让老年人回忆并回答刚才看到了什么，以训练短时记忆。（4 分） （2）再将刚刚识别的水果图片正面向上，让老年人找出正确的图片，以加强短时记忆。（4 分） （3）密切观察老年人情绪，如有烦躁，立即停止或转移注意力。（2 分） （4）对老年人的良好表现及时提出表扬和鼓励，维持老年人进行训练的兴趣。（2 分） 4. 远期记忆训练： （1）拿出一张老年人年轻时的照片，请老年人回忆照片拍摄的时间、地点、人物，试着讲出当时发生的故事等，老年人在讲述时护理员从旁记录，做好备忘录，以训练老年人的远期记忆。（6 分）	50

续 表

项目	类型	实操技能操作要求	分值
关键操作技能（50分）	M8	（2）有家属在场时，若老年人不能完成回忆，也可由老年人家属进行提示，然后对老年人进行引导记忆。（2分） 5. 训练结束： （1）询问老年人对本次训练是否喜欢，感谢老年人的配合，再次对老年人的优秀表现提出表扬和鼓励。（4分） （2）协助老年人取舒适体位，预约下次训练时间。（2分）	50
健康教育（8分）	M9	针对本次照护任务，照护过程中的注意事项如下： 1. 训练过程中注意观察老年人的精神状态及表现，发现异常，及时停止训练。 2. 采用直观形象的方法，再配以鲜明的色彩，训练的效果会更好。 3. 尽量做到每日定时训练，避开休息时间，让老年人重复训练，通过复习，不断强化。 4. 在进行训练的过程中要有耐心、态度和蔼，让老年人感觉亲切，愿意配合训练。 5. 训练方式应从简单到复杂，可结合老年人兴趣爱好进行个性化训练，从而增加老年人信心。尽量保证一对一的训练，能够达到较好的训练效果。 6. 条件允许时，可利用现代化教学手段和方法。 7. 在训练的过程中，应不断给予老年人鼓励	3
	M10	1. 在照护过程中结合老年人情况开展维持血压平稳的健康教育，包括但不限于以下方面：（3分） （1）遵医嘱服用降压药。 （2）合理饮食，每天食盐量不超过5g，少吃脂肪含量高的食物。 （3）定时监测血压并做好记录。 （4）高血压危象时立即卧床休息，保持情绪稳定，立即报告医生。 2. 表述要求如下：（2分） （1）主题和数量合适。 （2）表达方式突出重点，逻辑清晰。 （3）结合主题提出的措施或建议：每个主题不少于3条。 （4）语言简单易懂，适配老年人的理解能力。 （5）结合老年人的具体情况（如职业、性格、爱好、家庭等）	5
评价照护效果（5分）	同“通用版”		
对选手综合评判（12分）	同“通用版”		
合计			100

操作项目九十二　指导轻、中度认知功能障碍的老年人进行定向力等训练

指导轻、中度认知功能障碍的老年人进行定向力等训练操作流程及评分标准

学号：　　　　　　　　姓名：　　　　　　　　得分：

项目	类型	实操技能操作要求	分值
工作准备（10分）		同“通用版”	
沟通解释评估（15分）		同“通用版”	
关键操作技能（50分）	M8	1. 准备工作： 取出图片、日历、各种水果模型摆放在合适的位置，便于与老年人沟通、向老年人展示，引导老年人做好训练的心理准备。（2分） 2. 时间定向力训练： （1）与老年人沟通，询问其是否知道当天是哪年、哪月、哪日，并具体说出日期。如果老年人说对了，可以问其前一年、前一个月、前一天的具体日期，或者后一年、后一个月、后一天的具体日期。（4分） （2）询问老年人重要节日的具体日期，比如国庆节是哪一天。如果能说出国庆节是10月1日，可以接着问其国庆节的前一天是几月几日。重复以上步骤2~3次。（4分） （3）如能顺利完成，应给予老年人鼓励和表扬。（2分） （4）如老年人注意力转移或者不耐烦，采取有效措施吸引注意力，如选择老年人感兴趣的问题。（2分） （5）当老年人识别不清时，可适当提醒，让老年人复述，直至记住。（2分） 3. 空间定向力训练： （1）准备5种物品，如碗、筷子、勺、笔、水杯等。将5种物品摆在桌子上，中间放1种，其他4种分别摆在中间物品的前、后、左、右。请老年人先说出中间物品的名称。（4分） （2）如果回答正确，再询问老年人中间物品的前、后、左、右分别是什么物品。（4分） （3）如果老年人不能很快说出，也可以给予提示，中间物品的左边、右边各有什么，待其理解左右后，再请其说出左、右物品的名称。（4分） （4）训练过程中，如果发现训练有难度，可以每次只训练老年人说出左边或右边的物品，尽量不要让老年人觉得太难，以免其对训练失去信心。（2分） 4. 人物定向训练： （1）取出老年人年轻时的照片，请老年人对照片进行回忆，若老年人不能完成回忆，也可请教家属，然后对老年人进行引导记忆。（4分） （2）可通过智能手机视频通话实现线上交流，反复加强人物印象。（2分） 5. 日常训练： （1）利用老年人的卧室、娱乐活动室、餐厅等，请老年人寻找对应的房间。或者在这几个房间的门口贴上花草、树木、小动物等的图片。告诉老年人，门口贴着花草的是卧室，贴着树木的是餐厅，贴着小动物的是娱乐活动室等，请老年人进行寻找。（4分）	50

续 表

<table>
<tr><th>项目</th><th>类型</th><th>实操技能操作要求</th><th>分值</th></tr>
<tr><td>关键操作技能（50 分）</td><td>M8</td><td>（2）寻找过程中可以给予老年人提示。例如，饿了想吃饭时，就去门口贴有树木的房间；想看电视，就去门口贴有小动物的房间。经过反复训练，加深老年人记忆。（4 分）
6. 训练结束：
（1）询问老年人对本次训练是否喜欢，感谢老年人的配合，再次对老年人的优秀表现提出表扬和鼓励。（4 分）
（2）协助老年人取舒适体位，预约下次训练时间。（2 分）</td><td>50</td></tr>
<tr><td rowspan="2">健康教育（8 分）</td><td>M9</td><td>针对本次照护任务，照护过程中的注意事项如下：
1. 训练过程中注意观察老年人的精神状态及表现，发现异常，应及时停止训练。
2. 采用直观形象的方法，再配以鲜明的色彩，训练的效果会更好。
3. 尽量做到每日定时训练，避开休息时间，让老年人重复训练，不断复习，加以强化。
4. 训练的过程中要有耐心、态度和蔼，让老年人感觉亲切，并愿意配合训练。
5. 训练方式应从简单到复杂，可结合老年人的兴趣爱好进行个性化训练，从而增加老年人的自信心。尽量保证一对一的训练，能够达到较好的训练效果。
6. 条件允许时，可利用现代化教学手段和方法。
7. 在训练的过程中，应不断给予老年人鼓励</td><td>3</td></tr>
<tr><td>M10</td><td>1. 在照护过程中结合老年人情况开展维持血糖平稳的健康教育，包括但不限于以下方面：（3 分）
（1）遵医嘱服用降糖药物。
（2）合理饮食，少食多餐，选择粗粮，减少高糖、高脂肪类食物摄入。
（3）适量运动，控制体重。
（4）定期体检，及时发现问题及时干预。
2. 表述要求如下：（2 分）
（1）主题和数量合适。
（2）表达方式突出重点，逻辑清晰。
（3）结合主题提出的措施或建议：每个主题不少于 3 条。
（4）语言简单易懂，适配老年人的理解能力。
（5）结合老年人的具体情况（如职业、性格、爱好、家庭等）</td><td>5</td></tr>
<tr><td>评价照护效果（5 分）</td><td colspan="3">同“通用版”</td></tr>
<tr><td>对选手综合评判（12 分）</td><td colspan="3">同“通用版”</td></tr>
<tr><td colspan="3">合计</td><td>100</td></tr>
</table>

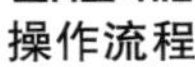
操作流程

操作视频

测试题

第五节 康复评估

项目导入

操作项目九十三 辅助评估老年人日常生活活动能力康复效果

辅助评估老年人日常生活活动能力康复效果操作流程及评分标准

学号： 姓名： 得分：

项目	类型	实操技能操作要求	分值
工作准备（10 分）	同“通用版”		
沟通解释评估（15 分）	同“通用版”		
关键操作技能（50 分）	M8	1. 评估前准备： （1）护理员告知或提示老年人将要进行日常生活活动能力康复效果评估及配合要点，使老年人有心理准备，询问并提前帮助老年人解决饮水、大小便等其他需求。（4 分） （2）护理员应态度和蔼、语言亲切、礼貌称呼。（2 分） （3）评估过程中护理员通过询问方式进行了解与评估，可从老年人家属、老年人周围的人员获取老年人完成活动的信息，采用 Barthel 指数评定量表，根据指数评分标准评估老年人在日常生活活动能力方面能否独立及独立程度。（2 分） 2. Barthel 指数评定量表： （1）大便。（3 分） 0＝失禁或昏迷； 5＝偶尔失禁（每周<1 次）； 10＝能控制。 （2）小便。（3 分） 0＝失禁或昏迷或需由他人导尿； 5＝偶尔失禁（每周>1 次，每天<1 次）； 10＝能控制。 （3）修饰。（3 分） 0＝需帮助； 5＝能独立洗脸、梳头、刷牙、剃须。 （4）如厕。（3 分） 0＝依赖别人； 5＝需部分帮助； 10＝能自理。 （5）吃饭。（3 分）	50

续 表

项目	类型	实操技能操作要求	分值
关键操作技能（50 分）	M8	0=依赖别人； 5=需部分帮助（夹饭、盛饭、切面包）； 10=能自理。 （6）床椅转移。（4 分） 0=完全依赖别人且不能坐； 5=需大量帮助（需 2 人帮助）能坐； 10=需少量帮助（需 1 人帮助）或指导能坐； 15=能自理。 （7）活动（步行，在病房及其周围，不包括走远路）。（4 分） 0=不能步行； 5=能使用轮椅独立运动； 10=需 1 人帮助步行（体力或语言指导）； 15=独立步行（可用辅助器具）。 （8）穿衣。（3 分） 0=依赖别人； 5=部分需帮助； 10=能自理（系、解纽扣，拉开、拉合拉链，穿、脱鞋）。 （9）上下楼梯（上下一段楼梯，用手杖也算独立）。（3 分） 0=不能上下楼梯； 5=需帮助（体力或语言指导）； 10=能自理。 （10）洗澡。（3 分） 0=依赖别人； 5=能自理。 3. 合计总分。（2 分） 4. 根据评分标准得出准确结论。（4 分） 评分标准：总分≤40 分为重度失能。 总分 41~60 分，中度失能。 总分 61~99 分，轻度失能。 总分 100 分，能力完好。 5. 评估结束，协助老年人取舒适体位，感谢老年人的配合。（4 分）	50
健康教育（8 分）	M9	针对本次照护任务，照护过程中的注意事项如下： 1. 评估前应了解老年人生活习惯及自理情况，作为评估时的参考依据。 2. 评估结果是老年人的实际完成情况，而不是其可能存在的潜力。 3. 如果在不同环境下或不同时间段内，评定的结果有差别的，记录最低评分，但应找出影响评分结果的常见原因。	3
	M10	1. 在照护过程中结合老年人情况开展保持情绪稳定的健康教育，包括但不限于以下方面：（3 分） （1）利用合理情绪疗法（ABC 理论），改变老年人对某一事件的固有看法，说不定会得出截然相反的结果。	5

续 表

项目	类型	实操技能操作要求	分值
健康教育（8 分）	M10	（2）通过园艺疗法、芳香疗法等舒缓老年人情绪。 （3）利用转移注意力法，用老年人喜欢的广场舞、太极拳等活动转移老年人注意力。 （4）利用深呼吸冥想放松法，遇到事情不要着急，先做个深呼吸缓一缓，可以对情绪的释放起到缓冲效果。 2. 表述要求如下：（2 分） （1）主题和数量合适。 （2）表达方式突出重点，逻辑清晰。 （3）结合主题提出的措施或建议：每个主题不少于 3 条。 （4）语言简单易懂，适配老年人的理解能力。 （5）结合老年人的具体情况（如职业、性格、爱好、家庭等）	5
评价照护效果（5 分）	同“通用版”		
对选手综合评判（12 分）	同“通用版”		
合计			100

操作项目九十四　辅助评估老年人运动功能康复效果

辅助评估老年人运动功能康复效果操作流程及评分标准

学号：　　　　姓名：　　　　得分：

项目	类型	实操技能操作要求	分值
工作准备（10 分）	同“通用版”		
沟通解释评估（15 分）	同“通用版”		
关键操作技能（50 分）	M8	1. 关节活动度评估： （1）肩关节前屈（正常活动范围：0° ~ 170°/180°）：协助老年人采取坐位或卧位，将量角器轴心置于侧面肩峰处，固定臂与躯干平行，移动臂与肱骨平行进行测量。（2 分）	50

续 表

项目	类型	实操技能操作要求	分值
关键操作技能（50 分）	M8	(2) 肩关节后伸（正常活动范围：0°～60°）：老年人取坐位或仰卧位（肱骨处于中立位），将量角器轴心置于肱骨侧面肩峰处，固定臂与躯干平行，移动臂与肱骨平行进行测量。注意终末位时轴心位置不变，运动时肩胛骨轻微向上倾斜，避免肩胛骨的过度运动。(2 分) (3) 肩关节外展（正常活动范围：0°～180°）：老年人取坐位或仰卧位（肱骨处于外旋位），将量角器轴心置于肩峰前部，固定臂与躯干平行，移动臂与肱骨平行进行测量。(2 分) (4) 肘关节屈曲（正常活动范围：0°～135°）：老年人取坐位或仰卧位，将量角器轴心置于肘关节侧方，固定臂平行于肱骨中线，移动臂平行于前臂中线。注意量角器的轴心在终末位时需要重新放置。(2 分) (5) 腕关节掌屈（正常活动范围：0°～80°）及腕关节背伸（正常活动范围：0°～70°）：老年人取坐位（前臂旋前位放于桌上，腕关节处于中立位），将量角器轴心置于尺骨茎突，固定臂平行于尺骨长轴，活动臂与第五掌骨平行。(2 分) (6) 髋关节屈曲（正常活动范围：0°～125°）：老年人取仰卧位（髋关节、膝关节伸展），将量角器轴心置于股骨大转子处，固定臂与躯干腋中线平行，移动臂平行指向股骨外上髁，在测量过程中让老年人膝关节弯曲。(2 分) (7) 髋关节伸展（正常活动范围：0°～15°/30°）：老年人取俯卧位或侧卧位，将量角器轴心置于股骨大转子处，固定臂与躯干腋中线平行，移动臂平行于股骨长轴，在测量过程中膝关节维持伸展。(2 分) (8) 髋关节外展（正常活动范围：0°～45°）及内收（正常活动范围：0°～35°）：老年人取仰卧位，将量角器轴心置于髂前上棘，固定臂位于两髂前上棘连线上，移动臂与股骨长轴平行。(2 分) (9) 膝关节屈曲（正常活动范围：0°～135°）：老年人取俯卧位（膝关节伸展），将量角器轴心置于膝关节的腓骨小头，固定臂与股骨长轴平行，移动臂与腓骨长轴平行。(2 分) (10) 踝关节背屈（正常活动范围：0°～20°）及跖屈（正常活动范围：0°～45°/50°）：老年人取仰卧位或坐位，踝关节处于中立位，将量角器轴心置于外踝，固定臂与腓骨长轴平行，移动臂与足底平行。(2 分) (11) 躯干侧屈（正常活动范围：0°～50°）：老年人取坐位，将量角器轴心置于第五腰椎棘突处，固定臂与第五腰椎棘突垂直，移动臂与第七颈椎棘突和第五腰椎棘突连线平行。(2 分) 2. 为老年人进行肌力评估（徒手肌力评定法）： (1) 肱二头肌肌力评估： ①协助老年人采取坐位，伸肘，嘱老年人做曲肘的动作。(1 分) ②肌力评估。(4 分) 5 级：护理员施加阻力至前臂远端下压，老年人能抗大阻力完成全范围屈肘运动。 4 级：动作同上，老年人能抗中阻力完成全范围屈肘运动。 3 级：老年人在减阻状态下可做全范围抗阻屈肘运动。 2 级：肩外展 90°，老年人可做全范围屈肘运动。 1 级：无法达到上述要求，但老年人做屈肘运动时，护理员可触及肌肉收缩。 0 级：老年人做屈肘运动时，护理员未触及肌肉收缩。	50

续 表

项目	类型	实操技能操作要求	分值
关键操作技能（50 分）	M8	（2）股四头肌肌力评估： ①协助老年人仰卧于床面，小腿自然垂于床外，嘱老年人做伸膝运动。（1 分） ②肌力评估。（4 分） 5 级：护理员施加阻力于踝关节，老年人可抗大阻力完成全范围伸膝运动。 4 级：动作同上，老年人可抗中阻力完成全范围伸膝运动。 3 级：在同一个体位下老年人可做全范围伸膝运动。 2 级：老年人取侧卧位，可在床面做全范围伸膝运动。 1 级：体位同 2 级，无法达到上述要求，但做伸膝运动时护理员可触及肌肉收缩。 0 级：体位同 2 级，无法达到上述要求，且做伸膝运动时护理员未触及肌肉收缩。 3. 平衡协调功能评估： （1）平衡功能测试（Berg 平衡量表见附表）： ①根据 Berg 平衡量表对老年人进行从坐到站、无支撑站立等 14 项评估。（4 分） ②计算总分，告知老年人评估结果。（2 分） ③过程中操作正确，言语沟通顺畅，具备人文关怀。（2 分） （2）协调功能评估： ①指鼻试验：让老年人肩外展 90°，肘伸展，用食指指尖指鼻尖。可以改变开始的体位来评定不同运动切面的动作。（2 分） ②指指试验：让老年人两肩外展 90°，两肘伸展，将两食指在中线相触。（2 分） ③对指试验：让老年人用拇指尖连续触及该手的其他指尖，可逐渐加快速度。（2 分） ④手拍腿：老年人屈肘，双手同时或分别以手掌、手背交替翻转拍打膝部，速度可逐渐加快。（2 分） ⑤画圆圈：让老年人用上肢或下肢在空中画一个想象的圆圈，难度更大的测验是画“8”。下肢进行时老年人可采取仰卧位。（2 分）	50
健康教育（8 分）	M9	针对本次照护任务，照护过程中的注意事项如下： 1. 对留置输液、导尿管的老年人评估前先将管路妥善安置固定，评估后注意检查管路，确保通畅。 2. 评估时注意保护老年人安全。 3. 全过程动作轻、稳、准确、熟练、节力、安全，体现人文关怀。 4. 避免在按摩、运动及其他康复治疗后立即检查关节活动度；关节周围有炎症或感染、软组织损伤、关节血肿或半脱位情况下，应特别谨慎或停止评估。 5. 重复监测同一块肌肉力量时，间隔 2min；在锻炼后或饱餐后不做肌力评估。 6. 为患心脑血管疾病的老年人进行肌力评估时，应注意避免其用力憋气	3
	M10	1. 在照护过程中结合老年人情况开展保持情绪稳定的健康教育，包括但不限于以下方面：（3 分） （1）利用合理情绪疗法（ABC 理论），改变老年人对某一事件的固有看法，说不定会得出截然相反的结果。 （2）利用园艺疗法、芳香疗法，观赏植物，利用植物花朵等芳香物质舒缓情绪。 （3）利用转移注意力法，利用老年人喜欢的广场舞、太极拳等活动转移注意力。	5

续 表

项目	类型	实操技能操作要求	分值
健康教育（8 分）	M10	（4）利用深呼吸冥想放松法，遇到事情不要着急，先做个深呼吸缓一缓，可以对情绪的释放起到缓冲效果。 2. 表述要求如下：（2 分） （1）主题和数量合适。 （2）表达方式突出重点，逻辑清晰。 （3）结合主题提出的措施或建议：每个主题不少于 3 条。 （4）语言简单易懂，适配老年人的理解能力。 （5）结合老年人的具体情况（如职业、性格、爱好、家庭等）	5
评价照护效果（5 分）	同“通用版”		
对选手综合评判（12 分）	同“通用版”		
合计			100

附表 1：

Berg 平衡量表

项目	指令	评分标准	得分
从坐到站	请站起来，并尝试不用手作为支撑	4＝不需要帮助可独立稳定站立。 3＝ 需要用手的帮助，独立由坐到站。 2＝需要用手的帮助并且需要尝试几次才能站立。 1＝需要别人较小的帮助来站立或保持稳定。 0＝需要中度或较大的帮助才能站立	
无支撑站立	请在无支撑的情况下站立 2min	4＝能安全站立 2min。 3＝在监护下站立 2min。 2＝无支撑站立 30s。 1＝需要尝试几次才能无支撑站立 30s。 0＝不能独立站立 30s	
无支撑情况下坐，双脚放在地板或凳子上	请合拢上肢坐 2 min	4＝能安全坐 2min。 3＝无靠背支撑坐 2min，但需要监护。 2＝能坐 30s。 1＝能坐 10s。 0＝无支撑的情况下不能坐 10s	

续 表

项目	指令	评分标准	得分
从站到坐	请坐下	4=用手帮助即可安全坐下。 3=需要用手的帮助来控制坐下。 2=需要用腿后部靠在椅子上来控制坐下。 1=能独立坐下，但不能控制坐下的速度。 0=需要帮助才能坐下	
转移	请从床上起来坐到椅子上	4=需要用手的少量帮助可安全转移。 3=需要用手的帮助才能安全转移。 2=需要语言提示或监护下才能转移。 1=需要 1 人帮助。 0=需要 2 人帮助或监护才能安全转移	
闭眼站立	请闭上眼睛站立 10s	4=能安全站立 10s。 3=在监护下站立 10s。 2=能站 3s。 1=站立很稳，但闭眼不能超过 3s。 0=需要帮助防止跌倒	
双脚并拢站立	请你在无帮助情况下双脚并拢站立	4=双脚并拢时能独立安全站立 1min。 3=在监护情况下站立 1min。 2=能独立将双脚并拢但不能维持 30s。 1=需要帮助两脚才能并拢，但能站立 15s。 0=需要帮助两脚才能并拢，不能站立 15s	
站立位下双上肢前伸	请将上肢抬高 90°，将手指伸直并尽可能前伸	4=能够安全前伸超过 25cm。 3=能够安全前伸超过 12cm。 2=能够前伸超过 5cm。 1=在有监护情况下能够前伸。 0=在试图前伸时失去平衡或需要外界帮助能前伸	
站立位下从地面捡物	请捡起地上的拖鞋	4=能安全、容易地捡起拖鞋。 3=在监护下能捡起拖鞋。 2=不能捡起拖鞋，但是能达到离鞋 2~5cm 处且可独立保持平衡。 1=不能捡起拖鞋，而且捡的过程需要监护。 0=不能进行或进行时需要帮助保持平衡预防跌倒	
站立位下从左肩及右肩上向后看	从左肩上向后看，再从右肩上向后看	4=可从两边向后看，重心转移好。 3=可从一边看，从另一边看时重心转移少。 2=仅能侧方转身但能保持平衡。 1=转身时需要监护。 0=需要帮助来预防失去平衡或跌倒	

续 表

项目	指令	评分标准	得分
原地旋转	旋转完整 1 周，暂停，然后从另一方向旋转完整 1 周	4＝两个方向均可在 4s 内完成 360°旋转。 3＝只能在一个方向 4s 内完成 360°旋转。 2＝能安全旋转 360°，但速度慢。 1＝需要密切监护或语言提示。 0＝在旋转时需要帮助	
无支撑站立情况下用双脚交替踏台	请交替用脚踏在台阶（或踏板）上，连续做直到每只脚接触台阶（或踏板）4 次	4＝能独立、安全地在 20s 内踏 8 次。 3＝能独立、安全踏 8 次，但时间超过 20s。 2＝能在监护下完成 4 次，但不需要帮助。 1＝在轻微帮助下能完成 2 次。 0＝需要帮助预防跌倒或不能进行	
无支撑情况下两脚前后站立	将一只脚放在另一只脚正前方	4＝脚尖对足跟站立没有距离，持续 30s。 3＝脚尖对足跟站立有距离，持续 30s。 2＝脚向前迈一小步但两只脚不在一条直线上持续 30s。 1＝在帮助下脚能向前迈一步。 0＝迈步或站立时失去平衡	
单腿站立	请尽最大努力单腿站立	4＝能用单腿站立并能维持 10s 以上。 3＝能用单腿站立并能维持 5～10s。 2＝能用单腿站立并能维持 3～4s。 1＝能够抬腿，不能维持 3s，但能独立站立。 0＝不能进行或需要帮助预防跌倒	
总分		评定员	评定日期

注意：

最高分 56 分，最低分 0 分，分数越高平衡能力越强。

0～20 分，平衡功能差，老年人需要乘坐轮椅；

21～40 分，有一定平衡能力，老年人可在辅助下步行；

41～56 分，平衡功能较好，老年人可独立步行；

<40 分，提示有跌倒的风险。

操作项目九十五 辅助评估老年人认知功能康复效果

辅助评估老年人认知功能康复效果操作流程及评分标准

学号： 姓名： 得分：

项目	类型	实操技能操作要求	分值
工作准备（10 分）	同“通用版”		

续 表

项目	类型	实操技能操作要求	分值
沟通解释评估（15分）	同“通用版”		
关键操作技能（50分）	M8	1. 评估前准备： （1）护理员告知或提示老年人将要进行认知功能康复效果评估及其配合要点，使老年人有心理准备，询问并提前帮助老年人解决饮水、大小便等其他需求。（4分） （2）护理员应态度和蔼、语言亲切、礼貌称呼。（2分） （3）评估过程中护理员通过询问方式进行了解与评估，可从家属、老年人周围的人员获取老年人完成活动的信息，采用简易智能评定量表，根据指数评分标准评估老年人的认知功能康复效果。（2分） 2. 时间定向力：（5分） （1）“今年是哪一年？” （2）“现在是什么季节？” （3）“现在是几月份？” （4）“今天是几号？” （5）“今天是星期几？” （每问答对得1分，答错或拒答得0分） 3. 地点定向力：（5分） （1）“这里是什么城市？” （2）“这里是什么区？” （3）“这里是什么医院？” （4）“这是第几层楼？” （5）“这是什么地方？”（地址、门牌号） （每问答对得1分，答错或拒答得0分） 4. 记忆力：（5分） “现在我告诉您3种物品的名称，我说完后请您重复一遍。请您记住这3种物品，树木、钟表和汽车，过一会儿我还要问您。”（请说清楚，每样物品1s）。 （1）复述：树木。 （2）复述：钟表。 （3）复述：汽车。 （每答对1种得1分，答错或拒答得0分） 5. 注意力和计算力。（5分） “现在请您算一算，从100中减去7，然后从所得的数算下去，请您将每减一个7后的答案告诉我，直到我说停为止。” （1）计算100−7。 （2）再减7。 （3）再减7。 （4）再减7。 （5）再减7。	50

续 表

项目	类型	实操技能操作要求	分值
关键操作技能（50分）	M8	（每答对1项得1分，答错或拒答得0分，如果前一项计算错误，但在错误得数基础上减7正确者仍给相应得分） 6. 回忆力：（5分） 现在请您说出刚才我让您记住的是哪3种东西。 （1）回忆：树木。 （2）回忆：钟表。 （3）回忆：汽车。 （每答对1种得1分，答错或拒答得0分） 7. 语言能力：（5分） （1）出示手表问受试者这是什么。 （2）出示铅笔问受试者这是什么。 （每答对1种得1分，答错或拒答得0分） （3）“请您跟我说‘四十四只石狮子’。” （能正确说出得1分，否则得0分） （4）给受试者一张卡片，上面写着“请您闭上眼睛”，请受试者念这句话，并按上面的意思去做。 （能正确念出并能做到得1分，否则得0分） 8. 执行功能：（5分） “我给您一张纸，您按我说的去做。现在开始，用右手拿着这张纸，用两只手把它对折起来，然后将它放在您的左腿上。” （1）用右手拿着这张纸。 （2）用两只手将纸对折。 （3）将纸放在左腿上。 （每做对1项得1分，否则得0分） （4）请您写一个完整的句子。 （能正确写出得1分，否则得0分） （5）请您把此图案画下来。 （正确得1分，否则得0分） 9. 计算总分：（3分） 得分范围0~30分，未受过教育者不超过17分，受教育年限不超过6年者不超过20分，受教育年限大于6年者不超过24分，判定为认知功能障碍，将最终得分与以往得分对比，判断老年人认知功能康复效果。 10. 评估结束： （1）协助老年人取舒适体位。（2分） （2）感谢老年人配合，对表现良好处提出表扬，可给予适当奖励。（2分）	50

续 表

项目	类型	实操技能操作要求	分值
健康教育（8分）	M9	针对本次照护任务，照护过程中的注意事项如下： 1. 评估过程中注意观察老年人的精神状态及表现，发现异常，应及时停止。 2. 在评估的过程中要有耐心、态度和蔼，让老年人感觉亲切，愿意配合评估。 3. 条件允许时，可利用现代化手段和方法。 4. 在训练的过程中，应适当给予老年人鼓励	3
	M10	1. 在照护过程中结合老年人情况开展预防感冒的健康教育，包括但不限于以下方面：（3分） （1）风寒感冒应该注意保暖，当天气比较寒冷时，应尽量减少外出，及时添加衣被避免加重症状。 （2）应多注意休息，尽量不要熬夜，保证充足睡眠。 （3）饮食上，应该注意戒酒、戒烟，少吃辛辣、刺激、生冷、油炸等不易消化的食物，应该多吃新鲜的蔬菜、水果，补充维生素，吃温热的熟食，比如粥类或者姜汤等，有助于驱散风寒，缓解病情。 （4）感冒后应遵医嘱合理用药，不可私自加减或突然停药。 2. 表述要求如下：（2分） （1）主题和数量合适。 （2）表达方式突出重点，逻辑清晰。 （3）结合主题提出的措施或建议：每个主题不少于3条。 （4）语言简单易懂，适配老年人的理解能力。 （5）结合老年人的具体情况（如职业、性格、爱好、家庭等）	5
评价照护效果（5分）	同“通用版”		
对选手综合评判（12分）	同“通用版”		
合计			100

操作流程

操作视频

测试题

第四章　心理支持技术

第一节　沟通交流

项目导入①

操作项目九十六　与老年人家属的沟通交流

与老年人家属的沟通交流操作流程及评分标准

学号：　　　　　　　　姓名：　　　　　　　　得分：

项目	类型	实操技能操作要求	分值
工作准备（10分）	同“通用版”		
沟通解释评估（15分）	同“通用版”		
关键操作技能（50分）	M8	1. 告知老年人家属沟通目的。（3分） 2. 询问老年人家属自己是否把来意阐述清楚。（3分） 3. 老年人健康状况出现变化时，要及时、真实地与老年人家属沟通交流。（6分） 4. 切忌报喜不报忧，推卸责任，避重就轻。（5分） 5. 尊重老年人家属的知情权，如实告知老年人家属。（5分） 6. 告知老年人家属有义务支持护理员照护老年人，满足老年人精神养老的需求。（6分） 7. 告知老年人家属如何配合养老院、护理员的工作，协助进行老年人的照护。（6分） 8. 告知老年人家属多陪伴、关心老年人。（4分） 9. 询问老年人或老年人家属的意见或建议。（3分） 10. 将没有达成一致的内容记录下来，约定下一次沟通或反馈的时间。（3分） 11. 就双方此次达成一致的意见与老年人或老年人家属再次确认。（3分） 12. 与老年人及家属礼貌再见、告别。（3分）	50

① 请扫该二维码获取操作项目的案例描述、任务要求和用物清单。

续 表

项目	类型	实操技能操作要求	分值
健康教育（8分）	M9	针对本次照护任务，照护过程中的注意事项如下： 1. 与老年人家属沟通时，要真实反馈老年人情况。 2. 不要当着老年人家属的面，评价老年人的不当情绪或行为。 3. 与老年人家属沟通后，要记录沟通时间、内容及结果，并存档一段时间。 4. 避免与老年人家属发生冲突，对其言语或行为不批评、不指责、不评论	3
	M10	1. 在照护过程中结合老年人家属情况开展感冒的健康教育，包括但不限于以下方面：（3分） （1）保证充足的睡眠，增强身体免疫力。 （2）多饮水，稀释痰液，有利于痰液排出。 （3）清淡饮食，避免食用油腻、辛辣、刺激性食物。 2. 表述要求如下：（2分） （1）主题和数量合适。 （2）表达方式突出重点，逻辑清晰。 （3）结合主题提出的措施或建议：每个主题不少于3条。 （4）语言简单易懂，适配老年人的理解能力。 （5）结合老年人家属的具体情况（如职业、性格、爱好、家庭等）	5
评价照护效果（5分）	同“通用版”		
对选手综合评判（12分）	同“通用版”		
合计			100

操作项目九十七　与上级的沟通交流

与上级的沟通交流操作流程及评分标准

学号：　　　　　　　姓名：　　　　　　　得分：

项目	类型	实操技能操作要求	分值
工作准备（10分）	同“通用版”		
关键操作技能（75分）	M8	1. 汇报活动主题，以“敬老”为中心，主题正确。（5分） 2. 主题明确，保证活动方案顺利执行。（4分） 3. 汇报活动方案，包括活动内容、活动流程、人员分工等。（10分） 4. 方案内容完整，切实可行，考虑到人力、物力资源成本。（6分）	75

续 表

项目	类型	实操技能操作要求	分值
关键操作技能（75分）	M8	5. 根据方案，将任务分配给合适的团队成员。（8分） 6. 根据团队成员的技能、经验和可用性来确定。（5分） 7. 确保每个人都清楚自己的责任和期望。（4分） 8. 执行活动流程，团队成员密切合作，确保任务按照方案进行。（8分） 9. 定期监控活动方案的进展，并进行必要的调整。（6分） 10. 通过定期开会、检查关键指标等方式与团队成员沟通交流。（5分） 11. 执行活动方案过程中，遇到问题立即汇报并解决，以免影响活动进展。（5分） 12. 活动结束后，评估整个活动的成果和效率。（4分） 13. 询问上级有无意见或建议，进一步修改活动方案。（5分）	75
注意事项（15分）	1. 在与上级沟通过程中，要了解和熟悉不同上级的个性特点、气质类型和风格。 2. 沟通过程中语言流畅，条理清晰，观点明确。 3. 分清轻重缓急，准确把握时机，注重现场细节		
合计			100

操作项目九十八　与失聪老年人进行沟通

与失聪老年人进行沟通操作流程及评分标准

学号：　　　　　　　　姓名：　　　　　　　　得分：

项目	类型	实操技能操作要求	分值
工作准备（10分）	同“通用版”		
沟通解释评估（15分）	同“通用版”		
关键操作技能（50分）	M8	1. 运用有声语言、非语言动作或书面语言和老年人进行沟通。（5分） 2. 沟通场所应光线明亮，方便老年人看到他人的手势或动作。（5分） 3. 和老年人沟通用中等声调、语言发音清楚。（6分） 4. 语速不宜过快，利用面部表情、手语和手势来强化所说的内容。（6分） 5. 正面面对老年人，方便他们看见自己的表情和口型。（6分） 6. 言语应简洁，不宜用夸张的词语，不要故意做出夸张的肢体动作。（6分） 7. 离开老年人时用抚触的方式或手势让老年人知道你要离开。（4分） 8. 老年人能通过唇语来理解谈话内容的情况下，沟通时不要遮挡自己的嘴巴。（4分） 9. 鼓励有听力障碍的老年人多说话。（4分） 10. 与老年人道别，记录交谈内容。（4分）	50

续 表

项目	类型	实操技能操作要求	分值
健康教育（8分）	M9	针对本次照护任务，照护过程中的注意事项如下： （1）现场环境安静，光线充足。 （2）尊重老年人，态度真诚，多鼓励老年人。 （3）正确运用非语言沟通方法	3
	M10	1. 在照护过程中结合老年人情况开展中耳胆脂瘤的健康教育，包括但不限于以下方面：（3分） （1）注意耳道卫生，不随便抠耳朵。 （2）洗头、洗浴时应避免水流入耳道内。 （3）清淡饮食，避免食用辛辣、刺激性食物。 2. 表述要求如下：（2分） （1）主题和数量合适。 （2）表达方式突出重点，逻辑清晰。 （3）结合主题提出的措施或建议：每个主题不少于3条。 （4）语言简单易懂，适配老年人的理解能力。 （5）结合老年人的具体情况（如职业、性格、爱好、家庭等）	5
评价照护效果（5分）	同“通用版”		
对选手综合评判（12分）	同“通用版”		
合计			100

操作项目九十九　在发生冲突的情况下进行沟通

在发生冲突的情况下进行沟通操作流程及评分标准

学号：　　　　　　　　姓名：　　　　　　　　得分：

项目	类型	实操技能操作要求	分值
工作准备（10分）	同“通用版”		
沟通解释评估（15分）	同“通用版”		
关键操作技能（50分）	M8	1. 引导老年人离开冲突场所，避免老年人发生意外，转移其注意力。（5分） 2. 安抚老年人情绪，规避风险。（8分） 3. 满足老年人的心理需求，维护老年人的自尊心。（6分）	50

续 表

项目	类型	实操技能操作要求	分值
关键操作技能（50分）	M8	4. 沟通过程中不要使用术语，避免运用复杂的语言。（6分） 5. 沟通过程中避免将个人的意见权威化。（6分） 6. 沟通过程中恰当运用辅助语言。（6分） 7. 沟通过程中采取生动的表达方式。（6分） 8. 运用权威效应，邀请专业人士调解。（4分） 9. 关注老年人的身心健康状况，以免发生意外。（3分）	50
健康教育（8分）	M9	针对本次照护任务，照护过程中的注意事项如下： （1）老年人之间发生冲突时，应一视同仁，站在中立的立场上，不偏袒任何一方。多肯定，少批评，让老年人体会到理解和尊重。一定要把冲突处理的结果反馈给当事人，不能装作忘记。 （2）老年人与护理员发生冲突时，要积极沟通，用实际行动化解老年人的偏见，赢得老年人信任。 （3）老年人与子女发生冲突时，不要当着老年人的面说其子女的不好，不要在子女间传话。 （4）老年人家属与护理员发生冲突时，切忌直言顶撞、冷嘲热讽，应耐心与对方解释和沟通，不采用具有攻击性的表述	3
	M10	1. 在照护过程中结合老年人情况开展高血压病的健康教育，包括但不限于以下方面：（3分） （1）严格遵医嘱服药，不随意增减药量。 （2）控制饮食，减少钠盐、动物脂肪的摄入。 （3）保持大便通畅，避免用力排便。 （4）保持情绪稳定，减轻心理压力。 2. 表述要求如下：（2分） （1）主题和数量合适。 （2）表达方式突出重点，逻辑清晰。 （3）结合主题提出的措施或建议：每个主题不少于3条。 （4）语言简单易懂，适配老年人的理解能力。 （5）结合老年人的具体情况（如职业、性格、爱好、家庭等）	5
评价照护效果（5分）	同“通用版”		
对选手综合评判（12分）	同“通用版”		
合计			100

操作流程

操作视频

测试题

第二节　精神慰藉

项目导入

操作项目一百　观察老年人的情绪和行为变化

观察老年人的情绪和行为变化操作流程及评分标准

学号：　　　　　　　　姓名：　　　　　　　　得分：

项目	类型	实操技能操作要求	分值
工作准备（10分）		同“通用版”	
沟通解释评估（15分）		同“通用版”	
关键操作技能（50分）	M8	1. 在日常生活中开展对老年人情绪的观察。（3分） 2. 制订工作计划、明确观察时间、确定观察内容。（5分） 3. 设想在观察过程中可能遇到的困难并做好应对方案。（3分） 4. 设想其他关于时间、经费、人员等方面的问题。（3分） 5. 设定好要观察情绪的具体指标。（3分） 6. 通过言语信息和非言语信息观察老年人情绪。（4分） 7. 确定观察地点，不同的地点会影响到老年人情绪表达和情绪调节的方式、程度。（2分） 8. 征得老年人及家属或所在单位负责人的同意，并做好时间和场地的协调工作。（3分） 9. 观察工具一般包括观察表或观察卡片。（2分） 10. 对老年人的生活事件、生活规律等进行观察，并填写观察结果。（4分） 11. 通过横向和纵向对比，及时发现情绪和行为的变化。（4分） 12. 通过观察生活事件识别引发情绪和行为变化的原因。（4分） 13. 通过观察活动规律评估情绪和行为变化的程度。（4分） 14. 在老年人熟悉的场所进行观察，并做好记录。（2分） 15. 经老年人及家属的同意后，使用摄像、录音等辅助方式观察，便于记录观察进程中的各种情况。（2分） 16. 通过总结收集的资料，评估老年人情绪和行为程度。（2分）	50
健康教育（8分）	M9	针对本次照护任务，照护过程中的注意事项如下： 1. 在老年人熟悉的场所实施观察，避免陌生环境引发异常情绪和异常行为。 2. 将观察结果反馈给老年人家属，护理员或社工同时要对老年人的资料和观察结果进行保密。 3. 每周对观察结果进行一次整理、总结，并真实记录观察结果	3

续　表

项目	类型	实操技能操作要求	分值
健康教育（8分）	M10	1. 在照护过程中结合老年人情况开展高血压病的健康教育，包括但不限于以下方面：（3分） （1）严格遵医嘱服药，不随意增减药量。 （2）控制饮食，减少钠盐、动物脂肪的摄入。 （3）保持大便通畅，避免用力排便。 （4）保持情绪稳定，减轻心理压力。 2. 表述要求如下：（2分） （1）主题和数量合适。 （2）表达方式突出重点，逻辑清晰。 （3）结合主题提出的措施或建议：每个主题不少于3条。 （4）语言简单易懂，适配老年人的理解能力。 （5）结合老年人的具体情况（如职业、性格、爱好、家庭等）	5
评价照护效果（5分）	同“通用版”		
对选手综合评判（12分）	同“通用版”		
合计			100

操作项目一百零一　识别老年人情绪和行为变化原因

识别老年人情绪和行为变化原因操作流程及评分标准

学号：　　　　　　　　　　姓名：　　　　　　　　　得分：

项目	类型	实操技能操作要求	分值
工作准备（10分）	同“通用版”		
沟通解释评估（15分）	同“通用版”		
关键操作技能（50分）	M8	1. 资料收集。 （1）护理员一边与老年人交流，一边记录老年人的话语、动作、表情等。（3分） （2）根据案例及情景，护理员收集与问题相关的资料应包含但不限于个人资料、环境、日常生活。（3分） （3）询问完毕，对老年人表示感谢和理解，能够进行安抚。（5分） （4）询问过程中要语言恰当合理，尊重老年人，关注老年人感受。（2分）	50

续 表

<table>
<tr><th>项目</th><th>类型</th><th>实操技能操作要求</th><th>分值</th></tr>
<tr><td>关键操作技能（50分）</td><td>M8</td><td>（5）记录应完善、合理。（2分）
2. 建立信任关系，预约访谈。
（1）向老年人及家属说明隐私保密原则，必要时可以签署保密协议。（3分）
（2）约定访谈地点，最好在老年人熟悉的环境中进行。（2分）
（3）向老年人说明消极情绪对健康的影响。（3分）
（4）在沟通过程中，不要让老年人觉得受到了威胁，不要把气氛搞僵，也不要试图一次就让对方完全接受某个观点，不传递负面情绪。（4分）
3. 实施访谈。
（1）访谈可以从拉家常开始，不建议马上进入主题。（2分）
（2）老年人多喜欢被问询个人的健康情况，认为自己得到了关注。（5分）
（3）如果老年人性格较为内向，不善言辞，护理员可多问细节，启发受访老年人做出反馈。（4分）
（4）对于敏感性问题，可以旁敲侧击地进行提问。（3分）
（5）在访谈过程中，主要以开放式问题为主，尽量避免封闭性问题。（4分）
（6）在对老年人有了一定的了解后，才可以开始进行封闭性问题提问和追问。（3分）
（7）在结束访问时，要对老年人进行感谢。（2分）</td><td>50</td></tr>
<tr><td rowspan="2">健康教育（8分）</td><td>M9</td><td>针对本次照护任务，照护过程中的注意事项如下：
1. 由于老年人对躯体的关注要多于对心理的关注，护理员或社工协助老年人识别情绪和行为变化的原因时，要注意加强对老年人的心理健康教育，引导其关注心理健康。
2. 协助老年人辨析不合理信念时，主要使用倾听、澄清等沟通技巧，少批评、不评判，以保护老年人的自尊心，以维持信任关系为原则</td><td>3</td></tr>
<tr><td>M10</td><td>1. 在照护过程中结合老年人情况开展高血压病的健康教育，包括但不限于以下方面：（3分）
（1）严格遵医嘱服药，不随意增减药量。
（2）控制饮食，减少钠盐、动物脂肪的摄入。
（3）保持大便通畅，避免用力排便。
（4）保持情绪稳定，减轻心理压力。
2. 表述要求如下：（2分）
（1）主题和数量合适。
（2）表达方式突出重点，逻辑清晰。
（3）结合主题提出的措施或建议：每个主题不少于3条。
（4）语言简单易懂，适配老年人的理解能力。
（5）结合老年人的具体情况（如职业、性格、爱好、家庭等）</td><td>5</td></tr>
<tr><td>评价照护效果（5分）</td><td colspan="3">同“通用版”</td></tr>
</table>

续 表

项目	类型	实操技能操作要求	分值
对选手综合评判（12 分）	同“通用版”		
合计			100

操作流程

操作视频

测试题

第三节　心理辅导

操作项目一百零二　应对岗位工作压力

应对岗位工作压力操作流程及评分标准

学号：　　　　姓名：　　　　得分：

项目	类型	实操技能操作要求	分值
工作准备（10分）	同“通用版”		
沟通解释评估（15分）	同“通用版”		
关键操作技能（50分）	M8	1. 识别压力表现。 （1）一边与实习生交流，一边记录实习生的压力表现。（3分） （2）根据案例及情景，在与实习生沟通过程中，应对实习生包含但不限于心理表现、生理表现、行为症状等进行记录。（3分） （3）询问完毕，对实习生表示感谢和理解，能够进行安抚。（2分） （4）询问过程中要语言恰当合理，关注实习生感受。（2分） （5）记录应完善、合理。（2分） 2. 识别压力来源。 （1）沟通实习生工作内容，识别让实习生产生压力的因素。（5分） （2）沟通时，方法正确，观察全面。（5分） 3. 改进措施。 （1）向实习生解释，护理压力增加的因素通常有哪些。（5分） （2）向实习生解释应对岗位工作压力的措施。（4分） （3）沟通应语言恰当、合理，沟通有效。（2分） 4. 协助改进。 （1）根据措施，协助实习生应对岗位工作压力。（5分） （2）根据案例及改进措施，协助实习生消除由工作认知不足带来的烦恼。（3分） （3）根据措施，实施其他有效措施，包括但不限于进行自我照顾、编写心理日记、提升专业技能等。（5分） （4）措施合理，不牵强。（2分） 5. 征求实习生对改进措施的意见。（2分）	50
健康教育（8分）	M9	针对本次照护任务，照护过程中的注意事项如下： 1. 人的身体通常会比人的意识更早地感受到压力，并启动应对机制。 2. 协助实习学生主动关注身体感受，并采取相应措施，舒缓压力。 3. 当感受到外在压力带来的身体感受时，应寻找适当的方法减轻压力。	3

续 表

项目	类型	实操技能操作要求	分值
健康教育（8 分）	M10	1. 在照护过程中结合实习生情况开展健康自我意识的健康教育，包括但不限于以下方面：（每条 1 分，至少 3 条） （1）建立健康的生活习惯。每天保持健康的作息，合理的饮食、充足的睡眠、适量的运动是培养健康自我意识的基础。 （2）学会倾听自己的身体。日常生活中，要注意观察自己的身体反应，一些不适症状会对我们的健康造成一定的亏损。 （3）加强健康知识的学习积累。充分了解有关健康的信息和知识，避免盲目购买和使用保健品，为长期健康做保障。 （4）注意身心健康的平衡。在日常生活中，注意身心健康的平衡，避免因为工作压力过大，而造成身体机能减弱进而带来精神疲惫。 2. 表述要求如下：（2 分） （1）主题和数量合适。 （2）表达方式突出重点，逻辑清晰。 （3）结合主题提出的措施或建议：每个主题不少于 3 条。 （4）语言简单易懂。 （5）结合具体情况（如职业、性格、爱好、家庭等）	5
评价照护效果（5 分）	同“通用版”		
对选手综合评判（12 分）	同“通用版”		
合计			100

操作项目一百零三　指导老年人自我解压

指导老年人自我解压操作流程及评分标准

学号：　　　　　　　姓名：　　　　　　　得分：

项目	类型	实操技能操作要求	分值
工作准备（10 分）	同“通用版”		
沟通解释评估（15 分）	同“通用版”		

续　表

项目	类型	实操技能操作要求	分值
关键操作技能（50分）	M8	1. 识别老年人压力来源： （1）护理员一边与老年人交流，一边记录老年人压力来源。（4分） （2）根据案例及情景，护理员询问内容应包含但不限于构成压力的身体健康状况、生活方式变化、子女关爱、婚姻家庭情况、经济来源、人际关系、社会支持、意外事件等。（8分） （3）询问完毕，对老年人表示感谢和理解，能够进行安抚。（4分） （4）询问过程中要语言恰当合理，尊重老年人，关注老年人感受。（4分） （5）记录应完善、合理。（4分） 2. 改进措施： （1）向老年人解释老年人压力来源通常有哪些。（5分） （2）向老年人解释解压的措施。（5分） （3）沟通应语言恰当、合理，沟通有效。（3分） 3. 指导并帮助老年人解压： （1）根据措施，实施其他有效措施，包括但不限于进行心理健康教育、鼓励老年人结交新朋友、布置减压环境、保持兴趣爱好等。（6分） （2）措施合理，不牵强。（3分） 4. 征求老年人对改进措施的意见。（4分）	50
健康教育（8分）	M9	针对本次照护任务，照护过程中的注意事项如下： 1. 护理员与老年人沟通时应主动、认真倾听老年人的诉说。 2. 采取的措施应适合老年人的特点，切实可行。 3. 及时评估措施的有效性，并根据实际情况进行调整	3
	M10	1. 在照护过程中结合老年人情况开展骨关节炎的健康教育，包括但不限于以下方面：（3分） （1）注意姿势，避免长时间下蹲。 （2）注意保暖，必要时佩戴护膝，防止受凉。 （3）适量进食牛奶、豆制品、鸡蛋等。补充蛋白质和钙质，防止骨质疏松。 （4）适当运动促进血液循环，延缓骨的退行性变。 2. 表述要求如下：（2分） （1）主题和数量合适。 （2）表达方式突出重点，逻辑清晰。 （3）结合主题提出的措施或建议：每个主题不少于3条。 （4）语言简单易懂，适配老年人的理解能力。 （5）结合老年人的具体情况（如职业、性格、爱好、家庭等）	5
评价照护效果（5分）	同“通用版”		
对选手综合评判（12分）	同“通用版”		
合计			100

操作项目一百零四　识别老年人的异常心理活动，并及时上报

识别老年人的异常心理活动，并及时上报操作流程及评分标准

学号：　　　　　　　姓名：　　　　　　　得分：

项目	类型	实操技能操作要求	分值
工作准备（10分）		同“通用版”	
沟通解释评估（15分）		同“通用版”	
关键操作技能（50分）	M8	关键操作技能以“动作”为主，尽可能真实地为老年人服务。 整体要求：步骤和方法正确，不违反基本原则，能够根据实际情况完成任务。 1. 正确完成所有评估内容（共7项），每缺1项或者错误1项，扣4分。（共28分） （1）感觉紧张、焦虑或迫切。 （2）不能停止或控制担忧。 （3）对各种各样的事情担忧过多。 （4）很难放松下来。 （5）由于不安而无法静坐。 （6）变得容易烦恼或急躁。 （7）感到似乎有可怕的事情而害怕。 2. 评估结果判断正确。（6分） 判断结果：将得分相加，得到合计分数。根据以下标准初步判断： 0~4分：没有焦虑。 5~9分：轻度焦虑。 10~14分：中度焦虑。 15~21分：重度焦虑。 3. 发现老年人存在心理异常，及时上报部门主管，由机构相关人员对老年人进行集体评估后告知家属。（6分） 4. 向老年人或者家属正确解释结果，根据结果建议家属带领老年人请专业医生进行进一步检查，以明确诊断等。（6分） 5. 评估时间安排均匀合理。（4分）	50
健康教育（8分）	M9	针对本次照护任务，照护过程中的注意事项如下： 1. 应运用心理学知识，稳定老年人情况，积极配合医护人员进行照护。 2. 为保证上报准确性，需要提供书面资料，应根据详细情况做好记录。 3. 对出现异常心理问题的老年人，应安置在单独的房间，与其他老年人分隔开，防止产生不好的影响	3

续 表

项目	类型	实操技能操作要求	分值
健康教育（8分）	M10	1. 在照护过程中结合老年人情况开展有关肺部感染的健康教育，包括但不限于以下方面：（3分） （1）注意保暖，防止病情加重。 （2）多喝水，稀释痰液，有利于痰液排出。 （3）清淡饮食，避免食用辛辣、刺激性食物。 2. 表述要求如下：（2分） （1）主题和数量合适。 （2）表达方式突出重点，逻辑清晰。 （3）结合主题提出的措施或建议：每个主题不少于3条。 （4）语言简单易懂，适配老年人的理解能力。 （5）结合老年人的具体情况（如职业、性格、爱好、家庭等）	5
评价照护效果（5分）	同“通用版”		
对选手综合评判（12分）	同“通用版”		
合计			100

操作项目一百零五　根据老年人心理及情绪变化采取应对方法

根据老年人心理及情绪变化采取应对方法操作流程及评分标准

学号：　　　　　　　　姓名：　　　　　　　　得分：

项目	类型	实操技能操作要求	分值
工作准备（10分）	同“通用版”		
沟通解释评估（15分）	同“通用版”		
关键操作技能（50分）	M8	1. 和老年人讲解放松训练后，对老年人进行引导。（5分） 2. 根据老年人心理及情绪变化选择应对方法。（3分） 3. 护理员进行示范：为老年人讲解放松训练名称和配合的步骤。（6分） 4. 配合轻快的音乐，音乐声音不宜太大，能让老年人听见为宜。（3分）	50

续 表

<table>
<tr><th>项目</th><th>类型</th><th>实操技能操作要求</th><th>分值</th></tr>
<tr><td>关键操作技能（50分）</td><td>M8</td><td>5. 开始放松：
（1）闭上双眼，依次放松双脚、小腿、大腿、臀部、腰部、背部、胸部、双手、小臂、大臂、肩部、脖子、面部、头部、全身。（8分）
（2）每对各部位进行放松10s后，需紧接着让老年人感受放松及发热的感觉15s。（8分）
（3）告知老年人注意力集中，注意力越集中，放松效果越好。（4分）
（4）放松过程中注意与老年人互动，必要时，用语言和非语言进行交流。（4分）
6. 放松结束：
（1）感受所处环境，依次对双手、双脚等部位进行放松。（4分）
（2）注意观察老年人反应，发现厌烦情绪、身体疲累应及时调整活动方式或停止活动；对老年人的良好表现及时提出表扬和鼓励，维持进行放松训练的兴致。（5分）</td><td>50</td></tr>
<tr><td rowspan="2">健康教育（8分）</td><td>M9</td><td>针对本次照护任务，照护过程中的注意事项如下：
1. 沟通过程中，不可否定、质疑老年人，完全接纳老年人的负面情绪。
2. 积极反馈，用尊重和欣赏的态度肯定老年人。
3. 注意老年人个性特征及特定情境，恰当地运用语言和非语言技巧。
4. 使用肢体触摸等沟通技巧要慎重</td><td>3</td></tr>
<tr><td>M10</td><td>1. 在照护过程中结合老年人情况开展有关高血压病的健康教育，包括但不限于以下方面：（3分）
（1）严格遵照医嘱，按时服用药物。
（2）注意饮食控制与调节，减少钠盐、动物脂肪的摄入，戒烟限酒。
（3）养成定时排便的习惯，保证大便通畅。
（4）定时监测血压情况，如有不适，立即就医。
2. 表述要求如下：（2分）
（1）主题和数量合适。
（2）表达方式突出重点，逻辑清晰。
（3）结合主题提出的措施或建议：每个主题不少于3条。
（4）语言简单易懂，适配老年人的理解能力。
（5）结合老年人的具体情况（如职业、性格、爱好、家庭等）</td><td>5</td></tr>
<tr><td>评价照护效果（5分）</td><td colspan="3">同“通用版”</td></tr>
<tr><td>对选手综合评判（12分）</td><td colspan="3">同“通用版”</td></tr>
<tr><td colspan="3">合计</td><td>100</td></tr>
</table>

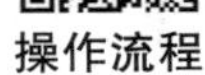
操作流程

操作视频

测试题

第五章　照护评估技术

第一节　老年人能力评估

项目导入①

操作项目一百零六　制订老年人能力评估实施计划

制订老年人能力评估实施计划操作流程及评分标准

学号：　　　　　　　　姓名：　　　　　　　　得分：

项目	类型	实操技能操作要求	分值
工作准备（10分）	同“通用版”		
沟通解释评估（15分）	同“通用版”		
关键操作技能（50分）	M8	1. 拟定评估小组人员名单： （1）评估员应由具有医学或护理学背景，或拥有社会工作者职业技能等级证书，或拥有高级养老护理员职业技能等级证书的人员担任。（6分） （2）经过专业培训获得评估员资格认证。（6分） 2. 评估工具准备： （1）能力评估基本信息表/便携式电子设备。（4分） （2）能力评估表/便携式电子设备。（4分） （3）能力评估报告/便携式电子设备。（4分） 3. 评估场所的选择： （1）与老年人家属或者护理员进行提前沟通核实，确定老年人目前的居住地址，原则上尽量在老年人日常居住场所完成评估工作。（8分） （2）告知老年人家属，至少准备3把椅子，1张桌子。（6分） 4. 评估时间选择： （1）尽量选择上午或下午午睡后，老年人精神状态饱满时。（6分） （2）如有特殊情况，请家属提前告知，变更评估时间。（6分）	50

① 请扫该二维码获取操作项目的案例描述、任务要求和用物清单。

续 表

项目	类型	实操技能操作要求	分值
健康教育（8分）	M9	本次任务的注意事项： 1. 尊重老年人的隐私和权益，确保评估过程和结果的保密性。 2. 与老年人及其家属建立良好的沟通和交流渠道，让他们了解评估的目的、过程和预期效果。 3. 评估小组成员应具备相关的专业知识和操作技能，并严格按照评估工具的使用规范进行操作和记录。 4. 老年人的能力评估应该是一个综合性的过程，需考虑身体、心理和社会功能的相互关系，并持续跟踪评估，以实现持续改善和支持	3
	M10	1. 在任务过程中结合老年人情况开展预防中耳炎的健康教育，包括但不限于以下方面：（3分） （1）保持耳道干燥，洗澡时注意保护耳朵避免进水。 （2）注意保暖，避免感冒。 （3）根据老年人的身体状况加强营养，保持饮食清淡，尽量避免辛辣食物，鼓励其摄入高蛋白、高纤维素的饮食。 2. 表述要求如下：（2分） （1）主题和数量合适。 （2）表达方式突出重点，逻辑清晰。 （3）结合主题提出的措施或建议：每个主题不少于3条。 （4）语言简单易懂，适配老年人的理解能力。 （5）结合老年人的具体情况（如职业、性格、爱好、家庭等）	5
评价照护效果（5分）	同“通用版”		
对选手综合评判（12分）	同“通用版”		
合计			100

操作项目一百零七　对老年人进行能力评估后，划分老年人的照护等级

对老年人进行能力评估后，划分老年人的照护等级操作流程及评分标准

学号：　　　　　　　　姓名：　　　　　　　　得分：

项目	类型	实操技能操作要求	分值
工作准备（10分）	同“通用版”		

续 表

项目	类型	实操技能操作要求	分值
沟通解释评估（15分）	同“通用版”		
关键操作技能（50分）	M8	1. 收集基本信息： 包括评估信息表、评估对象基本信息、联系人和信息提供者信息。（6分） 2. 按照能力评估表进行逐项评估： （1）评估员按照能力评估表进行评估，填写每个项目的评分。（10分） （2）确定相应一级指标的分级。（8分） 3. 确定能力等级并根据评估结果划分照护等级： （1）评估员根据4个一级指标的分级，填写能力评估结果判定卡。（8分） （2）确定能力等级。（2分） （3）根据评估结果划分照护等级。（2分） （4）填写能力评估报告。（2分） 4. 告知评估结果： （1）评估结束后，告知评估对象本次评估的结果及照护等级。（4分） （2）征求评估对象对评估结果的意见。（4分） （3）请评估对象和信息提供者签名。（2分） 5. 整理评估资料： 将评估资料整理成册。（2分）	50
健康教育（8分）	M9	针对本次任务的注意事项如下： 1. 尊重老年人的隐私和权益，确保评估过程和结果的保密性。 2. 与老年人及家属建立良好的沟通和交流渠道，让他们了解评估的目的、过程和预期效果。 3. 评估小组成员应具备相关的专业知识和操作技能，并严格按照评估工具的使用规范进行操作和记录。	3
	M10	1. 在照护过程中结合老年人情况开展高血压病的健康教育，包括但不限于以下方面：（3分） （1）采用低盐饮食，减少食用高盐、高脂肪和高胆固醇的食物。增加摄入新鲜水果、蔬菜、全谷物和蛋白质，如鱼、家禽和豆类。 （2）适当运动，有氧运动如快走、跑步、游泳或骑自行车等，每周至少进行150min。锻炼可以降低血压、提高心肺功能和增强免疫力。 （3）戒烟限酒，烟草和酒精对血压有负面影响，所以最好避免吸烟和过量饮酒。 （4）定期测量血压，掌握自己的血压情况。如果血压高于正常范围，及时采取必要的措施。 （5）遵医嘱服药，并定期复诊监测血压和调整用药剂量。 （6）良好的睡眠质量、规律的作息时间和足够的休息都是保持健康的关键。 2. 表述要求如下：（2分） （1）主题和数量合适。 （2）表达方式突出重点，逻辑清晰。 （3）结合主题提出的措施或建议：每个主题不少于3条。 （4）语言简单易懂，适配老年人的理解能力。 （5）结合老年人的具体情况（如职业、性格、爱好、家庭等）	5

续 表

项目	类型	实操技能操作要求	分值
评价照护效果（5 分）	同“通用版”		
对选手综合评判（12 分）	同“通用版”		
合计	100		

操作项目一百零八　对老年人照护风险进行评估后，对照护等级进行调整

对老年人照护风险进行评估后，对照护等级进行调整操作流程及评分标准

学号：　　　　　　　　姓名：　　　　　　　　得分：

项目	类型	实操技能操作要求	分值
工作准备（10 分）	同“通用版”		
沟通解释评估（15 分）	同“通用版”		
关键操作技能（50 分）	M8	1. 风险评估对象： 身体情况有变化的老年人（新入院、转入、身体情况有变化、定期评估）。（6 分） 2. 按照风险评估表进行逐项评估： （1）评估员按照风险评估表进行评估，填写每个项目的评分。（10 分） （2）汇总风险评估的分数。（8 分） 3. 确定风险等级： （1）评估员根据风险评估的分数划分风险等级。（8 分） （2）确定风险等级。（2 分） （3）根据风险评估结果调整照护等级。（2 分） （4）填写风险评估报告。（2 分） 4. 告知评估结果： （1）评估结束后，告知评估对象其存在的风险。（4 分） （2）征求评估对象对评估结果的意见。（2 分） （3）请评估对象和家属签署风险告知单。（2 分） 5. 整理评估资料： （1）将风险评估资料整理成册。（2 分） （2）根据风险评估相关要求进行续评估。（2 分）	50

续 表

<table>
<tr><th>项目</th><th>类型</th><th>实操技能操作要求</th><th>分值</th></tr>
<tr><td rowspan="2">健康教育
（8 分）</td><td>M9</td><td>针对本次照护任务，照护过程中的注意事项如下：
1. 在进行风险评估时，必须尊重老年人的意愿和自主权，不得强迫其接受评估或实施不必要的干预措施。
2. 与医生、护士、社工等专业人员合作进行评估或者制定防范措施，可以从更专业的角度看待问题、解决问题。
3. 评估过程中需向老年人解释如何采取相应措施来防范可能存在的风险，这些措施应该详细、明确，并且需要老年人的配合。
4. 老年人的身体状况、认知能力、生活方式等存在较大差异，需要综合考虑这些因素进行评估和干预。</td><td>3</td></tr>
<tr><td>M10</td><td>1. 在照护过程中结合老年人情况开展预防跌倒的健康教育，包括但不限于以下方面：（3 分）
（1）保持居室环境干净整洁，避免地上有绊脚物。所需的日常用品应放在容易拿取的高度。地板要保持干燥，避免突出的门框或地毯。
（2）穿着舒服、底部防滑、尺码合适的鞋子，衣服不宜过长，以避免绊倒。
（3）有些药物（如降压药、安眠药等）可能会导致眩晕或影响平衡。如果老年人在服用特定药物后发现自己更容易摔倒，应告诉医生。
（4）保持身体健康，进行适当的体力活动，如太极拳、散步、瑜伽等，可以提高身体协调性和平衡能力。
（5）吃富含钙和维生素 D 的食物，可以帮助强壮骨骼，预防跌倒的发生。
2. 表述要求如下：（2 分）
（1）主题和数量合适。
（2）表达方式突出重点，逻辑清晰。
（3）结合主题提出的措施或建议：每个主题不少于 3 条。
（4）语言简单易懂，适配老年人的理解能力。
（5）结合老年人的具体情况（如职业、性格、爱好、家庭等）</td><td>5</td></tr>
<tr><td>评价照护效果
（5 分）</td><td colspan="3">同“通用版”</td></tr>
<tr><td>对选手综合评判
（12 分）</td><td colspan="3">同“通用版”</td></tr>
<tr><td colspan="3">合计</td><td>100</td></tr>
</table>

操作流程

操作视频

测试题

第二节　照护计划制订

项目导入

操作项目一百零九　识别主要照护问题，并制订照护计划

识别主要照护问题，并制订照护计划操作流程及评分标准

学号：　　　　　　　　姓名：　　　　　　　　得分：

项目	类型	实操技能操作要求	分值
工作准备（10分）	同“通用版”		
沟通解释评估（15分）	同“通用版”		
关键操作技能（50分）	M8	1. 评估能力等级： 评估员按照能力评估表进行评估，确定能力等级。（6分） 2. 识别照护问题： （1）评估身体状况。（2分） （2）评估精神心理状况。（2分） （3）评估疾病情况。（2分） （4）评估社会支持情况。（2分） （5）评估居住环境。（2分） （6）评估潜在风险因素。（2分） 3. 设定预期目标。（2分） 4. 制订照护计划： （1）饮食照料。（4分） （2）睡眠照料。（4分） （3）清洁照料。（4分） （4）排泄照料。（4分） （5）康复训练。（4分） （6）心理慰藉。（4分） 5. 告知老年人及家属照护计划内容。（3分） 6. 整理资料： 填写个案照护计划单。（3分）	50
健康教育（8分）	M9	针对本次照护任务，照护过程中的注意事项如下： 1. 制订照护计划前应了解老年人的健康状况、生活习惯、喜好以及病史等。 2. 照护计划应考虑老年人的长期需求，包括当前和未来可能出现的情况，如病情的变化、生活能力的下降等。 3. 照护计划应尊重老年人的选择，充分考虑他们的舒适度和尊严。同时，还要考虑家属和护理人员等其他相关人士的意见和建议。	3

续 表

项目	类型	实操技能操作要求	分值
健康教育（8分）	M9	4. 随着老年人健康状况和需求的变化，照护计划也应定期进行更新和调整，必要时应寻求专业意见。	3
	M10	1. 在照护过程中结合老年人情况开展帕金森病的健康教育，包括但不限于以下方面：（3分） （1）保持均衡饮食，积极摄取蛋白质、纤维和各种维生素，尽量避免单一饮食，以便于药物的吸收。 （2）了解所有药物的作用、用法和副作用。要按照医生或药师的建议，定时、定量服药。 （3）适度进行运动锻炼，如慢走、太极等可以帮助提高身体平衡功能，维持和提高关节灵活度。 （4）定期复查，对病情变化进行监测，同时医生可以对药物和疗程进行调整。 2. 表述要求如下：（2分） （1）主题和数量合适。 （2）表达方式突出重点，逻辑清晰。 （3）结合主题提出的措施或建议：每个主题不少于3条。 （4）语言简单易懂，适配老年人的理解能力。 （5）结合老年人的具体情况（如职业、性格、爱好、家庭等）	5
评价照护效果（5分）	同“通用版”		
对选手综合评判（12分）	同“通用版”		
合计			100

操作项目一百一十　进行阶段性能力评估，并调整照护计划

进行阶段性能力评估，并调整照护计划操作流程及评分标准

学号：　　　　　　　　姓名：　　　　　　　　得分：

项目	类型	实操技能操作要求	分值
工作准备（10分）	同“通用版”		
沟通解释评估（15分）	同“通用版”		

续 表

项目	类型	实操技能操作要求	分值
关键操作技能（50分）	M8	1. 阶段性能力评估对象：（2分） 身体情况有变化的老年人、定期评估的老年人。 2. 评估能力等级：（6分） 评估员按照能力评估表进行评估，确定能力等级。 3. 识别照护问题： 通过“望、闻、问、测”四步评估法识别老年人主要的照护问题。 （1）肢体活动情况。（8分） （2）精神心理状况。（8分） （3）日常生活自理能力。（8分） （4）社会支持情况。（8分） 4. 与之前的评估结果进行对比。（2分） 5. 照护计划调整。（2分） 根据再次能力评估情况对之前的照护计划进行调整并实施。 6. 将续评结果和照护计划调整内容告知老年人及其家属。（3分） 7. 整理资料：（3分） 填写调整后的个案照护计划单	50
健康教育（8分）	M9	针对本次照护任务，照护过程中的注意事项如下： 1. 调整照护计划前应对老年人的健康状况、能力状况等再次进行评估。 2. 每次调整照护计划前，都应该咨询老年人本人的意见，并尽量满足他们的需求和期望。 3. 与医疗团队、家庭成员、康复师、社工师等密切沟通和合作，确保所有人都明白照护计划的变化，并共同协作实施。 4. 照护计划是一个灵活、不断调整的过程。如无特殊情况每半年对照护计划进行评估并做适当调整	3
	M10	1. 在照护过程中结合老年人情况开展改善睡眠质量的健康教育，包括但不限于以下方面：（3分） （1）建立规律的作息，早睡早起。 （2）适当运动，定期运动可以提高夜晚的睡眠质量，但要避免睡觉前做剧烈运动。 （3）晚饭不可吃得太饱，不喝咖啡或其他刺激性饮料。 （4）午睡时间不可过久，尽量限制在30min之内。 2. 表述要求如下：（2分） （1）主题和数量合适。 （2）表达方式突出重点，逻辑清晰。 （3）结合主题提出的措施或建议：每个主题不少于3条。 （4）语言简单易懂，适配老年人的理解能力。 （5）结合老年人的具体情况（如职业、性格、爱好、家庭等）	5
评价照护效果（5分）	同“通用版”		

续　表

项目	类型	实操技能操作要求	分值
对选手综合评判（12分）	同“通用版”		
合计			100

操作项目一百一十一　撰写能力评估报告

撰写能力评估报告操作流程及评分标准

学号：　　　　　　　　　姓名：　　　　　　　　　得分：

项目	类型	实操技能操作要求	分值
工作准备（10分）	同“通用版”		
沟通解释评估（15分）	同“通用版”		
关键操作技能（50分）	M8	1. 撰写老年人能力评估基本信息表。 （1）评估信息表。 评估信息表包括老年人的评估编号，评估基准日期，评估原因，以及首次评估、常规评估、即时评估、因对评估结果有疑问进行的复评等。（4分） （2）评估对象基本信息表。 评估对象基本信息表包括老年人的姓名、性别、出生日期、身高、体重、民族、宗教信仰、居民身份证号码、文化程度、居住情况、婚姻状况、医疗费用支付方式、经济来源、近30天内照护风险事件等内容。（4分） （3）信息提供者及联系人信息表。 信息提供者及联系人信息表包括信息提供者的姓名、信息提供者与老年人的关系、联系人姓名、联系人电话等内容。（4分） 2. 撰写老年人能力评估表。 （1）自理能力评估表。 自理能力评估表主要由进食、修饰、洗澡、穿/脱上衣、穿/脱裤子和鞋袜、小便控制、大便控制、如厕8个条目构成。各条目得分相加得出老年人自理能力总分。（8分） （2）基础运动能力评估表。 基础运动能力评估表主要由床上体位转移、床椅转移、平地行走、上下楼梯4个条目构成。各条目得分相加得出老年人基础运动能力总分。（8分）	50

续 表

项目	类型	实操技能操作要求	分值
关键操作技能（50分）	M8	（3）精神状态评估表。 精神状态评估表主要由时间定向、空间定向、人物定向、记忆、理解能力、表达能力、攻击行为、抑郁症状、意识水平9个条目构成。各条目得分相加得出老年人精神状态总分。（8分） （4）感知觉与社会参与评估表。 感知觉与社会参与评估表主要由视力、听力、执行日常事务、使用交通工具外出、社会交往能力5个条目构成。各条目得分相加得出老年人感知觉与社会参与总分。（8分） 3. 撰写老年人能力评估报告。 （1）老年人能力评估报告主要由一级指标分级、初级等级得分、老年人能力初步等级、能力等级变更依据、老年人能力最终等级等条目构成。（2分） （2）由评估员两人进行签字并写明日期、评估地点。（2分） （3）由信息提供者进行核查无误后签名并写明日期。（2分）	50
健康教育（8分）	M9	针对本次照护任务，照护过程中的注意事项如下： 1. 老年人能力评估报告内容应真实准确，避免弄虚作假。 2. 老年人能力评估报告应工整、清晰，不要随意涂抹。 3. 老年人能力评估报告应使用专业术语。 4. 老年人能力评估报告中出现记录错误时，应用双线画在错误处，保留原记录清楚、可辨，并注明修改时间，修改人签名。不得采用刮、粘、涂等方法盖或去除原来的字迹。 5. 老年人能力评估报告应按照规定的内容填写，并由相应专业技术人员签名。 6. 老年人能力评估报告一律使用阿拉伯数字书写日期和时间，采用24h制记录。 7. 老年人能力评估报告中涉及知情同意书，应由老年人或托送人签字。 8. 老年人能力评估报告中的相关疾病诊断、健康档案等，可另附页。 9. 老年人能力评估报告中相关资料应在老年人离院后及时归档	3
	M10	1. 在照护过程中结合老年人情况开展预防噎食的健康教育，包括但不限于以下方面：（3分） （1）吃东西时不要急躁，需要慢慢咀嚼，然后再吞咽。 （2）避免食用花生米、瓜子、核桃及黏糯的食物等。 （3）吃东西时注意力集中，不要一边吃饭一边说话或大笑。 2. 表述要求如下：（2分） （1）主题和数量合适。 （2）表达方式突出重点，逻辑清晰。 （3）结合主题提出的措施或建议：每个主题不少于3条。 （4）语言简单易懂，适配老年人的理解能力。 （5）结合老年人的具体情况（如职业、性格、爱好、家庭等）	5

续 表

项目	类型	实操技能操作要求	分值
评价照护效果（5 分）	同“通用版”		
对选手综合评判（12 分）	同“通用版”		
合计			100

操作流程

操作视频

测试题

第三节 适老环境和辅具使用评估

操作项目一百一十二 对适老环境进行评估，并提出整改建议

对适老环境进行评估，并提出整改建议操作流程及评分标准

学号：　　　　　　姓名：　　　　　　得分：

项目	类型	实操技能操作要求	分值
工作准备（10分）	同“通用版”		
沟通解释评估（15分）	同“通用版”		
关键操作技能（50分）	M8	1. 评估时： （1）了解老年人的生活习惯和需求。（6分） （2）评估居室环境（门厅、起居室、厨房、餐厅、卧室、卫生间）测量并拍照。（8分） （3）评估时间不宜过长，以1h为宜。（4分） 2. 评估后： （1）向老年人及其家属指出居家环境主要存在的问题。（10分） （2）提出改造建议，耐心讲解。（10分） （3）听取老年人及其家属建议。（10分） （4）双方达成共识，老年人及其家属签字。（2分）	50
健康教育（8分）	M9	针对本次照护任务，照护过程中的注意事项如下： 1. 检查家中是否存在易引发意外（如滑倒、撞击等）的因素。确保地面平整稳固，没有障碍物；厨房和浴室的地面要防滑；电器和电线要安全可靠；家具要稳固，没有锐利边角。 2. 评估家居设施是否方便老年人的日常生活，包括卫生间、浴室、厨房等。例如，安装扶手、坐便器增高器、浴室座椅、抓握杆等辅助设备，使老年人能更便捷地完成各项活动。 3. 确保室内有充足的自然光线和良好的通风，以提供一个舒适的居住环境。可以考虑使用合适的灯具和窗帘来调节光线，以及安装空调或风扇来调节温度。 4. 评估家中是否方便老年人的行动和活动。例如，门口、走廊和楼梯宽敞，没有门槛；家具和储物间的高度适中，物品易拿取。 5. 对居住环境的布局和氛围进行评估，为老年人提供一个安静、温馨、舒适的生活空间。考虑到老年人的社交需求，居住环境还应有助于老年人保持积极心态和精神健康	3

续 表

项目	类型	实操技能操作要求	分值
健康教育（8 分）	M10	1. 在照护过程中结合老年人情况开展骨关节炎的健康教育，包括但不限于以下方面：（3 分） （1）减轻体重，可以减少关节的负担，缓解骨关节炎症状。 （2）适度锻炼，选择适合自己的运动方式，如步行、游泳、瑜伽等。 （3）摄入富含维生素、矿物质和抗氧化剂的食物，如蔬菜、水果、全谷类食物和健康脂肪（鱼类、坚果等），有助于减缓骨关节炎的进展。 （4）按照医生的处方和建议使用适当的药物，如非处方的非甾体抗炎药（NSAIDs），以缓解关节疼痛和炎症。 （5）根据需要使用辅助工具，如拐杖、助行器、关节支具等，帮助减轻关节的负担。 （6）避免长时间保持同一姿势，注意采取正确姿势以及进行适当的休息和延伸，以减少关节的不适和僵硬。 2. 表述要求如下：（2 分） （1）主题和数量合适。 （2）表达方式突出重点，逻辑清晰。 （3）结合主题提出的措施或建议：每个主题不少于 3 条。 （4）语言简单易懂，适配老年人的理解能力。 （5）结合老年人的具体情况（如职业、性格、爱好、家庭等）	5
评价照护效果（5 分）	同“通用版”		
对选手综合评判（12 分）	同“通用版”		
合计			100

操作项目一百一十三　对老年人康复辅具使用需求进行评估

对老年人康复辅具使用需求进行评估操作流程及评分标准

学号：　　　　　　姓名：　　　　　　得分：

项目	类型	实操技能操作要求	分值
工作准备（10 分）	同“通用版”		
沟通解释评估（15 分）	同“通用版”		

续 表

项目	类型	实操技能操作要求	分值
关键操作技能（50分）	M8	1. 老年人功能及需求评估： （1）评估功能障碍类别。（4分） （2）评估肢体障碍程度。（4分） （3）评估与康复辅助器具相关的障碍程度。（4分） （4）临床诊断。（2分） 2. 老年人的需求评估： （1）评估康复辅助器具使用的目的。（2分） （2）评估康复辅助器具使用环境。（2分） （3）评估康复辅助器具操作方式。（2分） （4）评估康复辅助器具使用性质。（2分） （5）评估现有康复辅助器具种类。（2分） （6）评估目前康复辅助器具来源及使用情形、使用性质。（4分） 3. 康复辅助器具适配老年人的身体功能检查测量评估结果。（8分） 4. 康复辅助器具选用建议。（6分） 5. 康复辅助器具使用后续跟踪回访记录（8分）	50
健康教育（8分）	M9	针对本次照护任务，照护过程中的注意事项如下： 1. 检查家中是否存在易引发意外（如滑倒、撞击等）的因素。确保地面平整稳固，没有障碍物；厨房和浴室的地面要防滑；电器和电线要安全可靠；家具要稳固，没有锐利边角。 2. 评估家居设施是否方便老年人的日常生活，包括卫生间、浴室、厨房等。例如安装扶手、坐便器增高器、浴室座椅、抓握杆等辅助设备，使老年人能更便捷地完成各项活动。 3. 确保室内有充足的自然光线和良好的通风，以提供一个舒适的居住环境。可以考虑使用合适的灯具和窗帘来调节光线，以及安装空调或风扇来调节温度。 4. 评估家中是否方便老年人的行动和活动。例如，门口、走廊和楼梯宽敞，没有门槛；家具和储物间的高度适中，物品易拿取。 5. 对居住环境的布局和氛围进行评估，为老年人提供一个安静、温馨、舒适的生活空间。考虑到老年人的社交需求，居住环境还应有助于老年人保持积极心态和精神健康	3
	M10	1. 在照护过程中结合老年人情况开展类风湿关节炎的健康教育，包括但不限于以下方面：（3分） （1）减轻体重可以减少关节的负担。 （2）适度锻炼，选择适合自己的运动方式，运动方式以保持关节灵活性和肌肉强度为主，如步行、游泳、瑜伽等。 （3）注意保暖，减少寒冷刺激。 （4）休息与放松，短时休息或睡眠可以缓解类风湿关节炎引起的乏力、关节僵痛；避免紧张、焦虑，保持良好的心态，有助于关节和全身情况好转。 （5）根据需要使用辅助工具，如拐杖、助行器、关节支具等，帮助减轻关节的负担。	5

续 表

项目	类型	实操技能操作要求	分值
健康教育（8分）	M10	（6）服用抗风湿药物过程中出现发热、黑便、长期干咳（尤其活动后加重）、多发口腔溃疡、关节僵硬或肿痛持续加重等情况，应及时就诊。 2. 表述要求如下：（2分） （1）主题和数量合适。 （2）表达方式突出重点，逻辑清晰。 （3）结合主题提出的措施或建议：每个主题不少于3条。 （4）语言简单易懂，适配老年人的理解能力。 （5）结合老年人的具体情况（如职业、性格、爱好、家庭等）	5
评价照护效果（5分）	同“通用版”		
对选手综合评判（12分）	同“通用版”		
合计			100

操作流程

操作视频

测试题

第四节　专项功能评估

项目导入

操作项目一百一十四　对老年人常见身体、心理和社会功能等进行专项评估，能识别照护的特殊问题

对老年人常见身体、心理和社会功能等进行专项评估，能识别照护的特殊问题操作流程及评分标准

学号：　　　　　　　　姓名：　　　　　　　　得分：

项目	类型	实操技能操作要求	分值
工作准备（10分）	同“通用版”		
沟通解释评估（15分）	同“通用版”		
关键操作技能（50分）	M8	1. 老年人基本状况评估： （1）详细收集老年人的基本信息。（2分） （2）了解老年人的家庭及经济情况。（2分） （3）掌握老年人身体健康基本情况。（4分） （4）老年人营养不良风险评估。（4分） （5）失禁评估。（4分） （6）肌肉功能评定。（4分） 2. 老年人心理和社会功能专项评估： （1）评估认知效能。（2分） （2）情绪体验。（2分） （3）自我认识。（2分） （4）人际交往。（2分） （5）适应能力。（2分） 3. 识别照护的特殊问题： （1）压疮风险评估。（4分） （2）跌倒风险评估。（4分） （3）噎食风险评估。（4分） （4）吞咽障碍评估。（4分） （5）疼痛评估。（4分）	50
健康教育（8分）	M9	针对本次照护任务，照护过程中的注意事项如下： 1. 在进行评估前，应与老年人沟通清楚评估的目的、内容和程序，并征得其同意。 2. 评估过程中要注意老年人的身体状况，避免出现跌倒、摔伤等意外情况。如果老年人有严重的身体或认知障碍，需要有陪护人员在场协助。 3. 根据老年人的实际情况选择合适的评估工具，如 ADL（日常生活活动能力）、IADL（独立日常生活能力）、认知功能评估量表等。工具应具有科学性、信度和有效性。	3

续 表

项目	类型	实操技能操作要求	分值
健康教育（8分）	M9	4. 若老年人来自不同的文化背景，评估过程中应尊重他们的价值观、信仰和习惯，在评估内容和方式上进行适当的调整	3
	M10	1. 在照护过程中结合老年人情况开展骨关节炎的健康教育，包括但不限于以下方面：（3分） （1）避免长时间重复使用肩膀，如举重、抬重物或进行高强度的肩部活动。如需要进行这些活动，请注意适当休息和保护肩部。 （2）使用合适的工具和设备，支持肩部和手臂的姿势。 （3）适当进行肩部锻炼可以加强肩膀周围的肌肉，减少肌肉不平衡和不稳定性，有助于预防肩周炎。避免过度锻炼和剧烈运动，以免引起肌肉拉伤或损伤。 （4）注意保持正确的坐姿和站姿，避免长时间驼背和其他不良姿势。当睡觉时，选择合适的床垫和枕头，保持颈椎和肩部的正常曲线。 （5）在肩周炎急性发作时，可以尝试冷敷（使用冰袋或者冷毛巾）来减轻疼痛和肿胀。而在缓解肌肉紧张的情况下，可以尝试热敷（使用热水袋或热湿毛巾）来放松肩部肌肉。 （6）维持健康体重，过重会增加肩膀的负重，增加肩周炎的风险。通过保持适当的体重，可以减轻肩部的负担，保持肩关节的正常功能。 2. 表述要求如下：（2分） （1）主题和数量合适。 （2）表达方式突出重点，逻辑清晰。 （3）结合主题提出的措施或建议：每个主题不少于3条。 （4）语言简单易懂，适配老年人的理解能力。 （5）结合老年人的具体情况（如职业、性格、爱好、家庭等）	5
评价照护效果（5分）	同“通用版”		
对选手综合评判（12分）	同“通用版”		
合计			100

操作项目一百一十五　制订老年人常见身体、心理和社会功能专项评估的实施计划

制订老年人常见身体、心理和社会功能专项评估的实施计划操作流程及评分标准

学号：　　　　　　　　姓名：　　　　　　　　得分：

项目	类型	实操技能操作要求	分值
工作准备（10分）	同“通用版”		

续 表

项目	类型	实操技能操作要求	分值
沟通解释评估（15分）	同“通用版”		
关键操作技能（50分）	M8	1. 前期准备阶段： （1）明确评估目的与范围： ①确定评估的主要目标，如了解老年人整体健康状况、制订个性化照护计划等。（2分） ②明确评估对象，包括机构养老的老年人、社区居家养老的老年人等。（2分） （2）组建评估团队： ①成员应包括具有医疗、护理、心理、社会工作等专业背景的评估员。（2分） ②评估员经过专业培训，取得相关资质。（2分） （3）选择评估工具： 根据评估目的，选择经过验证的标准化评估工具。（2分） （4）制订评估计划： 确定评估的时间、地点（如机构内、社区中心或入户评估）及评估方式（集中评估或个别评估）。（4分） 2. 实施评估阶段。 （1）收集基本信息： 通过询问老年人及其家属，收集老年人的姓名、年龄、性别、居住状况、过往病史等基本信息。（2分） （2）身体健康评估： ①进行全面的身体检查，包括血压、心率、呼吸、体温等生命体征的测量。（3分） ②评估老年人的视力、听力、体重、身高等，评估其日常生活活动能力（如进食、穿衣、如厕等）。（3分） （3）心理健康评估： ①使用合适的评估工具评估老年人的认知功能、情绪状态及心理健康水平。（3分） ②识别老年人是否存在抑郁、焦虑等心理问题，并评估其严重程度。（3分） （4）社会功能评估： ①了解老年人的社交支持网络，包括家庭成员、朋友和社区资源。（3分） ②评估老年人的社会参与能力。（3分） （5）记录与观察： ①在评估过程中详细记录老年人的表现、反应及评估结果。（2分） ②注意观察老年人的非言语行为。（2分） 3. 评估结果分析与反馈阶段。 （1）数据分析： ①对收集到的评估数据进行整理和分析，计算各项评分指标的总分。（2分） ②根据评分标准确定老年人的功能等级或健康状况分类。（2分） （2）撰写评估报告： ①编写详细的评估报告，包括老年人的基本信息、评估结果、存在的问题、建议的干预措施等。（2分） ②报告应由至少两名评估员签字确认。（2分） （3）反馈与沟通： ①将评估结果及时反馈给老年人及其家属，解释评估结果的意义和可能的干预方案。（2分）	50

续 表

项目	类型	实操技能操作要求	分值
关键操作技能（50分）	M8	②与老年人及其家属共同讨论并制计个性化的照护计划或健康干预措施。（2分）	50
健康教育（8分）	M9	针对本次照护任务，照护过程中的注意事项如下： 1. 在进行评估前，应与老年人沟通清楚评估的目的、内容和程序，并征得其同意。 2. 评估过程中要注意老年人的身体状况，避免出现跌倒、摔伤等意外情况。如果老年人有严重的身体或认知障碍，需要有护理员在场协助。 3. 根据老年人的实际情况选择合适的评估工具，如ADL（日常生活活动能力）、IADL（独立日常生活能力）、认知功能评估量表等。工具应具有科学性、信度和有效性。 4. 若老年人来自不同的文化背景，评估过程中应尊重他们的价值观、信仰和习惯，在评估内容和方式上进行适当的调整。	3
	M10	1. 在照护过程中结合老年人情况开展高血压病的健康教育，包括但不限于以下方面：（3分） （1）采用低盐饮食，减少食用高盐、高脂肪和高胆固醇的食物。增加摄入新鲜水果、蔬菜、全谷物和蛋白质，如鱼、家禽和豆类。 （2）适当运动，有氧运动如快走、跑步、游泳或骑自行车等，每周至少锻炼150min。锻炼可以降低血压、提高心肺功能和增强免疫力。 （3）戒烟限酒，烟草和酒精对血压有负面影响，所以最好避免吸烟和过量饮酒。 （4）定期测量血压，掌握自己的血压情况。如果血压高于正常范围，应及时采取必要的措施。 （5）遵医嘱服药，并定期复诊监测血压和调整用药剂量。 （6）良好的睡眠质量、规律的作息时间和足够的休息都是保持健康的关键。 2. 表述要求如下：（2分） （1）主题和数量合适。 （2）表达方式突出重点，逻辑清晰。 （3）结合主题提出的措施或建议：每个主题不少于3条。 （4）语言简单易懂，适配老年人的理解能力。 （5）结合老年人的具体情况（如职业、性格、爱好、家庭等）	5
评价照护效果（5分）	同“通用版”		
对选手综合评判（12分）	同“通用版”		
合计			100

操作流程

操作视频

测试题

第五节 照护计划完善

项目导入

操作项目一百一十六 进行阶段性功能评估，并调整照护计划

进行阶段性功能评估，并调整照护计划操作流程及评分标准

学号： 姓名： 得分：

项目	类型	实操技能操作要求	分值
工作准备（10分）		同“通用版”	
沟通解释评估（15分）		同“通用版”	
关键操作技能（50分）	M8	1. 制订工作计划：明确评估时间、评估内容等。（6分） 2. 选择评估指标：关节活动范围、平衡能力、肌力等。（8分） 3. 征求老年人或家属同意。（4分） 4. 进行阶段性功能评估： （1）评估自理能力。（4分） （2）评估精神状态。（4分） （3）评估基础运动能力。（4分） （4）评估感知觉与社会参与能力。（4分） 5. 整理评估资料，得出评估结果。（8分） 6. 根据阶段评估情况对之前的照护计划进行调整，并告知老年人及其家属。（8分）	50
健康教育（8分）	M9	针对本次照护任务，照护过程中的注意事项如下： 1. 在进行评估前，应与老年人沟通清楚评估的目的、内容和程序，并征得其同意。 2. 评估过程中要注意老年人的身体状况，避免出现跌倒、摔伤等意外情况。如果老年人有严重的身体或认知障碍，需要有陪护人员在场协助。 3. 根据老年人的实际情况选择合适的评估工具，如ADL（日常生活活动能力）、IADL（独立日常生活能力）、认知功能评估量表等。工具应具有科学性、信度和有效性。 4. 若老年人来自不同的文化背景，评估过程中应尊重他们的价值观、信仰和习惯，在评估内容和方式上进行适当的调整	3
	M10	1. 在照护过程中结合老年人情况开展脑卒中的健康教育，包括但不限于以下方面：（3分） （1）脑卒中的常见症状包括突然出现的剧烈头痛、意识丧失、面部肌肉无力或麻木、言语困难、眩晕、视力变化等。出现这些症状应立即就医。	5

续 表

项目	类型	实操技能操作要求	分值
健康教育（8分）	M10	（2）保持健康的体重、均衡的饮食和适度的锻炼有助于降低患脑卒中的风险。 （3）高血压是引起脑卒中的重要危险因素。定期检测血压，遵循医生的治疗建议，坚持服药，并通过饮食控制减少钠的摄入来控制血压。 （4）焦虑、压力和抑郁等心理状况与脑卒中的风险密切相关。学会有效管理压力、保持积极的心态，可以降低患脑卒中的风险。 （5）定期到医院进行身体检查和相关筛查，如颈动脉超声、心电图以及血液检测等，有助于早期发现潜在的脑卒中风险。 2. 表述要求如下：（2分） （1）主题和数量合适。 （2）表达方式突出重点，逻辑清晰。 （3）结合主题提出的措施或建议：每个主题不少于3条。 （4）语言简单易懂，适配老年人的理解能力。 （5）结合老年人的具体情况（如职业、性格、爱好、家庭等）	5
评价照护效果（5分）	同“通用版”		
对选手综合评判（12分）	同“通用版”		
合计			100

操作项目一百一十七　撰写专项功能评估报告

撰写专项功能评估报告操作流程及评分标准

学号：　　　　　　　　姓名：　　　　　　　　得分：

项目	类型	实操技能操作要求	分值
工作准备（10分）	同“通用版”		
沟通解释评估（15分）	同“通用版”		
关键操作技能（50分）	M8	1. 撰写报告概述： （1）在报告开头，提供被评估者的基本信息，包括姓名、性别、年龄、评估日期等。（4分）	50

续 表

项目	类型	实操技能操作要求	分值
关键操作技能（50 分）	M8	（2）简要介绍评估目的和方法。（4 分） 2. 评估工具和方法： （1）详细描述所使用的评估工具和方法，包括标准化工具的名称、描述、评分范围及相应解释。（5 分） （2）说明评估过程中是否有家属或护理员的参与。（3 分） 3. 功能评估结果： 详细列出老年人的功能评估结果。使用客观的语言和评分结果来描述老年人的功能水平。（5 分） 4. 强项和弱项分析： 根据评估结果，对老年人的强项和弱项进行分析。要注意突出老年人能够独立完成的功能和需要帮助的功能。（5 分） 5. 需求和建议： 根据评估结果和强项/弱项分析，提出老年人的功能需求和相应的建议。建议可以包括康复训练、辅助设备、社会支持和心理支持等方面。（8 分） 6. 家属和护理员沟通： 如果有家属或护理员参与评估过程，可以在报告中记录他们的观察结果和意见，并与老年人的评估结果进行对比。也可以与他们进行沟通，确保评估结果和建议能够得到有效落实。（8 分） 7. 报告结论： 总结评估报告的主要发现和建议。强调评估结果对老年人自身和其家庭照护的意义，给予老年人一定鼓励。（8 分）	50
	M9	针对本次照护任务，照护过程中的注意事项如下： 1. 在撰写报告时遵循客观和专业的原则，使用清晰、准确的语言。 2. 记住保护个人隐私和保密，确保报告仅限授权人员浏览和使用。 3. 报告应该简洁、易读，避免使用过多的专业术语，让读者能够轻松理解和使用报告内容	3
健康教育（8 分）	M10	1. 在照护过程中结合老年人情况开展预防阿尔茨海默病的健康教育，包括但不限于以下方面：（3 分） （1）遵循均衡营养的饮食，摄入丰富的水果、蔬菜、全谷物、健康脂肪和高质量的蛋白质。尽量限制高饱和脂肪、高胆固醇和高盐的食物摄入。 （2）进行适度的体育锻炼，如有氧运动、力量训练和灵活性锻炼。保持每周至少 150min 的中等强度运动。 （3）保持学习和社交活动的频率和多样性，如读书、学习新技能、参加群体活动等。有助于刺激大脑，从而延缓认知功能下降。 （4）控制慢性疾病，有效治疗和管理高血压病、糖尿病和高胆固醇等慢性疾病，因为这些疾病与阿尔茨海默病的风险增加相关。 （5）避免长期处于压力和焦虑中，保持良好的心理健康状态。寻找适当的应对策略，如放松技巧、冥想或专业的心理咨询。 （6）确保充足的睡眠时间，并养成健康的睡眠习惯。建立规律的睡眠时间表，创建舒适的睡眠环境。	5

续 表

项目	类型	实操技能操作要求	分值
健康教育（8分）	M10	（7）保持社交联系和互动，在家庭、朋友和社区中寻找支持。 （8）减少饮酒并遵循有关的饮酒指南，最好不吸烟或避免二手烟暴露。 2. 表述要求如下：（2分） （1）主题和数量合适。 （2）表达方式突出重点，逻辑清晰。 （3）结合主题提出的措施或建议：每个主题不少于3条。 （4）语言简单易懂，适配老年人的理解能力。 （5）结合老年人的具体情况（如职业、性格、爱好、家庭等）	5
评价照护效果（5分）	同“通用版”		
对选手综合评判（12分）	同“通用版”		
合计			100

操作项目一百一十八　组织、督导评估员开展评估

组织、督导评估员开展评估操作流程及评分标准

学号：　　　　　　　　姓名：　　　　　　　　得分：

项目	类型	实操技能操作要求	分值
工作准备（10分）	同“通用版”		
沟通解释评估（15分）	同“通用版”		
关键操作技能（50分）	M8	1. 组织、督导评估员养成正确的评估理念： （1）确立评估工作的目的：解决现在的问题，改善将来的生活状况。（4分） （2）确立评估的原则：自立支援原则、自我决定原则、个人信息使用原则、保密原则。（8分） 2. 组织、督导评估员掌握相关的评估知识： （1）加强对于长期照护风险的理解。（2分） （2）加强对评估在老年人护理过程中的重要性的理解。（2分）	50

续 表

项目	类型	实操技能操作要求	分值
关键操作技能（50 分）	M8	（3）加强对活用医疗资源及其他社会资源的理解。（2 分） （4）加强对于相关法律知识的了解。（2 分） （5）加强对人权、人格和尊严的理解。（2 分） 3. 组织、督导评估员形成基础的评估技能： （1）理解并掌握评估实施前需事先准备的工作，包括与老年人及其家属取得联系，调整、确认评估实施日期、地点及场所环境要求，完成文件、评估工具等的准备。（6 分） （2）重点掌握评估工作基本流程，尤其注意在评估开始前，首先要向老年人及其家属出示自己的身份证明并说明此次评估的目的，掌握各项文档的定义及解读方法、评估项目判断标准，以及确定最终能力等级的方法。（4 分） （3）科学、准确地表述特殊事项，做到重要记录无遗漏。（2 分） （4）掌握老年人能力评估软件的使用方法，并能在实际工作中准确应用。（2 分） （5）对于评估小组组长，还需要具有监督、指导评估员的能力，在评估结果有争议时能够对评估进行复核并解决问题。（2 分） 4. 组织、督导评估员达到能力素质要求： （1）运用评估沟通技巧建立与老年人及其家属的信赖关系。（4 分） （2）有效开展评估工作中的解释说明工作并得到认可。（4 分） （3）有效通过组织团队合作完成评估。（4 分）	50
健康教育（8 分）	M9	针对本次照护任务，照护过程中的注意事项如下： 1. 督导人员需要具备丰富的评估经验和专业知识，以确保对评估员进行准确和全面的指导。 2. 在督导过程开始前，明确评估员工作的目标和期望，这样可以确保督导人员专注于评估的关键步骤和问题。 3. 及时提供针对性的反馈和指导，帮助评估员理解其表现的优点和改进的方面。 4. 评估过程涉及患者的个人信息和隐私，督导人员必须严格遵守保密原则	3
	M10	1. 在照护过程中结合老年人情况开展预防跌倒的健康教育，包括但不限于以下方面：（3 分） （1）裤子长短合适，鞋子大小合适，可以使用防滑拖鞋，并注意保持步行平稳。 （2）进行适当的锻炼，包括力量训练、平衡练习和柔韧性训练。这些活动可以增强肌肉、提高平衡能力和稳定性，减少跌倒风险。 （3）定期检查视力和听力，及时佩戴合适的眼镜和助听器，以减少感官障碍对平衡和空间导航的影响。 （4）使用合适的辅助设备，如拐杖、助行器或手拿护理工具。 2. 表述要求如下：（2 分） （1）主题和数量合适。 （2）表达方式突出重点，逻辑清晰。 （3）结合主题提出的措施或建议：每个主题不少于 3 条。 （4）语言简单易懂，适配老年人的理解能力。 （5）结合老年人的具体情况（如职业、性格、爱好、家庭等）	5

续 表

项目	类型	实操技能操作要求	分值
评价照护效果（5分）		同“通用版”	
对选手综合评判（12分）		同“通用版”	
合计			100

操作项目一百一十九　在评估时对复杂情况进行个案处理

在评估时对复杂情况进行个案处理操作流程及评分标准

学号：　　　　　　　姓名：　　　　　　　得分：

项目	类型	实操技能操作要求	分值
工作准备（10分）		同“通用版”	
沟通解释评估（15分）		同“通用版”	
关键操作技能（50分）	M8	1. 收集信息： （1）老年人主诉：评估时对老年人无法配合或不愿配合等情况采取有效的应对措施。（5分） （2）家属主诉。（5分） （3）服务提供者主诉。（5分） 2. 分析老年人现存问题并进行分类： （1）老年人目前自己在做的事情、不做的事情。（5分） （2）老年人目前（运用残存机能）自己能做的事情、不能做的事情。（5分） （3）老年人目前稍加努力自己就能完成的事情、即将（丧失某种能力）不能完成的事情。（5分） （4）老年人自己想去做的事情、不想去做（或是想停止/结束）的事情。（5分） （5）老年人身边存在的危险的事情、即将（丧失某种能力）变得危险的事情。（5分） 3. 确定个案问题的解决优先顺序： 通过信息整理和分析，确定个案中优先要解决的问题，并妥善处理。（10分）	50

续 表

<table>
<tr><th>项目</th><th>类型</th><th>实操技能操作要求</th><th>分值</th></tr>
<tr><td rowspan="2">健康教育
（8 分）</td><td>M9</td><td>针对本次照护任务，照护过程中的注意事项如下：
1. 在评估复杂情况之前，确保对个体的背景和状况有充分的了解。了解其病史、社会环境、家庭状况以及人际关系等因素，这将有助于获得更全面和准确的评估结果。
2. 综合使用不同的信息来源，包括访谈、观察、文件资料和相关人员的反馈。这样可以获取更多的信息，进一步了解复杂情况的因素和影响。
3. 根据复杂情况的特点，选择合适的标准化评估工具。这些工具可以提供客观和可比较的数据，帮助确定问题的严重程度和优先级。
4. 根据评估结果，制订详细的个案计划，针对复杂情况中的各个问题提出适当的解决方案。确保个案计划具有可操作性、可衡量性，符合个体的需求。
5. 在处理复杂情况时，要保持高度敏感和尊重。尊重个体的隐私权和自主权，遵循专业道德原则，并提供安全和保密的环境。
6. 复杂情况的处理通常需要长期的跟进和监测。确保及时收集并分析相关数据，以评估个案计划的有效性，并根据需要进行调整和修改</td><td>3</td></tr>
<tr><td>M10</td><td>1. 在照护过程中结合老年人情况开展脑卒中的健康教育，包括但不限于以下方面：（3 分）
（1）脑卒中的常见症状包括突然出现的剧烈头痛、意识丧失、面部肌肉无力或麻木、言语困难、眩晕、视力变化等。出现这些症状应立即就医。
（2）保持健康的体重、均衡的饮食和适度的锻炼有助于降低患脑卒中的风险。
（3）高血压是引起脑卒中的重要危险因素。定期检测血压，遵循医生的治疗建议，坚持服药，并通过饮食控制减少钠的摄入来控制血压。
（4）焦虑、压力和抑郁等心理状况与脑卒中的风险密切相关。学会有效管理压力、保持积极的心态，可以降低患脑卒中的风险。
（5）定期到医院进行身体检查和相关筛查，例如颈动脉超声、心电图以及血液检测等，有助于早期发现潜在的脑卒中风险。
2. 表述要求如下：（2 分）
（1）主题和数量合适。
（2）表达方式突出重点，逻辑清晰。
（3）结合主题提出的措施或建议：每个主题不少于 3 条。
（4）语言简单易懂，适配老年人的理解能力。
（5）结合老年人的具体情况（如职业、性格、爱好、家庭等）</td><td>5</td></tr>
<tr><td>评价照护效果
（5 分）</td><td colspan="3">同“通用版”</td></tr>
<tr><td>对选手综合评判
（12 分）</td><td colspan="3">同“通用版”</td></tr>
<tr><td colspan="3">合计</td><td>100</td></tr>
</table>

操作项目一百二十　对评估实施方案进行持续改进

对评估实施方案进行持续改进操作流程及评分标准

学号：　　　　　　　　姓名：　　　　　　　　得分：

项目	类型	实操技能操作要求	分值
工作准备 （10 分）	同“通用版”		
沟通解释评估 （15 分）	同“通用版”		
关键操作技能 （50 分）	M8	1. 监管： 对评估实施方案定期监管或不定期抽查。（5 分） 2. 目标检验： （1）老年人得到相应服务。（3 分） （2）确定是否有修正评估实施方案的必要性。（3 分） 3. 评估： （1）评估老年人及其家属对服务的满意程度。（10 分） （2）在老年人及其家属要求过度护理的情况下进行沟通和解释。（5 分） （3）得到理解和认可。（6 分） （4）注意老年人反应并及时与其沟通。（5 分） 4. 根据评估实施方案找出造成满意度降低的具体内容或环节。（3 分） 5. 持续改进： 与服务提供者进行有效沟通，使得该问题点在以后的服务中得到改善。（10 分）	50
健康教育 （8 分）	M9	针对本次任务的注意事项如下： 1. 尊重老年人的隐私和权益，确保评估过程和结果的保密性。 2. 与老年人及其家属建立良好的沟通和交流渠道，让他们了解评估的目的、过程和预期效果。 3. 评估小组成员应具备相关的专业知识和操作技能，并严格按照评估工具的使用规范进行操作和记录。 4. 老年人的功能评估应该是一个综合性的过程，需考虑身体、心理和社会功能的相互关系，并持续跟踪评估，以实现持续改善和支持	3
	M10	1. 在照护过程中结合老年人情况开展脑卒中自我管理健康教育，包括但不限于以下方面：（3 分） （1）饮食清淡易消化，多食新鲜蔬果，防止暴饮暴食。 （2）定时排便。多饮水，软化粪便；顺时针按摩腹部，以帮助排便；必要时使用开塞露。 （3）积极进行功能锻炼。主动或被动地活动四肢。 （4）积极控制血压，防止脑卒中复发。主动监测血压；严格遵医嘱用药；定期随访。	5

续 表

项目	类型	实操技能操作要求	分值
健康教育（8分）	M10	（5）加强心理护理，鼓励老年人树立信心。 2. 表述要求如下：（2分） （1）主题和数量合适。 （2）表达方式突出重点，逻辑清晰。 （3）结合主题提出的措施或建议：每个主题不少于3条。 （4）语言简单易懂，适配老年人的理解能力。 （5）结合老年人的具体情况（如职业、性格、爱好、家庭等）	5
评价照护效果（5分）		同“通用版”	
对选手综合评判（12分）		同“通用版”	
合计			100

操作项目一百二十一　按照评估规范要求，处理有争议的评估结果

按照评估规范要求，处理有争议的评估结果操作流程及评分标准

学号：　　　　姓名：　　　　得分：

项目	类型	实操技能操作要求	分值
工作准备（10分）		同“通用版”	
沟通解释评估（15分）		同“通用版”	
关键操作技能（50分）	M8	1. 确定评估争议情况： “长护险”相关的评估或是政府给付护理补贴相关的评估/服务提供机构。（6分） 2. 跟踪评估： （1）在评估之后再进行一段时间（7天、14天或30天不等）的跟踪评估。（6分） （2）掌握实际护理服务情况与老年人在日常生活中表现出来的各项能力水平。（6分） 3. 召开会议： （1）根据信息收集表充分收集老年人信息。（6分） （2）会议时间提前告知相关参会人员并确认（家属、护理服务提供人员、康复师、护士、营养师）。（6分） （3）召开评估实施方案会议进行沟通和调节。（6分） （4）对有争议的问题进行充分沟通。（6分） 4. 确定意见： 将争议点最终达成一致意见。（8分）	50

续　表

项目	类型	实操技能操作要求	分值
健康教育（8分）	M9	针对本次任务的注意事项如下： 1. 尊重老年人的隐私和权益，确保评估过程和结果的保密性。 2. 与老年人及其家属建立良好的沟通和交流渠道，让他们了解评估的目的、过程和预期效果。 3. 评估小组成员应具备相关的专业知识和操作技能，并严格按照评估工具的使用规范进行操作和记录。 4. 老年人的功能评估应该是一个综合性的过程，需考虑身体、心理和社会功能的相互关系，并持续跟踪评估，以实现持续改善和支持	3
	M10	1. 在照护过程中结合老年人情况开展帕金森综合征的健康教育，包括但不限于以下方面：（3分） （1）规律生活，提高生活质量。早起使用运动疗法，可以延缓疾病的发展。 （2）按时服药，科学有效治疗。严格遵医嘱用药，不可擅自加减药物，密切观察药效及不良反应。 （3）如病情发生变化，需在医生指导下调整治疗方案，包括治疗方案和服药间隔时间。 （4）乐观向上，赶走焦虑、抑郁。正确应对负面情绪，转移注意力。使用放松疗法，如听音乐、深呼吸等。 （5）合理膳食，饮食多样化。谷类不能单一，多吃蔬果、含钙食物，注意脂肪的摄入量，食用富含抗氧化的食物。 2. 表述要求如下：（2分） （1）主题和数量合适。 （2）表达方式突出重点，逻辑清晰。 （3）结合主题提出的措施或建议：每个主题不少于3条。 （4）语言简单易懂，适配老年人的理解能力。 （5）结合老年人的具体情况（如职业、性格、爱好、家庭等）	5
评价照护效果（5分）	同“通用版”		
对选手综合评判（12分）	同“通用版”		
合计			100

操作流程

操作视频

测试题

第六章　质量管理技术

第一节　质量监督

项目导入①

操作项目一百二十二　对照护服务效果进行监督

对照护服务效果进行监督操作流程及评分标准

学号：　　　　　　　　姓名：　　　　　　　　得分：

序号	项目	评分项目描述	评分具体内容描述	等级 / 系数 / 分值	优	良	中	差	较差
				系数	1	0.75	0.5	0.25	0
1	工作准备（15分）	评分细则准备	根据机构照护服务监督制度、老年人身体情况和签订的照护服务协议内容制定照护服务考核表，考核表内容包括但不限于：服务事项、分值、质量标准、考核标准（扣分标准）、得分、评价及改进等	5					
		监督人员准备	提前了解各监督区域服务属性、服务内容、人员配置等基本情况，掌握评分细则的考核内容	5					
		物品准备	准备记录单、检查表、笔等	5					
2	监督实施（40分）	服务人员监督考核	以提问方式考察护理员是否熟悉老年人照护流程、方案、目标	10					
		服务质量监督考核	根据监督内容检查每个区域的照护工作落实情况以及服务的质量状况，实事求是，并按检查表内容逐项检查	20					
		服务记录监督考核	查看相关记录，核对照护服务内容及频次是否按照照护计划执行	10					

① 请扫该二维码获取操作项目的案例描述、任务要求和用物清单。

续　表

序号	项目	评分项目描述	评分具体内容描述	等级	优	良	中	差	较差
				系数 分值	1	0. 75	0. 5	0. 25	0
3	结果整理（15 分）	记录结果梳理	把检查后的各区域表格进行整理，逐项梳理出优秀项、合格项、不合格项	5					
		合格率评价	计算各区域照护服务记录及总照护服务记录合格率	5					
		监督结果对比	进行各区域比较，同时进行同区域本次与之前监督结果的比较	5					
4	监督评价改进（10 分）	评价督导结果并提出改进措施	分析梳理评价优秀项、合格项、不合格项及原因，提出持续改进措施	10					
5	培训督查（10 分）	跟踪评价	针对不合格项进行培训，整改后再针对各区域不合格项进行检查至合格	10					
6	注意事项（10 分）	注意事项	1. 督导检查应按照三级督导照护服务质量监督流程执行。 2. 督导事项应涵盖为老年人提供的所有照护服务，包括但不限于个人清洁卫生、饮食照料、起居照料、排泄照料、体位转移等服务。 3. 查看方法得当，查看过程中应注意保护老年人隐私	10					
总分				100					

操作项目一百二十三　对人员管理效果进行监督

对人员管理效果进行监督操作流程及评分标准

学号：　　　　　　　　　姓名：　　　　　　　　得分：

序号	项目	评分项目描述	评分具体内容描述	等级	优	良	中	差	较差
				系数 分值	1	0. 75	0. 5	0. 25	0
1	工作准备（15 分）	监督方式确定及人员划分	根据养老服务设施内人员设置实际情况，选用合适的监督方法并制订监督计划。根据监督计划对被监督对象进行划分，划分方法要合理，具有群体共性特征	5					

续 表

序号	项目	评分项目描述	评分具体内容描述	等级/系数 分值	优	良	中	差	较差
					1	0.75	0.5	0.25	0
1	工作准备（15分）	监督人员准备	提前了解机构总体质量目标及各部门的分工，熟悉人员管理效果的评价指标	5					
		物品准备	准备记录单、检查表、笔等	5					
2	监督实施（40分）	监督维度确定	根据人员管理监督计划，对每阶段人员确定两个监督调研维度。如根据试用期时间划分、根据服务开展深度划分	10					
		第一维度监督内容实施	采用座谈会、到现场、约谈等方式，了解员工的工作情况、服务对象及管理层对其的评价，肯定成绩，找出不足，促进改进	20					
		第二维度监督内容实施	协助监督对象对阶段工作状况进行总结，并对监督工作进行总结，对是否符合工作要求给出结论	10					
3	结果整理（10分）	记录结果梳理	把实施的人员管理监督结果进行整理，分段、逐项梳理出合格和不合格项	5					
		合格率评价及监督结果对比	计算不同岗位、不同阶段人员管理监督评价合格情况。进行各区域、各阶段人员管理比较，同时进行同区域本次与之前监督结果的比较	5					
4	监督评价（15分）	对监督方法的评价	评价监督方法是否符合机构人员管理总体目标，是否符合监督对象工作内容，评价指标的制定是否合理，评价表格的实用性、便捷性及可操作性	5					
		对监督内容的评价	对各阶段人员管理效果监督不合格项进行评价，从不合格项设计思路以及不合格项的原因进行评价分析，帮助区域管理者提出改进措施	5					
		对各阶段人员管理效果的评价	对各阶段人员进行的人员管理效果监督进行总体评价，从入职率、辞职率两个维度进行评价。对辞职人员的原因进行分析，并与区域负责人沟通，帮助区域负责人提升员工管理能力	5					

续 表

序号	项目	评分项目描述	评分具体内容描述	等级	优	良	中	差	较差
				系数 / 分值	1	0.75	0.5	0.25	0
5	培训督查（10分）	跟踪评价	针对人员管理效果监督中不合格项制定改进措施，要对各阶段人员再次进行培训考核，再针对性地检查不合格项目，直至合格	10					
6	注意事项（10分）	注意事项	1. 监督检查应在充分调研了解人员工作环境、工作内容等工作情况的前提下进行。 2. 监督工作应持续性开展，建立良好的评价改进机制。 3. 监督过程中，应合理运用沟通方法，避免被监督人员产生抗拒情绪	10					
总分				100					

操作项目一百二十四　对服务保障进行监督

对服务保障进行监督操作流程及评分标准

学号：　　　　　　　　姓名：　　　　　　　　得分：

序号	项目	评分项目描述	评分具体内容描述	等级	优	良	中	差	较差
				系数 / 分值	1	0.75	0.5	0.25	0
1	工作准备（15分）	监督计划的制订	根据养老服务设施服务开展内容，制订周、月、年度服务保障监督计划	5					
		监督人员准备	提前了解服务设施内开展的照护服务内容，服务质量目标及工作计划实施节点；熟悉服务保障监督的评价指标	5					
		物品准备	准备记录单、检查表、笔等	5					
2	监督实施（40分）	周重点工作监督	按照制订的周重点工作计划，使用监督的相应表格对区域内服务内容执行情况进行监督，并如实填写表格	10					
		月度工作监督	按照制订的月度服务保障监督计划，使用监督的相应表格对各区域内服务内容执行情况进行监督，并如实填写表格	20					

续　表

序号	项目	评分项目描述	评分具体内容描述	等级 / 系数 / 分值	优	良	中	差	较差
					1	0.75	0.5	0.25	0
2	监督实施（40分）	年度工作督导	按照年度督查专项服务质量保障项目计划，按照相应技术操作评价表到各区域进行抽查监督，并如实填写操作评价表	10					
3	结果整理（10分）	记录结果整理	把各区域服务项目的执行情况与质量结果进行整理	5					
		问题梳理	梳理存在的问题	5					
4	监督评价（15分）	评价区域服务保障情况	按照服务保障区域将总分值排序	5					
		评价服务保障内容执行情况	对各条目结果进行整理排序，分析服务保障内容执行情况，对同区域不同服务项目的完成情况及同一项目不同区域的完成情况进行类比分析	5					
		评价及原因分析	进行总体评价并对问题原因进行分析	5					
5	培训督查（10分）	跟踪评价	对督查的问题进行全员总结，分析原因，制定改进措施，进行培训，再督查	10					
6	注意事项（10分）	注意事项	1. 监督检查应在充分调研了解区域保障服务内容、服务对象群体特征、人员配置等工作情况的前提下进行。 2. 监督工作应持续性开展，建立良好的评价改进机制。 3. 监督过程中，应合理运用沟通方法，避免被监督人员产生抗拒情绪	10					
总分				100					

操作项目一百二十五　对服务安全进行监管

对服务安全进行监管操作流程及评分标准

学号：　　　　　　　　姓名：　　　　　　　　得分：

序号	项目	评分项目描述	评分具体内容描述	等级 / 系数 / 分值	优	良	中	差	较差
				系数	1	0.75	0.5	0.25	0
1	工作准备（15分）	监督方式确定及人员划分	根据养老机构安全管理规范制定防噎食、走失、压疮、坠床、误服、自杀、自伤等安全风险防范计划及措施，明确监督方式及相关责任人	5					
		监督人员准备	提前了解入住老年人的疾病特点及安全管理流程，熟悉服务安全的监督指标	5					
		物品准备	准备记录单、检查表、笔等	5					
2	监督实施（40分）	对新入住的老年人的督查	根据监督计划，进行入住评估督查，评估护理员是否识别了老年人的风险、评估级别是否匹配老年人的服务需求	10					
		对不良事件的督查	根据不良事件的报告，与区域员工进行原因分析，共同制定改进措施，并督查落实情况	10					
		对各部门的服务质量督查	定时或不定时对各部门、各岗位员工的服务质量进行督查	10					
		对事故处理流程的督查	对发生的不良事故，在积极救助老年人的同时，核查工作人员在操作过程中是否存在违规行为，情景重现；分析事故产生原因，出具原因分析报告	10					

续 表

序号	项目	评分项目描述	评分具体内容描述	等级	优	良	中	差	较差
				系数 分值	1	0. 75	0. 5	0. 25	0
3	结果整理（15 分）	记录结果梳理	把服务安全管理监督结果进行整理，分段、逐项梳理出合格、不合格项，对安全责任事故的督导管理结果应公示	5					
		提出整改措施	对督导不合格项目提出整改措施并通知相应责任人	5					
		监督结果应用	根据监督结果，对薄弱环节进行有针对性的培训，并在培训后再次督查	5					
4	监督评价（10 分）	对监督方法的评价	对每一次的督查进行评价，包括督查过程的合规、合理性，可以单独征求意见或开征求意见会，找出监管问题，制定改进措施	10					
5	培训督查（10 分）	跟踪评价	对梳理的督查结果进行公布，同时进行规范的培训、考核，并再次督查	10					
6	注意事项（10 分）	注意事项	1. 监督检查应在充分调研了解养老服务设施收住人员性质、入住老年人疾病情况、服务环境及服务内容等工作情况的前提下进行。 2. 监督工作应持续性开展，建立良好的评价改进机制。 3. 监督过程中，应合理运用沟通方法，避免被监督人员产生抗拒情绪	10					
总分				100					

操作流程

操作视频

测试题

第二节　质量控制

项目导入

操作项目一百二十六　对照护服务的实施进行管理

对照护服务的实施进行管理操作流程及评分标准

学号：　　　　　　　　姓名：　　　　　　　　得分：

序号	项目	评分项目描述	评分具体内容描述	等级	优	良	中	差	较差
				系数 分值	1	0.75	0.5	0.25	0
1	工作准备（15分）	评分方法细则选择	根据服务设施质量控制目标、养老服务标准、工作制度、主要职责等相关资料，确定运用的质量控制方法（前期控制），设计质量控制路径与措施（PDCA循环）	5					
		监督人员准备	提前了解监督区域服务属性、服务内容、人员配置等基本情况，掌握评分细则的考核内容并熟练掌握监督方法	5					
		物品准备	准备记录单、检查表、笔等	5					
2	熟悉计划方案（30分）	熟悉方案及监督标准要求	熟悉照护服务实施工作计划及方案，并了解计划执行的各项标准要求	10					
		服务监督流程设计	运用前馈控制方法，分析前期控制的要点，加强质量控制过程前期控制，实施护理安全管理，把各种不安全的因素控制在实施照护措施之前，从而实现照护服务目标	10					
		外在影响因素分析	认真反复地预测照护实施过程可能出现的问题和可能的影响因素，包括护理员的基本情况、技能水平、工作态度、操作熟练程度，老年人的配合度，工作环境等，必要时进行计划调整或控制影响因素，以确保目标实现	10					

续 表

序号	项目	评分项目描述	评分具体内容描述	等级 / 系数 / 分值	优	良	中	差	较差
					1	0.75	0.5	0.25	0
3	检查执行情况（25分）	监督执行	根据服务质量标准检查照护计划执行情况，并对问题进行分析和调查。运用同期控制方法，根据质量控制需要及时调整和完善监督内容	10					
		监督	重点对护理员培训记录、护理记录、安全记录、交接班手续等重点书面记录材料；工作人员的工作标准、工作流程、工作操作规范、工作注意事项等做现场检查，并如实记录	10					
		监督结果梳理	把检查后的各区域表格进行整理，逐项梳理出优秀项、合格项、不合格项	5					
4	分析问题原因（10分）	分析问题原因并提出改进措施	从养老机构管理方面、护理员服务方面、老年人方面分析查找问题原因，并针对性地提出改进措施	10					
5	控制纠正偏差（10分）	跟踪评价	通过反馈控制方法，纠正偏差。通过分析前馈控制、同期控制和反馈控制的整体情况，调整并确定合适的照护实施计划，形成照护实施过程的质量控制关键点，从而形成质量控制方案	10					
6	注意事项（10分）	注意事项	1. 检查环节要认真细致，确保找出的问题真实存在。 2. 控制方法要适宜。 3. 控制过程要注意平衡考虑各方需求	10					
总分				100					

操作项目一百二十七　对服务人员进行管理

对服务人员进行管理操作流程及评分标准

学号：　　　　　　　　姓名：　　　　　　　　得分：

序号	项目	评分项目描述	评分具体内容描述	等级 / 系数 / 分值	优	良	中	差	较差
				系数	1	0.75	0.5	0.25	0
1	工作准备（15分）	知识准备	熟悉岗位分析的概念、方法、流程及岗位说明书的内容	5					
		建立岗位分析小组并对其进行必要的培训	建立由养老服务设施主要部门负责人为成员的岗位分析小组，提前了解服务设施内设置的岗位、岗位性质及岗位工作内容，有需要的进行必要的专业化培训	5					
		制定岗位分析方案	根据岗位设置的实际及养老服务设施的要求，制定岗位分析方案。方案一般包括前言、岗位分析目的及意见、岗位分析对象、岗位分析具体内容、岗位分析方法、岗位分析时间进度安排、岗位分析的经费预算、岗位分析结果的表达形式和附录等	5					
2	明确岗位分析的目的（10分）	明确岗位管理需求及岗位分析目的	根据养老服务设施的管理要求，实际用工需求，确定岗位分析的重点和目标，即明确岗位说明书用来干什么以及解决什么	10					
3	收集岗位信息（20分）	确定收集内容	主要收集包括各岗位职责、工作开展方式、工作设施设备、学历及技能要求、社会参与方式及参与程度、其他辅助因素等	10					
		选择合适方法收集岗位信息	根据实际，选择面谈法、观察法、问卷调查法、工作日志法、体验法等方法，收集所需信息，过程中注意多种方式相结合	10					
4	分析信息（20分）	现场考察对比分析	将收集整理的信息与被管理对象实际工作进行考察对比，过程中注意随时与被管理对象进行确认并随时进行修正	5					

续 表

序号	项目	评分项目描述	评分具体内容描述	等级 / 系数 / 分值	优	良	中	差	较差
					1	0.75	0.5	0.25	0
4	分析信息（20分）	面谈	选择一线岗位人员了解岗位分析情况与实际工作情况是否相符，并根据面谈收集资料再次进行修正	5					
		现场复查	在现场考察和面谈的基础上，对岗位信息进一步澄清和明确，更加具体地掌握所获得岗位信息的真实性和可靠性	5					
		信息的综合处理	对书面材料、现场观察、与护理员面谈、现场复查中获得的信息进行梳理、分析、归类，为编制说明书做准备	5					
5	编写岗位说明书（25分）	编写准备	根据分析信息情况，制订岗位说明书初稿，并召集岗位分析调整中涉及的主管部门负责人，讨论确定岗位说明书的基本框架，并详细记录讨论的每项内容	10					
		编写岗位说明书	根据岗位的工作需要和岗位分析的特点、目的、要求等确定编写的条目	15					
6	注意事项（10分）	注意事项	1. 岗位分析一定要有明确的目的。 2. 岗位分析方法的选择一定要考虑分析的岗位性质。 3. 岗位分析是一个动态的过程，将根据岗位任务的变化进行不断完善。 4. 现场考察和现场复查时一定是同一个护理员，陪同人员最好也是同一人。 5. 岗位分析小组中一定要有护理员	10					
总分				100					

操作项目一百二十八　制定检查落实服务保障要求

制定检查落实服务保障要求操作流程及评分标准

学号：　　　　　　　　　姓名：　　　　　　　　　得分：

序号	项目	评分项目描述	评分具体内容描述	等级	优	良	中	差	较差
				系数 分值	1	0.75	0.5	0.25	0
1	工作准备（20分）	知识准备	掌握《养老设施建筑设计规范》《养老机构管理办法》及养老服务设施的安全管理制度和要求	5					
		检查项目梳理	全面梳理养老服务设施中可能存在的安全隐患和风险点，并一一列出	5					
		制备检查表格	按检查项目制备各种检查表格，以便记录检查落实情况	5					
		物品准备	手套、手电、卡尺等	5					
2	确定检查目的（10分）	确认检查目的	根据养老服务设施的服务性质、服务内容、入住老年人群体特征，对涉及老年人安全、机构安全隐患风险及不规范设置等进行全面排查、检查和改进	10					
3	成立工作小组（15分）	成立服务保障检查工作小组	成立由服务质量监督部门牵头，由服务设施负责人、质量监督部门负责人、安全及应急管理部门负责人、护理部负责人、后勤保障部负责人等组成的服务保障检查工作小组	15					
4	组织实施检查（15分）	开展监督检查	按照服务保障内容和要求进行全面检查，主要检查安全管理制度建立执行情况、设施设备配备及使用情况、护理服务质量工作流程执行情况、护理质量考核标准落实情况等	15					
5	检查结果总结（15分）	形成检查结果报告	根据监督检查情况，形成检查结果报告。结果报告一般包括检查目的、检查人员、检查过程、检查中发现的问题、改进建议及附录等。附录主要是检查工作方案、检查中形成的第一手材料，如记录表格等	15					

续 表

序号	项目	评分项目描述	评分具体内容描述	等级 / 系数 / 分值	优	良	中	差	较差
					1	0.75	0.5	0.25	0
6	检查结果反馈及改进建议（15分）	反馈检查结果并给予改进建议	服务保障检查工作小组负责人审定后，将检查结果报告经机构负责人及相关部门确认，及时将确认的检查结果反馈给各个负责部门和人员，尽快按照检查结果及改进意见落实	15					
7	注意事项（10分）	注意事项	1. 服务保障是提升养老服务质量的硬性要求，务必严格执行国家、行业及地方规定的标准、规范和要求，不能随意更改。 2. 养老机构管理层更应该重视或侧重服务保障工作，为一线工作人员和老年人提供良好的服务保障。 3. 一定要成立专门的服务保障部门，强化责任和风险意识，确保养老机构顺利运行	10					
总分				100					

操作项目一百二十九　制定服务安全检查评价

制定服务安全检查评价操作流程及评分标准

学号：　　　　　　姓名：　　　　　　得分：

序号	项目	评分项目描述	评分具体内容描述	等级 / 系数 / 分值	优	良	中	差	较差
					1	0.75	0.5	0.25	0
1	工作准备（35分）	检查评价计划的制订	按照《养老机构服务安全基本规范》以及相关文件要求，制订检查评价计划，每半年至少进行1次服务安全检查评价	5					
		成立检查评价小组	成立由相关部门负责人组成的检查评价小组，必要时对小组成员进行检查评价程序、标准、要求等培训，并对小组成员进行分工	10					
		检查评价准备	熟悉服务安全标准、政策及制度；收集并整理养老服务设施内各项要求和规范；确定检查评价流程和路线；通知各部门相关工作人员迎接检查评价	10					
		物品准备	笔、本、鞋套、口罩、手套、检查表格等	10					

续 表

序号	项目	评分项目描述	评分具体内容描述	等级 系数 分值	优	良	中	差	较差
					1	0.75	0.5	0.25	0
2	组织实施（25分）	组织开展评价并记录	灵活运用多种检查评价方法，对照检查评价标准，逐项进行检查并记录。检查过程中要秉持客观公正、高度负责的态度全面进行检查评价	25					
3	编写报告（20分）	记录结果整理	把各区域结果进行整理	10					
		将问题梳理形成报告	根据整理的检查记录结果形成检查记录报告。检查评价报告一般包括前言、检查评价目的、整体检查评价过程、整体检查评价结果、发现的优点和问题或不足部分（必须包括问题）、建议的改进措施和要求、附录	10					
4	改进服务安全要求（10分）	跟踪评价	对照发现的安全隐患和执行过程中的问题，进行各项服务安全要求整改	10					
5	注意事项（10分）	注意事项	1. 要高度重视、认真对待服务安全检查评价工作，提高服务安全意识。 2. 检查评价人员一定要了解和掌握国家、行业及地方的最新服务安全要求，及时更新观念、理念。 3. 检查评价过程中要高标准、严要求，不能有得过且过的思想。 4. 在检查评价现场发现的问题要及时反馈给工作人员，能纠正的立即纠正	10					
总分				100					

操作流程

操作视频

测试题

第三节 机构内部管理

项目导入

操作项目一百三十 建立质量管理体系

建立质量管理体系操作流程及评分标准

学号： 姓名： 得分：

序号	项目	评分项目描述	评分具体内容描述	等级	优	良	中	差	较差
				系数 分值	1	0.75	0.5	0.25	0
1	工作准备（30分）	了解服务质量管理的要求	根据服务设施的性质，了解与设施相匹配的相关管理要求及标准。了解服务设施基本情况，包括人员配比、职能分工、各岗位职责、软硬件设施配置等	10					
		了解服务质量管理的内容	了解服务设施目前的组织架构、人员配比、职能分工、岗位职责、软硬件设施配置等，了解监督流程	10					
		物品准备	纸、笔、相关文件标准	10					
2	质量管理流程制定实施（40分）	梳理机构质量管理框架	形成机构管理架构图及流程图，梳理须进行质量管理的项目	10					
		梳理质量管理目标	结合相关政策法规及标准的要求，逐项确认质量管理项目应达到的考核目标	10					
		制定质量管理流程	根据PDCA循环，对质量管理项目进行计划—评估—实施—评价全流程的质量管理	10					
		质量管理流程实施	根据制定的流程，持续性开展质量管理工作	10					

续 表

序号	项目	评分项目描述	评分具体内容描述	等级	优	良	中	差	较差
				系数 分值	1	0.75	0.5	0.25	0
3	监督评价（20分）	质量控制检查	引入外部控制，分别成立质量控制小组对质量管理流程的执行情况进行考核评价，并定期进行反馈，督促整改	10					
		评价体系更新	根据质量管理绩效目标的改变及时更新完善质量管理绩效目标内容	10					
4	注意事项（10分）	注意事项	1. 质量管理体系的建立应根据养老服务设施的性质及开展服务的特征，按照相关法律、法规及标准要求制定。 2. 质量管理体系的建立应以老年人为中心，遵循全员参与、预防为主、持续改进的原则	10					
总分				100					

操作项目一百三十一　制定组织内的质量规范、评价指标

制定组织内的质量规范、评价指标操作流程及评分标准

学号：　　　　　　　　姓名：　　　　　　　　得分：

序号	项目	评分项目描述	评分具体内容描述	等级	优	良	中	差	较差
				系数 分值	1	0.75	0.5	0.25	0
1	工作准备（15分）	了解服务质量管理的要求	根据服务设施的性质，了解与设施相匹配的相关质量要求及标准	5					
		了解服务质量管理的内容	了解服务设施目前的组织架构、人员配比、职能分工、岗位职责、软硬件设施配置等	5					
		物品准备	纸、笔、相关文件标准	5					

续 表

序号	项目	评分项目描述	评分具体内容描述	等级 / 系数 / 分值	优	良	中	差	较差
					1	0.75	0.5	0.25	0
2	规范指标制定（65分）	确认质量评价标准制定依据	根据养老服务设施服务属性、等级评定星级及服务开展内容确定制定指标引用的规范性文件或标准	10					
		确认质量规范评价的总体目标	根据引用性文件确定机构的总体目标，如服务完成率达到100%，服务满意度≥90%等	10					
		制定具体标准	根据引用性文件制定质量规范、评价标准的具体内容。如入住评估完成率100%、档案保存完好率100%等	15					
		明确操作方法及要求	根据养老服务设施组织架构及监督管理流程制定质量规范评价的流程、方法及相关工作要求。如成立考核小组，考核频次、考核记录保存要求等	15					
		制作表单	制作质量评价相关表单	15					
3	监督评价（10分）	对标准方法的监督评价	在考核执行过程中，注意搜集表单使用过程中出现的问题，并根据使用情况及时进行调整	10					
4	注意事项（10分）	注意事项	1. 质量规范、评价指标应依据主管部门的相关规章制度及标准制定。 2. 指标应根据法规制度、相关标准的更新同步修正，确保与时俱进。 3. 指标应结合养老服务设施实际情况制定，不可脱离实际工作	10					
总分				100					

操作项目一百三十二　组织实施质量评价

组织实施质量评价操作流程及评分标准

学号：　　　　　　　　姓名：　　　　　　　　得分：

序号	项目	评分项目描述	评分具体内容描述	等级 / 系数 / 分值	优	良	中	差	较差
					1	0.75	0.5	0.25	0
1	成立质控小组（10分）	成立考核评价质控小组	成立由院长任组长，各分管院长任副组长，组员由各部门主任、副主任组成的服务与管理考核评价质控小组，明确层级责任制，确保责任到人	10					
2	明确目标（10分）	明确质量评价目标	了解目前符合服务设施的相关法律法规及标准要求，梳理开展的服务项目、服务内容、岗位职责及质量评价目标，包括但不限于：了解服务对象的满意度，发现机构存在的问题并整改，申请养老机构等级评定等	10					
3	方案制定（30分）	确定质量评价方案	根据相关制度、标准要求及质量评价目标，结合养老服务设施运营模式及开展的具体服务内容制定出兼顾科学性和可操作性的考核方案。方案可通过满意度测评、机构自我测评、等级评定相关内容达标测评等方式开展	30					
4	组织实施（30分）	组织实施质量评价	各部门对照标准组织实施质量评价，不断完善服务与管理机制，领导小组督查后提出相应整改要求	30					
5	评价反馈（10分）	评价结果整改反馈	各部门进一步对照标准整改落实，将整改效果汇总反馈给上级部门	10					
6	注意事项（10分）	注意事项	1. 养老机构应至少每年开展一次自我评价。 2. 应结合养老机构服务与管理的国家标准及实际情况开展评价。 3. 自我评价要客观、真实、准确	10					
总分				100					

操作项目一百三十三　对内部质量管理做出分析，制订整改计划

对内部质量管理做出分析，制订整改计划操作流程及评分标准

学号：　　　　　　　　　姓名：　　　　　　　　得分：

序号	项目	评分项目描述	评分具体内容描述	等级 / 系数 / 分值	优	良	中	差	较差
					1	0.75	0.5	0.25	0
1	成立质控小组（10分）	成立考核评价质控小组	成立由生活照料、医疗护理、社会工作、膳食保障、安全应急等部门人员组成的综合管理机构的考核评价质控小组，必要时对小组成员进行相关技术培训	10					
2	制定流程（10分）	制定考核整改流程	根据养老服务设施质量管理相关要求制定考核整改流程图。梳理服务设施监督管理流程，逐级划分任务，责任到人	10					
3	事件分析（20分）	分析案例或评估结果	对提交的案例或评估考核报告进行系统分析。围绕案例的起因、过程和结果对各项服务的开展情况进行评价，包含但不限于：入院评估的实施、生活照料服务的实施、医疗保健服务的实施、安全服务的实施、服务流程衔接及相关外部因素的影响等	20					
4	评价反馈（50分）	整理相关数据形成报告	对分析出的问题原因进行总结	10					
		给出整改意见	针对出现的问题给出整改建议	20					
		结果反馈	与机构管理层共同讨论分析结果和对策建议，在达成共识的基础上反馈考核对象，依据建议对机构服务做出改进	20					
5	注意事项（10分）	注意事项	1. 分析管理现状时应从养老服务设施实际工作出发，综合、全面地分析事件产生原因。 2. 整改计划的制订应符合工作需求及工作开展进度，不可盲目制订。	10					

续 表

序号	项目	评分项目描述	评分具体内容描述	等级	优	良	中	差	较差
				系数 分值	1	0.75	0.5	0.25	0
5	注意事项（10分）	注意事项	3. 原因分析及制订改进计划时，应明确各部门、各岗位职责分工，责任到人，防止出现职责划分不清的情况	10					
总分				100					

操作流程

操作视频

测试题

第四节　质量系统评价

项目导入

操作项目一百三十四　机构或组织的服务及管理质量评价

机构或组织的服务及管理质量评价操作流程及评分标准

学号：　　　　　　　　姓名：　　　　　　　　得分：

序号	项目	评分项目描述	评分具体内容描述	等级	优	良	中	差	较差
				系数 分值	1	0.75	0.5	0.25	0
1	成立质控小组（30分）	了解服务质量管理的内容及服务质量管理的要求	了解目前符合服务设施的相关法律法规及标准要求，梳理开展的服务项目、服务内容、岗位职责及相关绩效目标	10					
		成立考核评价质控小组	成立由生活照料、医疗护理、社会工作、膳食保障、安全应急等部门人员组成的综合管理机构的考核评价质控小组，必要时对小组成员进行相关技术培训	10					
		物品准备	纸、笔、考核表等	10					
2	组织评价（40分）	梳理考核指标	梳理考核指标内容，对质量评价的目标、原则、方法、过程等取得统一共识	10					
		制订考核计划	根据相关制度、标准要求，结合养老服务设施运营模式及开展的具体服务内容制订出兼顾科学性和可操作性的评价计划	10					
		现场考核打分	根据计划及考核表，选择适宜的考核方法逐项进行考核打分并记录。如观察法、问卷调查法、访谈法、记录追溯法等	20					

续　表

序号	项目	评分项目描述	评分具体内容描述	等级	优	良	中	差	较差
				系数 分值	1	0.75	0.5	0.25	0
3	评价反馈（20分）	整理相关数据形成报告	对收集到的数据进行系统分析、总结，并形成评价报告	10					
		结果反馈	与机构管理层共同讨论评价结论和对策建议，在达成共识的基础上依据建议对机构服务做出改进	10					
4	注意事项（10分）	注意事项	1. 服务质量的评价标准应根据养老服务设施的性质及开展服务的特征，按照相关法律、法规及标准要求制定。 2. 服务质量评价应该全面、综合、持续进行	10					
总分				100					

操作项目一百三十五　发现机构或组织存在的质量问题，并提出整改建议

发现机构或组织存在的质量问题，并提出整改建议操作流程及评分标准

学号：　　　　　　　　姓名：　　　　　　　　得分：

序号	项目	评分项目描述	评分具体内容描述	等级	优	良	中	差	较差
				系数 分值	1	0.75	0.5	0.25	0
1	成立质控小组（10分）	成立质控小组	根据服务内容的不同，成立服务质量、护理文书、院内感染控制等质控小组，确定小组成员及考核标准，必要时对小组成员先进行相关技术培训	10					
2	制定流程（10分）	制定质控检查相关流程	根据养老服务设施质量管理相关要求制定质控检查实施方案。梳理服务设施质控检查的内容、频次，小组成员就考核标准达成一致的评价意见	10					

续 表

序号	项目	评分项目描述	评分具体内容描述	等级 系数 分值	优 1	良 0.75	中 0.5	差 0.25	较差 0
3	质控检查（20分）	实施质控检查	依据实施方案及考核标准，对养老服务设施的服务质量进行全方位的考核并记录	20					
4	评价反馈（50分）	整理相关数据形成报告	围绕问题产生的内、外部因素对考核结果进行分析总结，并形成考核报告	10					
		给出整改意见	针对出现的问题逐项给出整改建议	20					
		结果反馈	与机构管理层共同讨论分析结果和对策建议，在达成共识的基础上反馈考核对象，依据建议对机构服务做出改进	20					
5	注意事项（10分）	注意事项	1. 分析质量问题时应从养老服务设施实际工作出发，综合、全面分析事件产生原因。 2. 整改计划的制订应符合工作需求及工作开展进度，不可盲目制订。 3. 原因分析及制订改进计划时，应明确各部门、各岗位职责分工，责任到人，防止出现职责划分不清的情况	10					
总分				100					

操作项目一百三十六　对机构或组织整改效果进行再评价

对机构或组织整改效果进行再评价操作流程及评分标准

学号：　　　　　　　姓名：　　　　　　　得分：

序号	项目	评分项目描述	评分具体内容描述	等级 系数 分值	优 1	良 0.75	中 0.5	差 0.25	较差 0
1	成立质控小组（10分）	成立质控小组	根据服务内容的不同，成立服务质量、护理文书、院内感染控制等质控小组，确定小组成员及考核标准，必要时对小组成员先进行相关技术培训	10					

续 表

序号	项目	评分项目描述	评分具体内容描述	等级 / 系数 / 分值	优	良	中	差	较差
				系数	1	0.75	0.5	0.25	0
2	制定流程（10分）	制定质控检查及整改相关流程	根据养老服务设施质量管理相关要求制定质控检查及整改实施方案。梳理服务设施质控检查及整改检查的内容、频次，小组成员就考核标准达成一致的评价意见	10					
3	质控检查（10分）	实施质控检查	依据实施方案及考核标准，对养老服务设施的服务质量进行全方位的考核并记录	10					
4	评价反馈（30分）	整理相关数据形成报告	围绕问题产生的内、外部因素对考核结果进行分析总结，并形成考核报告	10					
		给出整改意见	针对出现的问题逐项给出整改建议，并反馈给考核对象，依据建议对机构服务做出改进	20					
5	整改评价（20分）	对整改效果进行考核	根据整改实施方案，按照时间节点对整改后的问题进行再次评价。评价可逐项进行，也可采用抽查的方式进行	20					
6	再次评价反馈（10分）	反馈考核评价结果	将考核或抽查结果反馈给考核对象。对整改不到位的情况，向部门负责人下达服务质量整改通知单，持续监督，直至整改合格	10					
7	注意事项（10分）	注意事项	1. 持续质量改进计划应根据老年人的需求不断调整。 2. 在注重终末质量的同时，更要注重过程管理、环节控制	10					
总分				100					

操作流程

操作视频

测试题

第七章　培训指导技术

第一节　理论培训

项目导入①

操作项目一百三十七　对老年人及其家属进行照护知识培训

对老年人及其家属进行照护知识培训操作流程及评分标准

学号：　　　　　　　　　　姓名：　　　　　　　　　　得分：

序号	项目	评分项目描述	评分具体内容描述	等级 / 系数 / 分值	优	良	中	差	较差
					1	0.75	0.5	0.25	0
1	工作准备（15分）	确定培训对象和培训目的	了解老年人及其家属的照护需求，明确培训目的，考虑问题全面，适用对象广泛	5					
		准备培训材料和设备	根据老年人及其家属的需求，准备相关的照护知识教材、设备，全面、实用、针对性强	5					
		营造舒适的培训环境	确保培训场所安全、舒适、整洁，提供的设备齐全，物资充足	5					
2	研读培训计划（15分）	仔细阅读培训计划，了解培训内容	熟知培训的主题、内容、时间安排	5					
		根据老年人及其家属的需求，调整培训计划	能根据实际需求，考虑增加、删除或更改某些培训内容，做出适当调整，以更符合实际需求	5					

① 请扫该二维码获取操作项目的案例描述、任务要求和用物清单。

续 表

序号	项目	评分项目描述	评分具体内容描述	等级	优	良	中	差	较差
				系数 分值	1	0. 75	0. 5	0. 25	0
2	研读培训计划（15 分）	确定培训方式	根据实际情况，选择最合适的培训方式，如采用课堂培训、线上培训等不同形式	5					
3	分析老年人及其家属的培训需求（20 分）	了解老年人及其家属的照护需求及文化背景	通过沟通交流，能充分了解并分析他们的实际需求和文化背景	8					
		制定不同的培训方案	根据老年人及其家属的实际情况，制定不同的培训方案，方案细致全面，能适应各种需求	6					
		利用评估工具，准确评估老年人及其家属的培训需求	采用问卷调查、个别访谈等方式进行评估，评估工具科学、有效	6					
4	实施培训计划（20 分）	按照培训计划，有条不紊地进行培训	根据既定的培训计划和方案，展开培训工作，执行计划准确	8					
		确保培训方法得当，老年人及其家属能够轻松理解	采用通俗易懂的语言和生动形象的实例，使老年人及其家属更容易理解和掌握照护知识，方法得当	6					
		定期评价培训效果，及时调整计划	根据老年人及其家属的反馈，能及时调整培训计划和方法	6					

续 表

序号	项目	评分项目描述	评分具体内容描述	等级	优	良	中	差	较差
				系数 分值	1	0.75	0.5	0.25	0
5	评价培训效果（20分）	收集老年人及其家属的反馈，评价培训效果	通过问卷调查、个别访谈等方式收集反馈意见，反馈收集全面、有效	8					
		分析培训的优点和不足之处	根据收集到的反馈，能准确分析并总结优点和不足	6					
		总结培训经验，为今后的培训提供参考	根据分析结果，总结本次培训的经验教训，准确、具有前瞻性	6					
6	注意事项（10分）	注意事项	避免单一理论性的培训内容，避免过多的专业术语和晦涩的表达	4					
			注意循序渐进、由简到难的培训过程	3					
			注意课堂讨论的实时引导和互动	3					
总分				100					

操作项目一百三十八　对四级/中级工、五级/初级工级别养老护理员进行照护知识培训

对四级/中级工、五级/初级工级别养老护理员进行照护知识培训操作流程及评分标准

学号：　　　　　　　　　姓名：　　　　　　　　得分：

序号	项目	评分项目描述	评分具体内容描述	等级	优	良	中	差	较差
				系数 分值	1	0.75	0.5	0.25	0
1	工作准备（20分）	确定培训师	选择有丰富养老护理理论知识和实践经验的培训师，确保培训质量	5					

续 表

序号	项目	评分项目描述	评分具体内容描述	等级	优	良	中	差	较差
				系数 / 分值	1	0.75	0.5	0.25	0
1	工作准备（20 分）	确定学员名单	根据养老护理员级别，从护理部门挑选符合条件的学员参加培训	5					
		准备培训器材和资料	准备教学用具、教材、案例分析等相关资料，确保培训顺利进行	5					
		安排培训场地和时间	选择适合学习的场地，安排合理的时间段进行培训，确保学员有充足的时间学习和消化知识	5					
2	研读培训计划（15 分）	仔细研读培训计划	全面了解培训目标、内容、方法及时间安排等，确保培训计划合理、明确	5					
		理解培训目标和要求	深入理解培训的目标和要求，确保培训内容与实际工作紧密相连	5					
		确定培训的重点和难点	根据培训计划，确定培训的重点和难点，为后续的培训做好充分准备	5					
3	分析不同级别养老护理员的培训需求（15 分）	了解四级/中级工、五级/初级工级别养老护理员的特点和差异	分析不同级别养老护理员的工作职责、技能水平等情况，为制订个性化培训计划提供依据	5					
		确定不同级别养老护理员需要掌握的理论知识和操作技能	明确各级别养老护理员应具备的理论知识和操作技能，确保培训内容符合实际工作需求	5					

续 表

序号	项目	评分项目描述	评分具体内容描述	等级 / 系数 / 分值	优	良	中	差	较差
					1	0.75	0.5	0.25	0
3	分析不同级别养老护理员的培训需求（15 分）	针对不同级别养老护理员制订个性化的培训计划	根据前两步的分析结果，为不同级别养老护理员制订个性化的培训计划	5					
4	完善培训计划（15 分）	结合前期分析，完善培训计划	根据学员实际情况和培训需求，调整和完善培训计划，确保培训质量和效果	5					
		确定合理而有效的培训方式和方法	选择适合不同级别养老护理员的培训方式和方法，如讲座、案例分析、小组讨论等，以提高学员的学习积极性和效果	5					
		确保培训质量和效果	为确保培训质量和效果，培训师需在培训过程中不断总结经验，调整教学策略，帮助学员全面提升照护理论知识	5					
5	实施培训计划（15 分）	按照完善的培训计划开展培训活动	按照调整后的培训计划，有条不紊地开展培训活动，确保培训目标得以实现	5					
		确保培训师和学员积极参与和互动	鼓励培训师和学员积极参与培训活动，形成良好的互动氛围，以便更好地传递知识和技能	5					
		记录和评估培训结果	对每次培训活动进行记录，及时评估培训效果，为后续的培训工作提供参考	5					

续 表

序号	项目	评分项目描述	评分具体内容描述	等级	优	良	中	差	较差
				系数 分值	1	0.75	0.5	0.25	0
6	评价培训效果（10分）	总结培训效果和不足之处	在培训结束后，对整个培训过程进行总结，分析培训效果及存在的不足之处	5					
		提出改进方案	针对不足之处提出改进方案，不断优化培训内容和方式，提高养老护理员的理论知识水平和实践能力	5					
7	注意事项（10分）	注意事项	避免单一理论性的培训内容	4					
			注意课堂讨论的实时引导和互动	3					
			注意课堂讨论形式的选择与时长的把控	3					
总分				100					

操作项目一百三十九　对三级/高级工及以下级别养老护理员进行照护知识培训

对三级/高级工及以下级别养老护理员进行照护知识培训操作流程及评分标准

学号：　　　　　　　　姓名：　　　　　　　　得分：

序号	项目	评分项目描述	评分具体内容描述	等级	优	良	中	差	较差
				系数 分值	1	0.75	0.5	0.25	0
1	工作准备（20分）	培训师选择	根据养老护理理论知识和实践经验的丰富程度，以及培训师的教学能力，评估培训师的综合能力	5					
		学员名单确定	根据养老护理员的级别和实际工作表现，评估学员的参训资格和积极性	5					
		培训器材和资料准备	根据教学用具的齐全程度、教材的实用性、案例分析的合理性等，评估培训准备工作质量	5					
		培训场地和时间安排	根据培训场地的适宜性、时间安排的合理性，评估培训时间和场地的适宜程度	5					

续　表

序号	项目	评分项目描述	评分具体内容描述	等级	优	良	中	差	较差
				系数/分值	1	0.75	0.5	0.25	0
2	研读培训计划（15分）	培训目标明确性	评估培训计划中培训目标的明确程度和合理性	3					
		培训内容针对性和实用性	根据培训内容的针对性和实用性，评估培训内容的实际价值	5					
		培训方法创新性和有效性	根据培训方法的创新性和有效性，评估培训方法的可行性	5					
		培训时间安排合理性和充足性	根据培训时间安排的合理性和充足性，评估培训时间安排的合理性	2					
3	分析不同级别养老护理员的培训需求（15分）	了解养老护理员的特点和差异	根据对不同级别养老护理员特点和差异的了解程度，评估了解程度和准确性	5					
		确定理论知识和操作技能需求	根据不同级别养老护理员应具备的理论知识和操作技能的明确程度，评估需求确定的合理性和全面性	5					
		个性化培训计划制订	根据个性化培训计划的针对性和实用性，评估个性化培训计划的可行性和有效性	5					
4	完善培训计划（15分）	培训计划调整和完善	根据对学员实际情况和培训需求的准确把握，以及培训计划的调整和完善程度，评估完善计划的可行性和有效性	5					
		培训方式和方法选择	根据适合不同级别养老护理员的培训方式和方法的选择情况，评估方式和方法的有效性和适用性	5					

续 表

序号	项目	评分项目描述	评分具体内容描述	等级 系数 分值	优	良	中	差	较差
					1	0.75	0.5	0.25	0
4	完善培训计划（15分）	确保培训质量和效果	根据培训过程中不断总结经验，调整教学策略的灵活性，评估确保培训质量和效果的能力	5					
5	实施培训计划（15分）	培训计划执行力度	根据培训计划的执行情况，评估计划落实的力度和效果	3					
		培训师和学员参与度	根据培训师的教学水平和学员的参与程度，评估师生的互动效果和学员的学习效果	3					
		培训活动记录和评估	根据培训活动的记录完整性和评估准确性，评估培训效果的可信度	3					
		培训目标实现程度	根据培训目标的实现程度，评估培训效果的实际价值	3					
		培训反馈及时性和有效性	根据学员反馈的及时性和有效性，评估对存在的问题的调整和改进的效果	3					
6	评价培训效果（10分）	总结培训效果	根据对整个培训过程的总结情况，评估培训效果的显著程度	4					
		分析不足之处	根据对存在问题的分析和认识程度，评估改进方案的有效性和针对性	3					
		改进方案	根据改进方案的可行性和实用性，评估改进方案的有效性和可操作性	3					
7	注意事项（10分）	注意事项	根据培训内容和对象，选择适当教学方法、设计教学过程	4					
			注意课堂讨论的实时引导和互动	3					
			注意培训目标的转化与实现	3					
总分				100					

操作项目一百四十　制订培训计划，编写培训教案

制订培训计划，编写培训教案操作流程及评分标准

学号：　　　　　　姓名：　　　　　　得分：

序号	项目	评分项目及具体内容描述	等级	优	良	中	差	较差
			系数 分值	1	0.75	0.5	0.25	0
1	确立培训目标（10分）	提升护理员的专业知识和技能水平，以更好地为老年人提供优质服务	2					
		加强护理员的职业道德素质，培养其良好的职业操守和服务态度	2					
		提高护理员的沟通能力和团队协作能力，以更好地与老年人及其家属进行交流和合作	2					
		培养护理员的应急处理能力，使其能够及时、有效地处理老年人的突发状况	2					
		推动护理员的个人职业发展，增强其职业认同感和归属感	2					
2	研究养老产业发展动态（4分）	了解当地养老产业的发展趋势和市场需求，为培训计划提供参考	2					
		熟悉养老产业的相关政策法规和标准规范，以更好地指导培训计划	2					
3	根据培训的目标分类（4分）	初级、中级护理员：重点进行老年人的生活照料、基础照料、康乐活动等技能培训	2					
		高级、技师及以上级别护理员：在前两级培训的基础上，重点进行管理、领导和教学能力、现代照护技术、智慧养老设备应用等方面的管理培训	2					
4	决定培训课程（10分）	针对不同级别的护理员，选择合适的教材和参考书籍，以便进行系统、全面的培训	3					
		根据培训目标和学员条件，选择合适的培训课程，如护理技术、沟通技巧、职业道德素质等	3					
		结合教学资源和成本效益等因素，制定详细的培训课程安排表	4					

续 表

序号	项目	评分项目及具体内容描述	等级	优	良	中	差	较差
			系数 分值	1	0.75	0.5	0.25	0
5	制定和开放培训课程安排表（5分）	进行学员评估，收集反馈意见，以了解学员对培训计划的评价和建议	2					
		对学员的学习过程和结果进行评估，以便为未来培训和改进提供参考	2					
		根据学员的反馈意见和建议，及时调整和优化培训计划	1					
6	培训后评价（5分）	确定培训所需的经费和支出预算，以确保培训计划的顺利实施	2					
		优先选择符合国家规定的培训机构和教师资源，以保证培训质量	2					
		控制培训成本，提高培训效益，以确保培训计划的可持续发展	1					
7	培训预算规划（5分）	明确不同级别护理员的培训目标，如提高护理技能、增强职业道德素质、培养团队协作能力等	2					
		通过调查问卷、个案研究等方式了解学员的需求和学习风格，为后续培训内容和方式的选择提供依据	2					
		分析不同级别养老护理员的工作职责、技能水平、工作经验等方面的特点，以便针对其需求进行培训	1					
8	编写教案前期工作准备（5分）	根据不同级别养老护理员的特点和需求，确定培训内容的需求和重点，为后续培训方案的设计提供依据	3					
		根据培训目标和学员需求，构建涵盖不同级别养老护理员所需的完整、有机的培训内容主题框架	2					
9	评估不同级别养老护理员的培训需求（10分）	将培训内容主题框架细化为各个模块和知识点，确保培训内容的系统性和完整性	5					
		根据培训内容主题框架，选择适合的培训方法，如讲座、讨论、案例分析、角色扮演等，确保培训效果和质量	5					

续 表

序号	项目	评分项目及具体内容描述	等级/系数/分值	优	良	中	差	较差
			系数	1	0.75	0.5	0.25	0
10	设计培训内容主题框架（10分）	根据实际情况和学员需求，灵活运用多种培训方法，使学员更好地理解和掌握培训内容	5					
		在培训结束后，收集学员对培训教案的反馈意见，了解培训效果和质量，为完善和优化培训教案提供依据	5					
11	选择适宜的培训方法（10分）	对学员进行考核，了解学员对培训内容的掌握情况，为后续培训教案的改进提供依据	5					
		进行学员评估，收集反馈意见，以了解学员对培训计划的评价和建议	5					
12	论证完善教案（10分）	对学员的学习过程和结果进行评估，以便为未来培训和改进提供参考	5					
		根据学员的反馈意见和建议，及时调整和优化培训计划	5					
13	注意事项（12分）	应注意避免出现知识性错误	2					
		需求评估应避免形式化	2					
		培训框架设计应突出各级培训特点	2					
		课程讨论方法选择和时长控制要适宜	2					
		需要明确不同级别养老护理员的需求	2					
		教案内容形式要符合教案的格式	2					
总分			100					

操作项目一百四十一　组织和参与对二级/技师及以下级别养老护理员的培训

组织和参与对二级/技师及以下级别养老护理员的培训操作流程及评分标准

学号：　　　　　　姓名：　　　　　　得分：

序号	项目	评分项目及具体内容描述	等级/系数/分值	优	良	中	差	较差
			系数	1	0.75	0.5	0.25	0
1	工作准备（10分）	了解参训人员的背景信息和需求，包括年龄、健康状况、从业经验等	3					

续 表

序号	项目	评分项目及具体内容描述	等级 / 系数 / 分值	优	良	中	差	较差
				1	0.75	0.5	0.25	0
1	工作准备（10分）	确定培训目标和内容，针对不同级别护理员设计适宜的培训课程	3					
		制订详细的工作计划和时间表，包括培训时间、地点、人员、物资准备等	4					
2	研读培训计划（15分）	仔细阅读培训计划，确保内容全面、合理，符合二级/技师及以下级别养老护理员的培训需求	5					
		对培训内容进行拆分和重组，制定出适合二级/技师及以下级别养老护理员的教学安排	5					
		根据养老护理行业的相关规定和标准，审慎选择并使用恰当的教材和资源	5					
3	分析培训需求（15分）	结合二级/技师及以下级别养老护理员的从业经验和发展需求，分析他们在照护技能、知识等方面的需求	5					
		针对二级/技师及以下级别养老护理员的实际情况，制订相应的培训内容和重点	5					
		通过问卷或访谈等方式，收集护理员的反馈和建议，以便优化培训内容和方式	5					
4	完善培训计划（10分）	根据二级/技师及以下级别养老护理员的培训需求和从业经验，制订个性化的培训课程	5					
		针对二级/技师及以下级别养老护理员的知识水平和技能特点，采用适宜的教学方法，如演示教学、案例分析等	3					
		根据培训内容和目标，安排适当的实践操作和互动环节，提高养老护理员的实际操作能力	2					
5	实施培训计划（30分）	根据完善的培训计划，对二级/技师及以下级别养老护理员进行实际授课和操作指导	10					
		鼓励养老护理员积极参与讨论和实际操作，提高其学习兴趣和主动性	5					
		对养老护理员进行个别辅导和答疑解惑，帮助他们理解和掌握培训内容	5					
		根据参训人员的反馈和建议，及时调整培训内容和方式，增强培训效果	5					
		对参训人员进行考核和评估，确保其掌握必要的照护知识和技能	5					

续 表

序号	项目	评分项目及具体内容描述	等级	优	良	中	差	较差
			系数 分值	1	0.75	0.5	0.25	0
6	评价培训效果（10分）	通过理论测试和实践操作考核，评估二级/技师及以下级别养老护理员的学习成果	5					
		根据参训人员的反馈和建议，总结培训经验和不足之处，为今后的培训提供参考	3					
		向参训人员和相关部门汇报培训效果和评估结果，为改进和完善养老护理服务提供依据	2					
7	注意事项（10分）	注意课堂管理经验传授的严谨性、科学性和可行性	5					
		注意培训目标的转化与实现	5					
总分			100					

操作项目一百四十二　分析行业趋势，撰写养老服务与管理的研究报告

分析行业趋势，撰写养老服务与管理的研究报告操作流程及评分标准

学号：　　　　姓名：　　　　得分：

序号	项目	评分项目及具体内容描述	等级	优	良	中	差	较差
			系数 分值	1	0.75	0.5	0.25	0
1	分析行业趋势（15分）	能否准确把握养老服务与管理行业的当前趋势和发展动态，是否有一定的前瞻性	5					
		是否对国家或地方政策有深入理解，并能在报告中体现出来	5					
		是否从多角度（如人口老龄化、技术发展、市场需求等）进行分析，并得出全面而准确的结论	5					
2	确定研究题目（10分）	题目是否明确、有针对性，是否紧密围绕养老服务与管理的行业趋势	5					
		题目是否具有一定的创新性和实际应用价值	5					
3	列出写作提纲（10分）	提纲是否清晰、合理，是否覆盖了养老服务与管理的各个方面	5					
		提纲是否具有逻辑性，能否体现报告的层次性和整体性	5					

续 表

序号	项目	评分项目及具体内容描述	等级 / 系数 / 分值	优	良	中	差	较差
			系数	1	0.75	0.5	0.25	0
4	撰写研究报告（30分）	报告整体结构是否合理，引言、主体、结论等部分是否完整	10					
		报告内容是否充实，数据和论据是否充分、准确	10					
		报告语言是否流畅，表达是否清晰，论点是否明确	10					
5	修改研究报告（10分）	是否对报告进行认真的修改，修改内容是否能提高报告质量	5					
		是否对修改后的报告进行整体审查，确保修改无遗漏、无错误	5					
6	论证完善报告（10分）	是否对报告中的观点和结论进行充分的论证，论证内容是否充实	5					
		是否对行业的未来发展进行了深入思考，并以此对报告进行了完善和提升	5					
7	注意事项（15分）	在分析行业趋势阶段，收集到的资料和数据必须有可靠的来源，并且需要在报告中引用这些来源	3					
		在确定研究题目阶段，题目应该明确、具体，并且能够反映研究的主要内容	3					
		在列出写作提纲阶段，提纲应该涵盖报告的主要内容，并且能够让读者对报告的结构有一个大致的了解	3					
		在撰写研究报告阶段，报告应该逻辑清晰、结构合理、内容充实、语言流畅	3					
		在修改研究报告阶段，修改应该仔细认真，并且能够提高报告的质量	3					
总分			100					

操作流程

操作视频

测试题

第二节 技术指导

项目导入

操作项目一百四十三 传授老年人自我照护方法

传授老年人自我照护方法操作流程及评分标准

学号： 姓名： 得分：

序号	项目	评分项目及具体内容描述	等级 / 系数 / 分值	优	良	中	差	较差
			系数	1	0.75	0.5	0.25	0
1	工作准备（10分）	了解老年人身体状况和需求，包括慢性疾病、药物使用、饮食及日常生活能力等方面	5					
		根据老年人的实际情况，制订详细的自我照护计划，包括目标、措施、预期效果等	5					
2	沟通交流（10分）	与老年人保持良好沟通，用简洁易懂的语言传授自我照护方法，确保老年人理解并掌握	5					
		鼓励老年人提供反馈和建议，及时调整自我照护计划，确保其合理性和有效性	5					
3	制订自我照护计划（20分）	根据老年人的身体状况、需求和兴趣爱好，制订个性化的自我照护计划，确保计划的连续性和有效性	10					
		计划中应包括自我照护的具体步骤、时间安排、预期效果等方面的内容，并根据老年人的实际情况进行调整和优化	10					
4	实施自我照护计划（20分）	在传授过程中保持耐心、细致，确保老年人完全掌握自我照护技能，并能在日常生活中运用	10					
		遵守老年人的安全限制，在实施自我照护方法过程中确保老年人安全，防止意外事件发生	10					
5	评价自我照护计划（20分）	定期对老年人的自我照护技能进行评估，包括日常生活能力、药物管理、饮食等方面	4					
		收集老年人及其家属的反馈意见，对自我照护计划进行持续改进和优化	4					
		根据评估结果，针对老年人的实际情况，不断完善自我照护计划，提高服务质量	4					
		与医疗机构或专业医生保持良好沟通，及时了解老年人的健康状况，为自我照护计划的制订和实施提供参考	4					
		定期参加相关培训和研讨会，提升护理员的专业知识和技能水平，提高自我照护方法的传授效果	4					

续　表

序号	项目	评分项目及具体内容描述	等级 / 系数 / 分值	优 1	良 0.75	中 0.5	差 0.25	较差 0
6	注意事项（20分）	与老年人保持良好沟通，用简洁易懂的语言传授自我照护方法，确保老年人理解并掌握。同时要关注老年人的情感需求，鼓励他们提供反馈和建议，并及时调整自我照护计划	4					
		在制订和实施自我照护计划时，要遵守老年人的安全限制，防止意外事件发生	4					
		定期对老年人的自我照护技能进行评估，并根据评估结果不断完善自我照护计划。同时要与医疗机构或专业医生保持良好沟通，及时了解老年人的健康状况，为自我照护计划的制订和实施提供参考	4					
		护理员要定期参加相关培训和研讨会，提升自己的专业知识和技能水平，以便更好地传授自我照护方法	4					
		在整个过程中，要关注老年人的心理健康，帮助他们克服困难和烦恼，增强信心和乐观态度	4					
总分			100					

操作项目一百四十四　对家属等非专业照护人员进行照护技能指导

对家属等非专业照护人员进行照护技能指导操作流程及评分标准

学号：　　　　姓名：　　　　得分：

序号	项目	评分项目及具体内容描述	等级 / 系数 / 分值	优 1	良 0.75	中 0.5	差 0.25	较差 0
1	照护技能指导准备（15分）	对老年人的身体状况、健康问题、病史等进行详细了解，以便确定照护的重点和难点	5					
		明确照护技能指导的目标，如提高家属等非专业照护人员的日常生活照料能力、安全防护意识等	5					
		根据老年人的具体情况和指导目标，准备相关的教材、图文资料、视频资料等	5					

续 表

序号	项目	评分项目及具体内容描述	等级	优	良	中	差	较差
			系数 / 分值	1	0.75	0.5	0.25	0
2	确定指导内容（10分）	根据家属等非专业照护人员的实际情况和老年人照护需求，制订详细的指导计划，包括指导内容、时间安排、地点等	5					
		根据指导目标和老年人需求，确定需要重点指导的内容，如饮食照料、起居照料、心理支持等	5					
3	选择指导方法（20分）	根据家属等非专业照护人员的实际情况和指导内容，选择合适的指导形式，如面对面指导、在线指导、集体授课等	10					
		在指导过程中，鼓励家属等非专业照护人员积极参与，提出自己的问题和疑惑，以便更好地掌握照护技能	10					
4	确定照护技能指导考核方式（20分）	根据指导目标和内容，制定相应的考核标准，包括考核内容、评分标准、考试时间等	10					
		根据考核标准，选择合适的考核方式，如书面考试、实际操作考核、综合评价等	10					
5	实施照护技能指导（20分）	按照制定的指导计划和考核标准，对家属等非专业照护人员进行照护技能指导	5					
		在指导过程中，及时了解家属等非专业照护人员的反馈和建议，根据实际情况进行相应的调整，确保指导效果	5					
		在指导过程中，鼓励家属等非专业照护人员积极参与，共同探讨照护技能的提升方法和途径	5					
		在指导结束后，按照考核标准对家属等非专业照护人员进行考核，根据考核结果进行总结，及时发现不足之处并制定改进措施	5					
6	注意事项（15分）	在准备阶段和实施指导过程中，要与家属等非专业照护人员保持良好的沟通，了解他们的需求和困惑，提高指导的针对性和效果	3					
		指导内容要紧密结合实际，注重实用性，避免过于理论化或与现实脱节	3					
		指导过程中要鼓励家属等非专业照护人员积极参与，共同探讨照护技能的提升方法和途径	3					

续 表

序号	项目	评分项目及具体内容描述	等级/系数/分值	优	良	中	差	较差
			系数	1	0.75	0.5	0.25	0
6	注意事项（15分）	指导过程中如发现存在问题或不足，要及时灵活调整指导计划和方法，确保指导效果	3					
		在指导结束后，要对家属等非专业照护人员进行考核，根据考核结果进行总结，及时发现不足之处并制定改进措施，为后续的指导提供参考	3					
总分			100					

操作项目一百四十五　对四级/中级工、五级/初级工级别养老护理员进行照护技能指导

对四级/中级工、五级/初级工级别养老护理员进行照护技能指导操作流程及评分标准

学号：　　　　　　姓名：　　　　　　得分：

序号	项目	评分项目描述	评分具体内容描述	等级/系数/分值	优	良	中	差	较差
				系数	1	0.75	0.5	0.25	0
1	实践指导准备（15分）	了解学员情况	对四级/中级工、五级/初级工级别养老护理员的技能水平、需求和兴趣进行了解，以便针对学员特点制订实践指导计划	5					
		准备实践指导材料	包括理论教材、实践指导用书、多媒体资料等，确保指导内容的系统性和实用性	5					
		制订实践指导计划	根据四级/中级工、五级/初级工级别养老护理员实际情况和培训目标，制订详细的实践指导计划，包括指导内容、时间安排、地点等	5					
2	确定指导内容（15分）	理论授课	介绍照护技能的基本理论知识，包括照护技能的概念、目的、原则等	5					
		实践操作	教授照护技能的实际操作方法，包括各类照护操作步骤、注意事项、安全防护等	5					
		评估考核	对四级/中级工、五级/初级工级别养老护理员掌握的照护技能进行评估，找出薄弱环节，进行针对性指导	5					
3	选择指导方式（15分）	课堂授课	采用讲解、演示、案例分析等多种方式，使四级/中级工、五级/初级工级别养老护理员全面了解照护技能相关知识	5					

续 表

序号	项目	评分项目描述	评分具体内容描述	等级 / 系数 / 分值	优	良	中	差	较差
					1	0.75	0.5	0.25	0
3	选择指导方式（15分）	小组讨论	组织四级/中级工、五级/初级工级别养老护理员进行小组讨论，分享照护经验，解决实践中的问题，提高学员解决问题的能力	5					
		个性化辅导	针对四级/中级工、五级/初级工级别养老护理员在实际操作中的薄弱环节，进行个性化辅导，确保每个学员都能掌握照护技能	5					
4	确定考核方式（15分）	平时考核	对四级/中级工、五级/初级工级别养老护理员平时的实践操作进行考核，了解四级/中级工、五级/初级工级别养老护理员掌握照护技能的实际情况	5					
		综合考核	对四级/中级工、五级/初级工级别养老护理员掌握的照护技能进行综合考核，包括理论知识和实践操作两个方面	5					
		评分标准	制定评分标准，对四级/中级工、五级/初级工级别养老护理员掌握照护技能的程度进行量化评估	5					
5	实施实践指导（30分）	执行计划	按照实践指导计划进行实践指导，确保指导内容的顺利实施	5					
		调整计划	在指导过程中根据实际情况随时调整计划，以满足四级/中级工、五级/初级工级别养老护理员的需求	5					
		跟进学习情况	对四级/中级工、五级/初级工级别养老护理员在实践中遇到的问题及时给予指导和帮助，确保四级/中级工、五级/初级工级别养老护理员能够顺利掌握照护技能	5					
		激励及纠正	根据平时考核和综合考核的结果，对四级/中级工、五级/初级工级别养老护理员进行表彰和奖励，以激励他们更好地学习和实践照护技能。同时也要针对考核中发现的问题进行反馈和纠正，以提升培训效果	5					

续 表

序号	项目	评分项目描述	评分具体内容描述	等级 / 系数 / 分值	优	良	中	差	较差
					1	0.75	0.5	0.25	0
5	实施实践指导（30分）	定期培训考核	组织定期的培训考核，以评估培训质量并不断提高培训效果。可以邀请行业专家或经验丰富的同事共同参与考核评价，以确保评价的客观性和准确性	5					
		总结和反思	在培训结束后，进行总结和反思，总结本次培训的经验和不足之处，为下一次培训提供参考。这不仅能够改进培训内容和方式，还可以提高培训的针对性和有效性	5					
6	注意事项（10分）		对于每一个照护技能，都应该有清晰的步骤和操作说明。确保四级/中级工、五级/初级工级别养老护理员完全理解并掌握正确的操作顺序，避免出现任何操作失误	2					
			在每个操作流程中，都应强调安全规定和注意事项。这包括正确的姿势、设备的正确使用、防护措施的使用等	2					
			理论知识只是基础，实践才是关键。尽可能提供实践操作的机会，让四级/中级工、五级/初级工级别养老护理员在实践中学习和掌握照护技能	2					
			随着照护技能的发展，操作流程也需要不断改进。收集四级/中级工、五级/初级工级别养老护理员的反馈，根据实际需求和经验进行改进，提高工作效率和质量	2					
			定期回顾操作流程，确保其仍然符合实际需要和行业标准。对于不符合的地方，及时进行调整和改进	2					
总分				100					

操作项目一百四十六　对三级/高级工及以下级别养老护理员进行照护技术技能的培训

对三级/高级工及以下级别养老护理员进行照护技术技能的培训操作流程及评分标准

学号：　　　　　　姓名：　　　　　　得分：

序号	项目	评分项目描述	评分具体内容描述	等级/系数/分值	优	良	中	差	较差
				系数	1	0.75	0.5	0.25	0
1	培训准备（15分）	确定培训目的	提高三级/高级工及以下级别养老护理员的照护技术技能，提高老年人生活质量，优化护理服务	5					
		选择合适的培训讲师	具有丰富照护经验的专业护理养老护理员或专家，具备教学能力和良好沟通技巧	5					
		设定合理的教学时限	根据三级/高级工及以下级别养老护理员的工作安排和技能需求，制订合适的教学计划和时间安排	5					
2	课程设置（15分）	制订详细的教学计划	包括照护技术的基本理论、实际操作、安全规范、老年人心理照护等方面的内容	5					
		制作教学PPT	内容简洁明了，突出重点，图文并茂，方便三级/高级工及以下级别养老护理员理解	5					
		安排小测验或考试	在教学过程中进行小测验，以检查学习效果，周期性地进行考试，以确保掌握所学内容	5					
3	培训实施（20分）	鼓励学员参与课堂讨论	通过互动交流，让三级/高级工及以下级别养老护理员积极参与到教学中来，提高学习效果	5					
		严格控制听课时间	合理安排教学时间，避免过度劳累，保证教学质量	5					
		强调练习和操作	教学过程中注重实践操作，让三级/高级工及以下级别养老护理员亲自动手操作，熟练掌握所学技能	5					
		鼓励提出问题	鼓励三级/高级工及以下级别养老护理员在听课过程中积极提问，及时解决学习中的困惑	5					

续 表

序号	项目	评分项目描述	评分具体内容描述	等级	优	良	中	差	较差
				系数 分值	1	0.75	0.5	0.25	0
4	考核评分（20分）	设定考核期限和方式	根据教学计划设定考核期限，采用书面考试和实践操作相结合的方式进行考核	5					
		列出考核细节和评分标准	根据教学内容和三级/高级工及以下级别养老护理员的实际情况，列出考核细节和评分标准	5					
		分配评分权重	根据三级/高级工及以下级别养老护理员的实际需求和工作特点，分配各项考核内容的评分权重	5					
		计算出每个人的得分	根据考核结果和评分标准，计算出每个三级/高级工及以下级别养老护理员的得分，以评估其照护技术技能水平	5					
5	培训后跟进（20分）	收集学员的反馈	通过问卷调查等方式收集三级/高级工及以下级别养老护理员对培训的反馈意见，以便优化今后的培训计划	5					
		针对学员的问题进行个别指导	根据考核结果和三级/高级工及以下级别养老护理员的实际需求，进行针对性的个别指导	5					
		鼓励学员完成在线课程和学习成果测试	提供一些在线课程和学习成果测试，鼓励三级/高级工及以下级别养老护理员持续学习和提高自己的照护技术技能水平	5					
		定期回访和跟进	每隔一段时间对三级/高级工及以下级别养老护理员进行回访和跟进，了解其在工作中所运用的照护技术技能情况，并提供必要的支持和指导	5					

续 表

序号	项目	评分项目描述	评分具体内容描述	等级 系数 分值	优	良	中	差	较差
					1	0.75	0.5	0.25	0
6	注意事项（10分）	注意事项	培训的目标应当清晰明确，并且与养老院的实际需求和三级/高级工及以下级别养老护理员的个人需求相符合	2					
			要选择具有丰富照护经验、良好教学能力和沟通技巧的专业护理养老护理员或专家作为培训师资	2					
			照护技术技能的培训需要将理论知识与实践相结合	2					
			培训结束后，要进行考核和评估，以了解三级/高级工及以下级别养老护理员的学习效果和对所学内容的掌握情况	2					
			可以通过定期检查、老年人满意度调查等方式进行跟进和反馈，以不断提升三级/高级工及以下级别养老护理员的照护技术技能和服务质量	2					
总分				100					

操作项目一百四十七　传授养老服务与管理的经验与技能

传授养老服务与管理的经验与技能操作流程及评分标准

学号：　　　　　　姓名：　　　　　　得分：

序号	项目	评分项目描述	评分具体内容描述	等级 系数 分值	优	良	中	差	较差
					1	0.75	0.5	0.25	0
1	确定目标和内容（20分）	传授目标	传授目标应明确、具体，内容应针对受众的需求和现状，能够涵盖所需技能和经验	10					
		传授内容	传授内容应具有可实现性，符合学员的实际情况和能力水平，不过于简单或过于复杂	10					
2	选取适合的方法（10分）	传授方法	传授方法应具有多样性和适用性，能够结合理论与实践，激发学员的学习兴趣和动力，满足传授目标的要求	5					
		合理利用各种教学资源	包括教材、设备、场地等，确保传授质量	5					

续 表

序号	项目	评分项目描述	评分具体内容描述	等级	优	良	中	差	较差
				系数 分值	1	0.75	0.5	0.25	0
3	制订传授计划（15分）	传授计划	传授计划应完整、可行，包括时间安排、养老护理员分工、场地布置等，确保传授过程顺利进行	5					
			传授计划应具有一定的创新性和前瞻性，能够引入新的教学理念和方法，提升教学质量	10					
4	实施传授计划（15分）	传授过程	传授过程应规范、有条理，遵循既定的传授计划和步骤，确保传授质量和效果	10					
		学员的参与度	学员的参与度应高，对传授过程的反馈良好，能够及时调整和改进传授方法	5					
5	考核与反馈（10分）	传授过程的考核内容	传授过程的考核内容应全面、客观，反映学员的真实学习情况，避免片面化和主观化	5					
		学员的学习情况	学员的学习情况应进行及时反馈，发现问题能及时采取改进措施	5					
6	总结评估（10分）	总结传授过程的内容	总结传授过程的内容应全面，深入分析传授效果，找出成功经验和不足之处	5					
		提出的改进措施	提出的改进措施应具有有效性和前瞻性，能够对未来的传授工作提供积极的参考	5					
7	注意事项（20分）	注意事项	养老服务与管理涉及老年人的医疗、康复、心理等多个方面，传授经验与技能时需要具备高度的专业性和严谨性，确保学员能够充分理解并掌握相关的理论知识和实践技能	5					
			要了解学员的具体需求和工作场景，有针对性地传授适合的技能和经验	5					
			所传授的技能和经验要具有实用性和可操作性，能够让学员在实际工作中加以应用，提升服务质量	5					

续 表

序号	项目	评分项目描述	评分具体内容描述	等级	优	良	中	差	较差
				系数 分值	1	0.75	0.5	0.25	0
7	注意事项（20分）	注意事项	养老服务与管理的知识和技能要求在不断更新，因此需要为学员提供持续的培训和支持，帮助他们不断成长和提高服务质量	5					
总分				100					

操作流程

操作视频

测试题

第三节 培训管理

操作项目一百四十八 评价培训方案，并提出改进建议

评价培训方案，并提出改进建议操作流程及评分标准

学号： 姓名： 得分：

序号	项目	评分项目描述	评分具体内容描述	等级 系数 分值	优	良	中	差	较差
					1	0.75	0.5	0.25	0
1	明确评价目的（10分）	明确培训方案评价的目标和意图	如提升学习效果、满足参训养老护理员需求或提高培训质量等	5					
		根据评价目标和意图，制订具体的评价计划	包括评价内容、方法、时间表等	5					
2	制定评价指标（10分）	选择评价维度	从培训内容、教学方法、教师能力、参训养老护理员参与度等方面选择合适的维度，以全面评估培训方案的有效性和质量	5					
		制定具体的评价指标	如培训内容的实用性、教学方法的创新性、教师能力的专业性等	5					
3	搜集数据（15分）	搜集意见和想法	根据评价指标，设计调查问卷或进行访谈，以搜集参训人员和培训师的意见和想法	5					
		整理和分析数据	对搜集到的数据进行整理和分析，提取关键信息和数据，为后续的数据分析提供基础	10					

续 表

序号	项目	评分项目描述	评分具体内容描述	等级 系数 分值	优	良	中	差	较差
					1	0.75	0.5	0.25	0
4	分析数据（15分）	识别培训方案中存在的问题和趋势	如参训人员反馈中提到的各种问题	5					
		分析意见	深入分析问题产生的原因，以及各问题之间的相关性，为后续改进建议提供依据	10					
5	提出改进建议（15分）	根据分析结果，针对存在的问题和不足，提出具体的改进建议	如增加培训内容、引入多种教学方法等	9					
		确保改进建议符合实际情况	具有可行性和可操作性，能够直接解决现有问题并提高培训方案的质量	6					
6	实施改进建议（15分）	将提出的改进建议具体落实到培训方案中	制订具体的实施计划和时间表	7					
		及时调整改进方案	按照实施计划和时间表进行培训方案的改进，并跟进改进后的效果，及时进行调整和优化	8					
7	持续改进（10分）	定期组织培训方案评估活动	定期对培训方案进行评估和反馈，及时发现新的问题和挑战，并提出相应的改进建议	5					
		建立完善的改进机制	通过定期评估和反馈，形成可持续改进的机制，使培训方案能够不断优化和改进，提高整体培训效果和质量	5					

续 表

序号	项目	评分项目描述	评分具体内容描述	等级	优	良	中	差	较差
				系数 分值	1	0.75	0.5	0.25	0
8	注意事项（10分）	注意事项	在培训结束后，应该积极收集参训者的反馈意见，了解他们对培训方案的评价和建议	2					
			根据参训者的反馈意见和考核结果，应该认真分析培训方案中存在的问题和不足之处，找出问题的根源和关键点，根据他们的实际需求进行改进	3					
			认真实施改进措施，并及时收集参训者的反馈意见和考核结果，进行持续的评估和改进	2					
			在改进措施实施之后，应该考虑其可持续性和长期效果，确保培训方案能够适应不断变化的市场和社会环境；并持续跟进和支持参训者的应用情况，了解他们的应用效果和问题，及时进行必要的调整和改进	3					
总分				100					

操作项目一百四十九　评价培训效果，并提出改进方案

评价培训效果，并提出改进方案操作流程及评分标准

学号：　　　　　　　　姓名：　　　　　　　　得分：

序号	项目	评分项目描述	评分具体内容描述	等级	优	良	中	差	较差
				系数 分值	1	0.75	0.5	0.25	0
1	培训效果评估（15分）	收集参训者对培训方案的评价和建议	通过问卷调查、面谈、考核等方式了解参训者的反馈意见和考核结果，包括培训内容、培训方式、培训师资、培训环境等	5					
		了解参训者在培训过程中的参与度、学习态度和团队协作能力	观察参训者在课堂表现、小组讨论、实际操作等环节的参与情况，了解他们的学习态度和团队协作能力	5					

续 表

序号	项目	评分项目描述	评分具体内容描述	等级	优	良	中	差	较差
				系数 分值	1	0.75	0.5	0.25	0
1	培训效果评估（15分）	参训者对培训的实用性评价	了解参训者在实际工作中应用所学知识和技能的情况，以及他们是否认为培训内容有助于解决实际问题	5					
2	分析评估结果（10分）	分析参训者的反馈意见和考核结果	找出培训的优点和不足之处，分析根本原因，并确定改进方向和目标	5					
		整理参训者的建议和需求	将参训者的建议和需求进行分类整理，以便在制定改进方案时参考	5					
3	制定改进方案（20分）	根据分析结果制订具体的改进方案	针对培训的优点和不足之处，提出具体的解决方案，包括优化培训内容、改进培训方式、加强实践操作培训、完善考核方式等	10					
		与参训者沟通并征询意见	与参训者进行沟通，征询他们对改进方案的意见和建议，以确保方案的可操作性和有效性	10					
4	实施改进方案（30分）	改进方案实施后观察培训效果	根据改进方案实施后的情况，观察培训效果是否有提升	15					
		根据观察结果调整改进方案	根据观察结果，对改进方案进行必要的调整和改进，以确保培训效果不断提升	15					

续　表

序号	项目	评分项目描述	评分具体内容描述	等级 系数 分值	优 1	良 0.75	中 0.5	差 0.25	较差 0
5	持续改进和完善（15分）	持续跟进市场和社会需求变化趋势	关注市场和社会需求的变化趋势，及时调整和更新培训内容，以保持培训的时效性和针对性	5					
		定期组织培训效果评估活动	按照一定的时间间隔，定期组织培训效果评估活动，以便及时发现问题并进行改进	5					
		建立完善的培训档案	建立完善的培训档案，记录培训计划、内容、师资考核等相关资料，以便查阅和使用，为后续的培训工作提供参考和借鉴	5					
6	注意事项（10分）	注意事项	重视参训者的意见和建议，对培训方案进行全面的评估和测量，并在此基础上进行方案调整和优化	2					
			及时调整和更新培训方案，确保其始终与实际需求相关联	2					
			在培训过程中注重团队协作的培养，加强跨部门、跨岗位的沟通与协作	2					
			制定改进方案时，要了解当前养老机构培训的最新理论和实践经验，为改进方案的制定提供科学依据。也可以通过开展实证研究来评估改进方案的实际效果，不断优化和完善培训方案	4					
总分				100					

操作项目一百五十　为行业发展提出建议

为行业发展提出建议操作流程及评分标准

学号：　　　　　　姓名：　　　　　　得分：

序号	项目	评分项目及具体内容描述	等级 系数 分值	优 1	良 0.75	中 0.5	差 0.25	较差 0
1	行业背景分析（10分）	对全球及我国老龄化趋势的准确描述	5					
		养老行业面临的市场机遇和挑战的清晰分析	5					

续 表

序号	项目	评分项目及具体内容描述	等级	优	良	中	差	较差
			系数 分值	1	0.75	0.5	0.25	0
2	养老现状分析（15分）	对老年人群体的多元化需求的理解	5					
		对养老市场竞争状况的深入解析	5					
		对政策支持和监管的全面阐述	5					
3	行业案例综述（15分）	选取具有代表性的养老行业案例	5					
		详细分析案例的成功因素和不足之处	5					
		从中提炼出对养老行业发展的启示	5					
4	行业现实困境（15分）	指出养老行业面临的主要困境	5					
		分析困境产生的原因	5					
		提出解决这些困境的策略	5					
5	行业发展建议（30分）	针对养老行业的发展趋势提出明确的建议	10					
		针对政府、企业和老年人自身提出具体的措施	10					
		确保提出的建议和措施能够落地实施，并具有可操作性	10					
6	注意事项（15分）	语言表达清晰，逻辑性强；文章结构完整，各部分内容连贯；符合学术规范，引用和参考文献准确完整	5					
		为养老行业发展提出建议，需要深入了解市场需求和趋势，关注服务质量和效率，重视科技创新和人才培养，强化政策和监管，考虑社会效益和经济效益，提倡多元化和合作，关注老年人的身心健康和精神需求等方面	10					
总分			100					

操作流程

操作视频

测试题